Jornada Lean Digital

Organização:
Antonio Muniz
Alexandre Caramelo Pinto
Analia Irigoyen
Carlos Baldissera
Felipe Oliveira
Ricardo Dias de Cantuária Farias

Jornada Lean Digital

Unindo conceitos e experiências para acelerar o aprendizado do Lean no mundo digital

BRASPORT
Rio de Janeiro
2023

Editor: Sergio Martins de Oliveira
Gerente de Produção Editorial: Marina dos Anjos Martins de Oliveira
Editoração Eletrônica: Abreu's System
Capa: Trama Criações

J82 Jornada Lean Digital : unindo conceitos e experiências para acelerar o aprendizado do Lean no mundo digital / organização: Antonio Muniz ... [et al.]. – Rio de Janeiro: Brasport, 2023.
240 p. ; il ; 17 x 24 cm.

Inclui bibliografia.
ISBN 978-65-88431-99-3

1. Agilidade. 2. Produtividade. 3. Eficiência no trabalho. 4. Era digital. 5. Motivação. I. Muniz, Antonio. II. Pinto, Alexandre Caramelo. III. Irigoyen, Analia. IV. Baldissera, Carlos. V. Título.

CDU 65.011.4

Catalogação na fonte: Bruna Heller (CRB10/2348)

Índice para catálogo sistemático:
1. Produtividade / Eficiência / Sucesso / Etc. 65.011.4

BRASPORT Livros e Multimídia Ltda.
Rua Washington Luís, 9, sobreloja – Centro
20230-900 Rio de Janeiro-RJ
Tel./Fax: (21)2568.1415
e-mails: marketing@brasport.com.br
vendas@brasport.com.br
editorial@brasport.com.br
www.brasport.com.br

Jornada Colaborativa: experiências que transformam vidas!

Juntos somos mais inteligentes e transformamos mais vidas!

Era uma vez um professor universitário que sonhava lançar um livro quando finalizou o mestrado em 2006.

Depois de algumas ideias para publicação em temas como certificação Microsoft, gestão de projetos e gestão de serviços, o sonho começou a ser concretizado em 2017 com o livro "Jornada DevOps", mas alguns obstáculos travaram sua evolução após a definição da estrutura final para a certificação oficial EXIN e a escrita de três capítulos.

Em setembro de 2018, durante uma palestra na PUC Minas, surgiu um *click*: "será que outras pessoas apaixonadas por *DevOps* ajudariam com a escrita colaborativa?" Dezenas de pessoas aceitaram o convite e o livro foi lançado para 350 pessoas no dia 06 de junho de 2019 no Centro de Convenções SulAmérica no Rio de Janeiro, após um intenso trabalho coordenado com pessoas de várias cidades que nunca haviam trabalhado juntas antes.

Após essa experiência bem-sucedida com muitos aprendizados, a escalada dos times gerou grandes amizades, novas iniciativas e conseguimos doar R$ 482.590,20 para instituições carentes com o lançamento dos primeiros 22 livros em 28 eventos com mais de 19 mil participantes.

Temos grande orgulho também dos nossos últimos eventos em parceria com empresas amigas:

1. **Jornada Globo Day:** Lançamento do livro "Jornada do Ágil Escalado" com 3.453 inscritos, 1.380 participantes simultâneos ao vivo e 7 salas paralelas.
2. **Jornada Ágil by Lojas Renner:** relançamento do livro "Jornada do Ágil Escalado" com 2.412 inscritos, 1.058 pessoas ao vivo e 4 salas paralelas.

3. **Jornada Banco PAN:** lançamento do livro "Jornada Transformação Digital no Brasil" com mais de 3 mil participantes *on-line* e presencial nos dois dias.
4. **RPA & IA do Instituto Information Management:** lançamento do livro "Jornada RPA e Hiperautomação" para mais de 900 pessoas em eventos presenciais.
5. **HDI Brasil:** lançamento do livro "Jornada da Experiência do Cliente" para mais de mil pessoas presenciais e *on-line.*

Sonhamos transformar mais vidas somando a inteligência coletiva e o apoio de empresas amigas...

Livros escritos pela Jornada Colaborativa:

1. "Jornada DevOps", com 33 coautores e 4 curadores.
2. "Jornada Ágil e Digital", com 56 coautores e 2 curadores.
3. "Jornada Ágil de Qualidade", com 24 coautores e 4 curadores.
4. "Jornada Saudável", com 26 coautores e 7 curadores.
5. "Jornada Ágil do Produto", com 69 coautores e 4 curadores.
6. "Jornada DevOps 2ª edição", *best-seller* com 36 coautores e 4 curadores.
7. "Jornada Ágil de Liderança", com 86 coautores e 5 curadores.
8. "Jornada do Ágil Escalado", com 64 coautores e 6 curadores.
9. "Jornada Java", com 32 coautores e 6 curadores.
10. "Jornada Business Agility", com 48 coautores e 5 curadores.
11. "Jornada Kanban na prática", com 23 coautores e 5 curadores.
12. "Jornada Colaborativa", com 44 autores e 1 curador.
13. "Jornada RH Ágil", com 52 coautores e 7 curadores.
14. "Jornada CSC", com 46 coautores e 6 curadores.
15. "Jornada Azure DevOps", com 19 coautores e 7 curadores.
16. "Jornada OKR na prática", com 42 coautores e 5 curadores.
17. "Jornada Python", com 57 coautores e 8 curadores.
18. "Jornada da Facilitação", com 72 coautores e 6 curadores.
19. "Jornada Microsserviços", com 27 coautores e 8 curadores.
20. "Jornada de Inclusão", com 40 coautores e 8 curadores.
21. "Jornada RPA e Hiperautomação", com 41 coautores e 4 curadores.
22. "Jornada Transformação Digital no Brasil", com 58 coautores e 6 curadores.
23. "Jornada da Experiência do Cliente", com 54 coautores e 4 curadores.
24. "Jornada Ágil de Arquitetura", com 18 coautores e 9 curadores.
25. "Jornada da Mente para Alta Performance", com 36 coautores e 7 curadores.
26. "Jornada Lean Digital", com 34 coautores e 6 curadores.
27. "Jornada API na prática", com 43 coautores e 6 curadores.

Juntos somos mais inteligentes e podemos transformar mais vidas, criar amizades e fazer a diferença nas organizações e sociedade! Entre em nossa Jornada para participar das iniciativas que estejam ligadas ao seu propósito de vida:

www.jornadacolaborativa.com.br
www.jornadalearning.com.br
https://www.linkedin.com/company/jornadacolaborativa/
https://www.meetup.com/pt-BR/JornadaColaborativa
contato@jornadacolaborativa.com.br

Prefácio

O mundo empresarial está em constante mudança e evolução, e a tecnologia digital tem desempenhado um papel importante na transformação das empresas. As expectativas dos clientes estão aumentando e exigem uma abordagem inovadora e eficiente para a entrega de valor. É aqui que entra o *Lean Digital*.

O *Lean Digital* combina as práticas comprovadas do *Lean* com a tecnologia digital para maximizar a entrega de valor ao cliente e, ao mesmo tempo, eliminar desperdícios e melhorar a experiência do cliente. É uma abordagem colaborativa e inovadora, projetada para solucionar desafios enfrentados pelas empresas em um mundo cada vez mais conectado e digital.

O que parece uma declaração tão simples de entendimento demorou algum tempo no amadurecimento. Inicialmente se falava muito de *Lean* no desenvolvimento de software e *Lean* em TI (*Lean IT*). Após um *Lean IT Summit* no Brasil em 2015, fizemos uma reflexão com Mary Poppendieck, "por que chamamos o evento de *Lean IT Summit*? Isso é naturalmente limitante no seu potencial real...". Essa situação me gerou bastante incômodo na busca de algo que representasse melhor o que estávamos, como comunidade *lean*, tentando atingir. A resposta veio em 2016 com a definição inicial do termo *Lean Digital* e o primeiro *Lean Digital Summit* do mundo em 2017, com muito orgulho, no Brasil.

Agora chegamos a este livro, que reúne conhecimentos de diversos profissionais do mercado que já estão vivenciando práticas com aprendizados e, como consequência, oferecem uma ampla gama de perspectivas sobre o *Lean Digital*. A linguagem utilizada é atual, porém sem deixar de abordar os conceitos e suas origens, ressaltando os entendimentos dos fundamentos.

A jornada de transformação *Lean Digital* e seus desafios se tornam então o tema central das considerações desta obra. No passado, muitos pensavam que a transformação *lean* era só aplicar um conjunto de ferramentas – hoje já há um entendimento muito mais amplo da filosofia *lean* e sua jornada de transformação. Devemos olhar para cinco dimensões: propósito (foco no valor e problema a ser resolvido); processos (como fazemos e melhoramos o trabalho); pessoas (como desenvolvemos habilidades); sistema de gestão e os comportamentos da liderança; pressupostos básicos e a cultura organizacional.

Em um ambiente passando por uma jornada de transformação *lean* digital há um grau mais alto de incertezas, exigindo e desafiando (estressando) muito mais as cinco dimensões, porém se ignorarmos alguma dessas dimensões colocamos em risco a jornada de transformação. As dimensões são interdependentes.

Para apresentar todos esses conceitos e teorias, aproveitando o vasto conhecimento dos autores, o livro segue para exposição de uma série de exemplos concretos e estudos de caso. Ele fornece uma compreensão aprofundada sobre o que é possível com o *Lean Digital* e como ele pode ser aplicado em diversos setores e organizações. Este livro é uma coletânea de experiências e uma fonte valiosa de aprendizado e inspiração para aqueles que buscam melhorar seus processos de negócios.

Nós, do Lean Institute Brasil, temos como missão melhorar as organizações e a sociedade através da prática da gestão *lean*. Assim, gostaríamos de convidar você a compartilhar conosco a sua jornada de transformação *lean* digital para gerarmos juntos cada vez mais impacto positivo na sociedade, assim como os diversos casos apresentados neste livro.

Christopher G. Thompson
Diretor do Lean Institute Brasil
<https://www.lean.org.br/>

Lean Institute Brasil

Apresentação da Jornada Lean Digital

Após o sucesso do livro "Jornada DevOps", a ideia era lançar um livro sobre a aplicação da filosofia *Lean* na área de tecnologia porque é um tema que complementaria os tópicos que trabalhamos no primeiro lançamento. De imediato, pensei na Analia para liderar o time organizador e ficamos de conversar para iniciar mais um livro colaborativo. O mais interessante é que essa conversa demorou um pouco e lançamos outros livros que ajudaram a amadurecer a ideia da Jornada *Lean*...

Como o time organizador tem um importante papel na escrita colaborativa, o próximo passo foi escolher pessoas dedicadas e comprometidas com a curadoria para garantir a qualidade de todo o conteúdo. Um dos grandes desafios das atividades que realizamos na Jornada Colaborativa é priorizar uma parte do nosso tempo para a escrita dos livros, e o líder do time organizador desempenha importante papel para mobilizar os coautores e orquestrar todas as ações necessárias para o sucesso do resultado final para nossos leitores, a nossa razão de ser.

Após os aprendizados nos primeiros livros, estamos escolhendo os participantes do time organizador com critérios mais objetivos, pois o sucesso da escrita colaborativa depende de pessoas super engajadas e com forte inteligência emocional para se relacionar com os coautores e evitar conflitos desnecessários. Convidei o Felipe Oliveira para dividir a liderança do livro com a Analia e montamos um timaço na curadoria com a chegada de Alexandre Caramelo Pinto, Carlos Baldissera e Ricardo Dias de Cantuária Farias.

A escolha das pessoas com experiências diversificadas também é um passo muito importante para o time de autores. Parabenizo todos que se comprometeram com o seu melhor para mais uma construção coletiva de sucesso, incluindo também os executivos e executivas que participaram dos *cases* enriquecedores que colocamos na JornadaCast. Confira os episódios acessando o *QRcode* no final do livro.

Tenho grande orgulho de ter plantado a semente da escalada dos livros e saber que posso seguir com minhas atribuições na mentoria de novas lideranças, visando mobilizar novas pessoas apaixonadas para transformar mais vidas com a cultura colaborativa e a inteligência coletiva. Lembro-me de que precisei participar de pouquíssimas reuniões com o time desse livro e as demais ações foram lideradas pelo time organizador.

Gosto de reforçar em minhas palestras e mentorias a importância de adaptar as práticas que funcionam no Vale do Silício para a realidade brasileira porque nossas organizações vivem particularidades e contextos específicos.

Estou convicto de que cada leitor será beneficiado em sua carreira com a aplicação desse conteúdo de alta qualidade que é indicado para profissionais comprometidos em entregar soluções para seus clientes e a sociedade.

Parabéns ao time organizador e aos autores pelo excelente resultado!

Antonio Muniz
Fundador da Jornada Colaborativa, CEO & Founder Advisor 10X

Sobre o livro

O pensamento *Lean*, ou *Lean Thinking*, do inglês, é uma filosofia que existe há mais de 30 anos. Desde então, sua forma de pensar, ferramentas, práticas e vertentes se espalharam pelo mundo, criando novos e melhores resultados, em diversos segmentos do mercado. Do marketing à construção civil, da aviação à área da saúde, o *Lean* criou uma legião de profissionais e empresas, além de escolas e instituições, prontos para usar e ensinar o *Lean* nos mais diversos contextos.

Nos últimos anos, a tecnologia tem evoluído numa velocidade inacreditável. Soluções rotineiras como entrega de comida, transporte privado e até mesmo escutar música se tornaram sistemas incrivelmente complexos, porém, ao mesmo tempo, simplificaram imensamente o alcance e uso de tais serviços. Além disso, movimentos e investimentos tecnológicos causaram uma disrupção quase cinematográfica em diversos temas, fazendo com que a gestão de dados, as decisões de negócio e até mesmo a realidade como é conhecida chegassem a um novo patamar, usando inovações como internet das coisas, metaverso, criptomoedas e inteligência artificial como alicerces para esse admirável novo mundo.

Com tamanhas mudanças, não é difícil se perguntar: haverá limites? Como as empresas podem, em meio à volatilidade de mercado, criar soluções de forma inteligente, gastando o menos possível, porém, causando o máximo de impacto? Com o advento dessa era digital, criando infinitas possibilidades para atuais e novos negócios e múltiplas variáveis que transformam as oportunidades em mundos complexos e cheios de incertezas, o *Lean* precisa, mais uma vez, mudar de contexto e se tornar algo diferente, mas amplo; uma versão onde é possível adaptar seus princípios, valores e práticas ao contexto do mundo digital: o ***Lean Digital***.

É importante que o leitor entenda que levar o *Lean Digital* para a sua empresa, no mundo de hoje, não é uma escolha, mas uma questão de sobrevivência. Criar e evoluir produtos e serviços, atendimento ao cliente, preocupações com o meio ambiente, questões sociais e o desenvolvimento de pessoas são temas fundamentais e precisam estar presentes nas organizações. Sem uma mentalidade mais enxuta para trabalhar esses temas, corremos o risco de gastar mais tempo, dinheiro e intelecto do que pensamos. E, em se tratando da atuação dessas organizações em contextos digitais, a crescente concorrência e o surgimento de novas soluções, eliminar o desperdício e realizar entregas de valor com qualidade deve ser considerado cada vez mais o foco em todas as suas áreas. Por isso, o *Lean Digital* vem para criar em você, na sua empresa e no mercado, uma mentalidade de melhoria contínua e respeito às pessoas, eliminação de desperdício, aprendizado e diversos princípios, essenciais para todos os segmentos. E agora, mais que nunca, precisamos ser digitais. Precisamos ser *Lean Digital*!

Analia Irigoyen e Felipe Oliveira
Líderes do time organizador

Sumário

PARTE I.
O QUE É E POR QUE *LEAN DIGITAL*?

PARTE IV.
EXEMPLOS E RELATOS SOBRE *LEAN DIGITAL*

PARTE I.
O QUE É E POR QUE *LEAN DIGITAL*?

A primeira parte deste livro traz a base conceitual para o *Lean Digital* e como é possível potencializar sua jornada de transformação digital em andamento, encorajando-o a iniciar essa transformação.

Anualmente as empresas investem bilhões em tecnologia, porém nem sempre esses investimentos estão em linha com a estratégia e as suas reais necessidades, tornando-se imensos desperdícios e até mesmo gerando frustrações na liderança e nos colaboradores, além de entraves à produtividade.

A transformação digital nas empresas através do pensamento *Lean* traz fundamentos e técnicas que visam alinhar de forma efetiva a transformação digital às reais necessidades do negócio e assim promover melhorias sustentáveis para toda a empresa.

1. O que é *Lean*?

Jéssica Ferrari
Andrea Uchoa
Felipe Oliveira

1.1. Um breve histórico do *Lean*

Em 1945 o Japão se encontrava em situação financeira, social e estrutural crítica, com a destruição causada pelo fim da Segunda Guerra Mundial. Em muitos setores e empresas, a produção em massa já não era mais uma opção, considerando a escassez de matéria-prima, mão de obra e até mesmo de clientes. Se perder tempo e dinheiro já era ruim para essas empresas, qualquer desperdício naquele contexto, seja na criação ou no desenvolvimento de um produto ou serviço, poderia trazer consequências irreversíveis. Incapaz de manter grandes estoques sem demandas garantidas dos seus clientes, empresas como a Toyota precisaram repensar processos e formas de trabalho, o mais rápido o possível, para gerar retorno financeiro suficiente para que pudessem sobreviver (POPPENDIECK; POPPENDIECK, 2011).

Em meio a esse cenário, com a intensa vontade de ajudar o país a se reestruturar e vendo que a Toyota também estava sem possibilidade de novos investimentos, precisando melhorar seus processos para se manter ativa, Taiichi Ohno, engenheiro da Toyota na época, se juntou a Edward Deming em busca de novas formas de diminuir gargalos e superproduções e aumentar a eficiência e eficácia. Inspirado em práticas utilizadas no mercado, no contexto restritivo em que se encontravam, e nas práticas dos próprios Toyodas – família fundadora da Toyota –, Taiichi Ohno trouxe diversos processos, ferramentas e práticas que vieram a ser conhecidas como o **Sistema Toyota de Produção** (OHNO, 1997). Dessas práticas derivou-se o que compreendemos hoje como *Lean Manufacturing* e outras práticas e ferramentas conhecidas, como o *Kanban*, *Just-In-Time*, *Kaizen*, entre muitas outras que são utilizadas até os dias de hoje (JONES; WOMACK, 2004).

1.2. A filosofia *Lean*

Sabe-se que o *Lean* e o Sistema Toyota de Produção diferem em alguns aspectos, apesar de o primeiro ser fundamentado no segundo. Após a publicação dos livros "A máquina que mudou o mundo" e "A mentalidade enxuta nas empresas", ambos por James Womack e Daniel Jones, o *Lean* ficou ainda mais conhecido como uma filosofia de trabalho a ser usada por diversas empresas ao redor do mundo. No livro "A mentalidade enxuta nas empresas" (2004), Womack e Jones trazem a filosofia *Lean* como uma estrutura de princípios, práticas e processos, organizados para permitir às empresas se conectarem com a visão enxuta proposta, focando na eliminação de desperdícios, melhoria contínua e máxima qualidade (JONES; WOMACK, 1997). No material, descrevem cinco princípios para o pensamento *Lean* (Figura 1.1).

Figura 1.1. Princípios do *Lean*.
Fonte: adaptado de Kumar (2015).

- ✓ **Princípio 1 – Especificar valor:** o foco das entregas e da empresa é o valor criado para o cliente. Para isso, damos ouvido à **voz do cliente** (*voice of customer*, no inglês).
- ✓ **Princípio 2 – Mapear fluxo de valor:** para entregar o valor, precisamos entender por onde ele passa na organização. Por isso, é necessário mapear o fluxo de valor e como agilizamos sua entrega.
- ✓ **Princípio 3 – Estabelecer fluxo:** com o fluxo de valor mapeado, precisamos garantir que haja fluxo de fato. Em outras palavras, identificar as potenciais interrupções do fluxo e eliminá-las, mantendo um fluxo contínuo de valor.

- ✓ **Princípio 4 – Produção puxada:** demandas do cliente são iniciadas apenas conforme o sistema de trabalho "puxa" a demanda, impedindo potenciais esperas ou desperdícios.
- ✓ **Princípios 5 – Trabalhar com perfeição:** por fim, focando na melhoria contínua, o fluxo deve sempre melhorar, buscando a perfeição da execução do trabalho.

Junto aos princípios, a filosofia *Lean* traz uma gama de práticas e ferramentas que ajudam a resolver os problemas que afligem as empresas, além de organizar de forma inicial os sete principais desperdícios mais presentes no mercado.

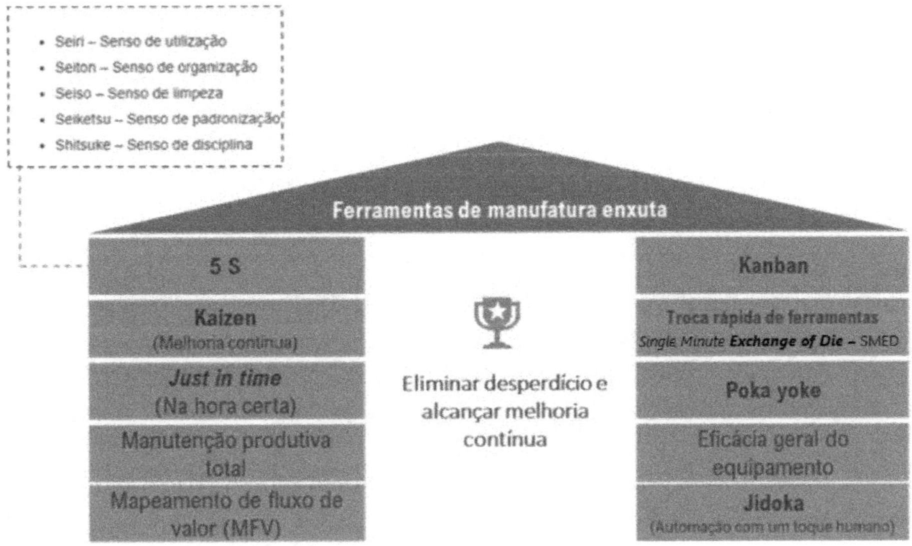

Figura 1.2. Ferramentas do *Lean Manufacturing*.
Fonte: adaptado de Kumar (2015).

Utilizando esses princípios e práticas, e diminuindo desperdícios, o custo de produção é reduzido, assim como o tempo de produção de um item, entregando valor para clientes e trazendo retorno mais rápido do que antes para as organizações. Tais resultados são alguns exemplos que ajudaram a alavancar e reerguer a situação da Toyota em tempos problemáticos e, posteriormente, de muitas empresas e pessoas, que utilizam esses princípios até hoje. Os princípios do *Lean* sob a ótica digital serão aprofundados no Capítulo 4 deste livro.

1.3. Expansão do conceito para outras áreas

Desde seu nascimento, o *Lean* vem se expandindo e atingindo diversas áreas do mercado, tornando-se uma das práticas mais conhecidas e usadas pelas empresas. No decorrer dos anos, dezenas de autores, especialistas e consultores contaram suas experiências usando as práticas e ferramentas que o *Lean* fornece no mercado afora. Ao analisar uma abordagem descrita por Flávio Picchi (2018), é possível colocar o uso do *Lean* como momentos ou movimentos fundamentais:

- ✓ O primeiro movimento se situa quando as organizações entendem que o *Lean* pode ser aplicado não só no departamento de produção e indústria, mas também na criação de produtos (*Lean Startup*), sejam eles físicos ou digitais, bem como nas áreas de marketing, jurídica, RH e escritórios (*Lean Office*) (PICCHI, 2018).
- ✓ Já o segundo movimento quebra as barreiras do ramo automotivo e é aplicado em diversos segmentos, como saúde, serviços, construção civil, software (*Lean Software*) etc. (PICCHI, 2018)
- ✓ Finalmente, o terceiro movimento consiste na transcendência de que o *Lean* não é somente um conjunto de práticas e ferramentas, mas um jeito de pensar, uma filosofia de trabalho. Neste terceiro movimento, encontra-se a filosofia *Lean* não como uma abordagem que soluciona problemas operacionais e táticos, mas como uma cultura na perspectiva de longo prazo, com potencial de impacto e geração de novos estilos de gestão e liderança, onde cada vez mais a filosofia *Lean* é aplicada (PICCHI, 2018; LIKER; ROSS, 2019).

1.4. Momento do *Lean* no mercado

Atualmente o *Lean* é uma prática extremamente procurada e vem ganhando cada vez mais espaço e se adaptando aos contextos das organizações. Conforme isso acontece, as pessoas obtêm perspectivas diferentes de como o *Lean* se aplica, como o *Lean UX*, *Lean Government*, *Lean Portfolio Management*, *Lean Product Management* e o próprio *Lean Digital*. Ser *Lean* se tornou uma necessidade no mercado, e no mundo digital a capacidade de melhorar continuamente é crucial para a sobrevivência e evolução das empresas.

2. Transformação digital e seus desafios

Gilberto Strafacci Neto
Gabriel Vaz
Bárbara Geovanini
Felipe Oliveira

2.1. Por que o digital está tão em evidência?

A maioria dos líderes e das organizações está buscando estabilidade, controle e capacidade de previsão de comportamentos futuros. Essa mentalidade finita cria empresas, produtos e soluções pouco flexíveis e resilientes. Em contraste, organizações digitais precisam ser mais robustas, competitivas e adaptáveis. A transformação digital tem papel fundamental em permitir que empresas estejam prontas para essa nova realidade. De maneira sinérgica, o pensamento *Lean* prega que tenhamos uma organização ágil, leve e com foco na criação de valor através de cadeias de valor que atuam sobre fluxos contínuos, sem interrupções ou ineficiências. E o *Lean Digital* não poderia ser diferente.

A era digital tem sido o motivo de transformações nos negócios desde o final da década de 1980, apresentando desafios para empresas estabelecidas há anos no mercado e oportunidades para aquelas que desejam se beneficiar do novo cenário. Atualmente, tais mudanças impulsionam modelos de negócios emergentes e inovadores, como as *fintechs*, *healthtechs* e outros tipos de serviços e produtos, tais como Uber, Netflix, Alibaba, Amazon ou Tesla, desafiando setores inteiros e forçando a necessidade da evolução digital das empresas que anseiam por se manter competitivas e na vanguarda. Além disso, as novas gerações de consumidores, como usuários mais assíduos da tecnologia, apresentam componentes adicionais a essa realidade. Diante dessas circunstâncias, para a maior parte das empresas a transformação digital não é mais uma opção, e sim uma questão de sobrevivência.

2.2. O que significa ser uma empresa digital?

Enquanto as empresas tradicionais são construídas para a estabilidade, aquelas que buscam a digitalização são orientadas para a resiliência e a adaptabilidade. As empresas construídas para a estabilidade podem enfrentar alguns desafios, mas não estão preparadas para a incerteza, a volatilidade e a imprevisibilidade constantes no mundo digital. Empresas resilientes abraçam as surpresas e se adaptam a elas. Se processos e métricas moldam comportamentos e a cultura de uma organização, não há como construir uma organização adaptável se seu modelo de negócios e seus processos não favorecem a adaptabilidade (MUNIZ; IRIGOYEN, 2019).

Ser uma empresa digital é incorporar o uso da tecnologia às soluções de problemas tradicionais. Assim, abrange mudanças procedurais em diversos âmbitos de uma sociedade, isto é, essa transformação modifica o paradigma da utilização da tecnologia, saindo de uma mera ferramenta para o centro da construção desse novo mapa mental, além de ressignificar serviços e produtos comuns, como transporte, compras e entretenimento, criando novas perspectivas e produtos, e encontrando as mais diversas lacunas nas soluções já existentes.

2.3. Principais desafios para uma transformação digital

O que os novos entrantes e as empresas digitais têm em comum? Será que eles realmente conseguem estabelecer negócios inovadores a custo baixo, com agilidade operacional e eficácia no atendimento?

Com base no que diz o pesquisador e autor de diversos artigos sobre modelo de negócios e transformação digital, David J. Teece (2010), o novo ambiente digital ampliou o desafio de considerar não apenas como atender às necessidades do cliente de forma eficaz, mas também como capturar valor com o fornecimento de novos produtos e serviços por meio do planejamento de um modelo de negócio adequado.

Deve-se considerar que um modelo de negócios gerencia a estratégia e fornece dados que demonstram como uma empresa cria e entrega valor aos clientes através de inovação de seus serviços e produtos eficazes e eficientes. Além disso, gerir um modelo de negócios envolve planejamento, acompanhamento, avaliação e ajustes constantes com o objetivo final de atrair faturamento e conversão de lucro para a organização.

Com base na definição de um modelo de negócio direcionado a obter lucro por meio do atendimento das necessidades dos clientes e atentas às mudanças constantes de mercado (econômicas, de ambiente, tecnológicas e comportamentais), as empresas precisam alinhar seus processos com a entrega de valor. O conceito de transformação digital não tem a ver apenas com investimento em tecnologia, mas com estratégia e novas maneiras de pensar o negócio.

E quais são as capacidades necessárias para enfrentar esses desafios? Conforme descrito por Wang e Ahmed (2007), são:

- ✓ **Capacidade adaptativa** (habilidade da empresa em identificar e capitalizar as oportunidades emergentes de mercado).
- ✓ **Capacidade absortiva** (habilidade da empresa em reconhecer o valor de novas informações externas, assimilá-las e aplicá-las comercialmente).
- ✓ **Capacidade de inovação** (habilidade da empresa em desenvolver novos produtos e mercados).
- ✓ **Processos subjacentes** (integração, reconfiguração, renovação e recriação de recursos).

2.4. Será que o *Lean Digital* ajuda nessa mudança?

A transformação digital altera a forma como as empresas utilizam tecnologia, pessoas e processos visando evolução do desempenho dos negócios e com o objetivo de mudar a experiência vivida por seu consumidor. De acordo com Matt, Hess e Benlian (2015), seu escopo é projetado de forma mais ampla e inclui atividades digitais que envolvem atender às estratégias operacionais e funcionais para evoluir na interação com os consumidores. Isso constitui uma clara diferença para a automação e otimização de processos, uma vez que as estratégias de transformação digital vão além apenas do paradigma do processo: incluem mudanças e implicações para produtos, serviços e modelos de negócio. A Figura 2.1 ilustra esse conceito:

Figura 2.1. Estratégia de transformação digital.
Fonte: adaptado de Matt; Hess; Benlian (2015).

Uma vez entendido que a transformação digital não se resume apenas a investir no ambiente digital ou implantar novas tecnologias, a aplicação da filosofia *Lean* tem se tornado cada vez mais aderente ao conceito.

A transformação digital enxuta, ou *Lean* (*Lean Digital Transformation*), está associada ao que o cliente percebe como valor – e a estratégia da empresa deve estar focada nisso. Em resumo, é a mudança realizada em toda a organização, que envolve estratégia, princípios, cultura, processos, pessoas, mudança de pensamento, concorrência e, por último, tecnologia.

Erick Ries (2011), autor do livro sobre *Lean Startup*, apresenta ao leitor uma estrutura de experimentação rápida e validação de aprendizagem que é frequentemente vista como uma interpretação do ciclo PDCA[1] do *Lean* para desenvolver um negócio sustentável. A própria ideia de envolver o cliente em diferentes estágios do processo lembra claramente a ideia fundamental de ouvir a voz do cliente.

A transformação digital vem impactando os negócios empresariais em todos os aspectos e tornando a sua atuação no mercado ainda mais competitiva e dependente da inovação, pois exige a incorporação de novas tecnologias, competências e modelos mentais para pensar à frente, para entender os movimentos do mercado e se preparar para os imprevistos (de consumo e de concorrência). Por isso, o modelo de transformação digital *Lean* fornece insumos e diretrizes de forma orquestrada.

De acordo com Westerman, Bonnet e McAfee em seu livro "Liderando na Era Digital" de 2016 (versão em português), as empresas consideradas competentes digitalmente, que eles denominam de "Mestres Digitais", têm em comum uma liderança comprometida em fazer a tecnologia se transformar em resultados através de uma forte orientação "de cima para baixo", que resulta na prática de uma coordenação e governança extremamente orientada a resultados, com a responsabilidade de definir rumos para garantir que a instituição siga o programa, com a visão de futuro clara e ampla, mantendo-se fiel aos objetivos estratégicos, para, então, envolver seus funcionários na evolução da empresa ao longo do tempo.

Diante disso, o tema **transformação digital** se conecta perfeitamente à filosofia *Lean*, pois ambos os conceitos possuem objetivos em comum: gerar valor para o cliente, minimizar desperdícios, otimizar o tempo de resposta e a geração de valor

---

[1] PDCA: ciclo de melhoria contínua (*Plan, Do, Check, Act*) popularizado pelo Dr. W. Edwards Deming, que é considerado por muitos como o pai do controle de qualidade moderno.

estratégico e financeiro, tudo isso com transparência para todos os envolvidos. Da composição desses conceitos surge o termo *Digital Lean* (ou *Lean Digital*) usado para definir a abordagem com a qual as empresas conectam os princípios *Lean* ao processo de desenvolvimento de novos produtos ou serviços digitais. Para as organizações que investem em um programa de transformação digital, o uso do *Lean* fornece mais segurança e assertividade aos esforços despendidos. A seguir, apresentamos como os conceitos de transformação digital e o *Lean* se entrelaçam.

Tabela 2.1. Relação entre transformação digital e a filosofia *Lean*.
Fonte: compilação da coautora.

Transformação digital	Filosofia *Lean*
Foco na estratégia e no modelo de negócio	Focar na entrega de valor.
	Cultivar relações a longo prazo com fornecedores.
	Tornar as mudanças de comportamento alinhadas às metas a longo prazo (indicadores de desempenho).
	Olhar para o todo.
Mudanças na forma de pensar	Pensar em novas formas de fazer o mesmo trabalho.
	Erradicação do desperdício.
	Gestão de mudanças.
	Evoluir o fluxo de trabalho (processo).
	Tornar transparente a política dos processos.
	Limitar o trabalho em progresso (WIP – *Work In Progress*).
	Testar mudanças de forma rápida para validações.
Tecnologias digitais	Problemas são vistos como oportunidade de aprendizado.
	Melhorar colaborativamente.
	Diálogo contínuo com o cliente.
	Verificação e experimentação contínuas (por meio de MVPs[2] com *feedbacks*).

2.5. Considerações finais

Um programa de transformação digital bem estruturado e alinhado aos princípios do *Lean Digital* é uma bela forma de evoluir com consciência, transparência e observação atenta aos erros, para gerar eficácia na alocação de recursos estratégicos da forma mais acertada possível. Portanto, quem não estiver alinhado aos conceitos básicos

[2] MVPs: *Minimum Viable Products* – produto mínimo viável.

e intrínsecos da filosofia corre o sério risco de perder dinheiro ou apenas trocar de tecnologia e se manter no caos.

Ao final, é fácil de constatar que essa é uma jornada trabalhosa, progressiva e consistente, e que deve ser avaliada constantemente pela empresa, pois mudanças bruscas ocorrerão ao longo do processo e a organização deve estar atenta e preparada para isso, reinventando-se a todo instante e focando na entrega de valor, pois certamente surgirão resultados.

3. O que é e por que *Lean Digital*?

Edneuci Denise Audacio
Andrea Uchoa

3.1. O que é *Lean Digital*?

Na jornada de transformação *Lean*, a melhoria contínua e o respeito pelas pessoas são inseparáveis. A cultura de melhoria contínua contempla o espírito de superar desafios diariamente com soluções criativas, buscando sempre elevar os padrões de processos. Já o respeito pelas pessoas é a aceitação das crenças individuais, aliada ao trabalho em equipe, para que ocorra o aprendizado constante durante a resolução de problemas (LIKER; ROSS, 2019).

Ao longo das últimas décadas, organizações de praticamente todos os setores têm usado o *Lean* como meio fundamental para transformar realidades gerenciais, potencializar resultados e melhor aproveitar o potencial humano. O interesse é crescente; novas técnicas e experiências continuam a ser desenvolvidas e compartilhadas, e isso tem permitido que o aprendizado seja cada vez mais rápido e efetivo.

Apesar dos seus ganhos, é importante pensar que o *Lean* passa por um processo simples: ele se adapta às situações. Livros como "Lean Construction" (OLIVEIRA, 2020) e "Lean Office" (TAPPING; SHUKER, 2010) mostram como a prática traz formas diferentes de olhar a eficiência, o desperdício e a melhoria contínua. Agora, há um novo desafio nas empresas: o mundo digital. Com esse desafio, são trazidas novas variáveis que passam a valer para o as organizações resolverem:

- ✓ Estruturas que propiciam um falso controle sobre as demandas.
- ✓ Desperdícios que agora são digitais (vão além do físico).
- ✓ O trabalho do conhecimento e sua intangibilidade.
- ✓ O nível de incerteza e complexidade na geração de produtos.

Esses são apenas alguns fatores que impelem as organizações a buscar mecanismos que as ajudem a criar e evoluir produtos digitais, mas sem desperdiçar o tempo das pessoas e seus recursos. Eis então que entra o *Lean Digital*.

Segundo o Planet Lean, *Lean Digital* é "o método através do qual empresas aplicam princípios do *Lean* para o processo de desenvolvimento de novos produtos digitais" (PLANET LEAN, 2020). De certa forma, podemos entender o *Lean Digital* como uma tradução dos conceitos do *Lean* para o contexto digital, aplicação não só para o desenvolvimento de produtos, mas para a evolução contínua de produtos e também de serviços. Ao pensarmos em práticas como *Just-In-Time*, sistema puxado, *Poka Yoke* e diversas outras, a realidade das empresas traz consigo a necessidade constante de gerar ambientes de alto aprendizado e *feedback* frequente.

Com isso, falar sobre *Lean Digital* é falar sobre como usamos e usufruímos dos resultados que o *Lean* traz sob uma ótica digital. É importante saber que falar de *Lean Digital* não é meramente eliminar os custos ou desperdícios no uso de sistemas ou equipamentos físicos, como servidores e maquinário. Envolve o uso da base conceitual do *Lean* no desenvolvimento dos produtos. Logo, passamos a ter:

- ✓ gestão visual no trabalho remoto;
- ✓ uso constante de dados em tempo real para tomada de decisão;
- ✓ análises econômicas sobre o fluxo e o trabalho;
- ✓ ciclos de descoberta de produtos para antecipação da falha tecnológica;
- ✓ ciclos constantes de *feedback* com cliente;
- ✓ *Voice of customer* como prática de aproximação entre o cliente digital e as empresas;
- ✓ etc.

Tais abordagens fomentam o *Lean Digital* como uma prática que traz uma cultura de aprendizado constante. O próprio conceito do *Lean Startup* (RIES, 2011) traz uma perspectiva do *Lean Digital* aplicado a produtos digitais. Estamos reduzindo os riscos, custos e fracassos de um produto ainda não lançado, através da validação de hipóteses com testes e experimentos constantes. Através do ciclo proposto por Ries – *Build/Measure/Learn* – criamos o aprendizado necessário para, de fato, ser uma *Lean Startup*.

A Four Principles (2018) estabelece que *Lean Digital* envolve a remoção de desperdícios digitais e gera valor para seus clientes enquanto obtém resultado com o uso eficaz de dados.

O *Lean Digital* exige uma abordagem sistêmica no processo de transformação da organização e visão holística sobre os processos que compõem a cadeia de valor, para além dos aspectos físicos.

O *Lean Digital* dá um novo enfoque ao uso dos recursos, desmaterializando algumas questões que o *Lean* tradicional coloca de forma física, como a natureza do trabalho e a gestão visual, que passam a ter uma representação digitalizada, usando como exemplo a intangibilidade do trabalho do conhecimento, o acesso à informação ou a forma como mostramos e gerenciamos demandas (GEMBA GROUP, s.d.). No conceito do *Lean Digital*, o princípio básico é entregar mais valor com menos esforço no contexto da organização digital.

Conforme a transformação digital chega às empresas, é preciso entender como adaptá-las a esse novo universo. Tecnologias, ferramentas e inovações que, décadas atrás, eram itens de uso exclusivo ou de mínimo acesso agora são adquiridas em sites de comércio eletrônico. Com isso, a complexidade e a incerteza sobre a criação e evolução de produtos no mundo digital se tornam alguns dos grandes desafios do *Lean Digital*.

A transformação digital é algo quase inevitável nas empresas, mas é preciso ter atenção. Digitalizar uma organização sem rever e reformular os processos de gestão que já existem na companhia pode trazer mais problemas do que soluções. Inclusive, muitas transformações digitais tendem a fracassar quando não são acompanhadas por uma mudança de gestão.

Promover uma transformação *Lean Digital* requer grandes mudanças de cultura organizacional, estrutura, operação e processos. Sendo assim, as lideranças devem aprender uma nova forma de atuar com base na filosofia de gestão *Lean* – na colaboração, na cocriação e na melhoria contínua – e apoiar as equipes para que tenham autonomia e segurança para decidir, experimentar e inovar.

As empresas necessitam operar e prosperar em ambientes altamente competitivos e globais, onde a mais alta qualidade, o menor custo e o menor tempo de entrega são determinantes de sua competitividade. Nesse contexto, paradigmas emergentes como *Lean Digital* oferecem um aumento na produtividade e eficiência dos processos. Em particular, *Lean Digital* aproveita o potencial de ferramentas, técnicas e práticas e aumenta a estabilidade e o desempenho de tais processos em direção a (quase) defeito zero (ASHRAFIAN *et al.*, 2019).

3.2. O que muda com relação ao *Lean Thinking*?

O *Lean Digital* traz os conceitos da filosofia *Lean* visando criar o máximo de valor para o cliente, eliminando desperdícios através da resolução de problemas e do desenvolvimento das pessoas no mundo digital. Essa filosofia ajuda a identificar o que é valor para o cliente e entregá-lo quando ele precisa, com alta qualidade, de forma constante e rápida, exigindo uma abordagem sistêmica no processo de transformação da organização e uma visão holística sobre os processos que compõem a cadeia de valor, otimizando o fluxo de valor como um todo. Para que isso seja feito, a metodologia conduz a empresa em busca de melhoria contínua não apenas na cadeia de produção, mas em todos os processos de seu campo de atuação, visando resultados.

A transformação *Lean Digital* se dá quando as organizações aplicam os princípios *Lean* na evolução digital da própria realidade. Algumas metodologias de melhoria já vêm sendo usadas em softwares e plataformas há algum tempo, com abordagens como *Scrum* ou A3 como suporte para a estruturação de times e organização dos processos de trabalho.

Visando explorar todo o potencial das ferramentas digitais em prol do aumento da qualidade, a satisfação constante dos clientes e, principalmente, para lidar com as incertezas na entrega, o *Lean Digital* lança um prisma sobre princípios, práticas e processos. No material de Rao (2021), existe uma forma de analisar o *Lean Digital* com alguns princípios de atuação, dando principal foco a:

- ✓ melhoria e avanço contínuo das entregas;
- ✓ aceitação sobre as mudanças no mercado, enquanto precisamos gerar segurança e valor;
- ✓ importância das pessoas, sua devida liderança, colaboração, desenvolvimento e responsabilidade;
- ✓ evolução contínua das soluções para os clientes, focando na inovação e no sucesso do cliente.

Se prestarmos atenção, para o *Lean Digital* o que muda não é o *Lean* em si, mas o contexto e as variáveis com as quais lida.

3.3. Quais os benefícios de usar o *Lean Digital*?

O *Lean Digital* auxilia no alinhamento entre as estratégias, tecnologias e pessoas, de modo a gerar um fluxo de valor para os clientes e proporcionar um diferencial competitivo para a empresa na era digital. De certa forma, dada a natureza do trabalho executado em empresas digitais, podemos compará-lo, até certo ponto, com serviços e podemos entender tais cenários como oportunidades para experimentar novas soluções (LIKER; ROSS, 2019). O *Lean Digital* não foca somente na implementação de novas tecnologias, mas na melhoria contínua suportada por inovações tecnológicas. Dessa forma, a tecnologia é utilizada como meio para atingir uma condição-alvo, proporcionando vários benefícios, dentre eles:

- ✓ Uma visão mais apurada do que é desperdício no mundo digital.
- ✓ Uma gestão que convive com os riscos da incerteza e os gerencia constantemente, focando em reduzir os custos e mitigar os riscos inerentes de uma determinada demanda.
- ✓ Eliminação dos desgastes e custos desnecessários.
- ✓ Análise do comportamento dos clientes digitais, permitindo que o acesso a dados em tempo real forneça *insights* suficientes para a tomada de melhores decisões.
- ✓ Rápida detecção de problemas através da visão do fluxo do trabalho de produtos e serviços digitais.

"Estamos fazendo o que deveríamos fazer?". Essa pergunta traz uma atenção contínua para projetos e iniciativas, para que a organização se mantenha focada nos resultados. Projetos de inovação, digitalização de serviços, aquisição de novas empresas e tecnologias, contratação de serviços externos e novos funcionários sob a premissa de escalabilidade são exemplos de situações sobre as quais o *Lean Digital* irá trazer esse questionamento, sempre com a visão de potenciais desperdícios.

3.4. Que problemas o *Lean Digital* tenta resolver?

Todo modelo de trabalho precisa resolver problemas na organização. E, sendo um modelo, é capaz de se adaptar ao contexto, sendo criado – ou recriado – para atender às necessidades do cliente.

Lean Digital sugere um alinhamento entre as estratégias, tecnologias e pessoas, de modo a gerar um fluxo de valor para os clientes e proporcionar um diferencial competitivo para a empresa. Com isso, é importante entender as grandes questões que se relacionam com o tema.

3.4.1. Necessidades do cliente digital

Precisamos compreender como o cliente digital consome e busca os produtos no mundo digital. Suas necessidades, assim como o alcance possível, mudaram, fazendo com que as empresas precisem, mais do que nunca, usar a ciência de dados para compreender, detectar e influenciar comportamentos dos usuários para trazer soluções que os motivem a seguir o caminho que desejamos que sigam. Além disso, as múltiplas questões sociais, influência de gerações, afetam diretamente em como podemos acessar e entender tais clientes para conseguir suas necessidades cada vez mais imediatistas e flutuantes.

3.4.2. A natureza do trabalho

O mercado tem se tornado cada vez mais tecnológico. A forma como geramos e entregamos soluções aos clientes também mudou. Temos empresas de música, como Deezer e Spotify, que não produzem músicas; empresas de venda de filmes e séries que não guardam nenhum DVD ou *Blue-Ray* físico. Com isso, a forma como enxergamos, gerenciamos e reduzimos desperdícios, filas e atrasos precisa compensar essa perspectiva, entendendo que a ausência de características físicas dos produtos deve se adaptar à forma como lidamos com essa "invisibilidade" física do trabalho (REINERTSEN, 2009).

Ao mesmo tempo, não são apenas os produtos e serviços que são afetados. O trabalho em si, executado pelos times da própria empresa, se torna invisível, criando uma complexidade adicional para a sua gestão. O "kanban" da fábrica se torna o *card* na sua ferramenta de gestão, e o estoque é invisível aos olhos. Nesse contexto, o uso de métricas se torna ainda mais relevante.

3.4.3. Trabalho remoto

Uma fábrica executa seu trabalho apenas no local físico onde o produto é criado. Mas, no mundo digital, você pode estar no Brasil e entregar software de qualidade na Inglaterra. Isso muda a forma como processos são construídos, fluxos são gerenciados e como lideramos as pessoas para atingir resultados. Por isso, o *Lean Digital* também atua de forma a considerar esses aspectos, trazendo as pessoas "para perto", mesmo que estejam longe (RAO, 2021).

3.4.4. Incertezas constantes

Product discovery é um tema que se presta ao exemplo de onde podemos ver o *Lean Digital* funcionar. A redução de riscos, desperdícios, custos e tempo para adquirir conhecimento em tempo real faz parte da realidade que o *Lean* traz e, no mundo digital, não seria diferente. Através do uso constante de *data analytics*, *business intelligence* e outras práticas no universo de produtos, podemos tomar melhores decisões usando esses dados de forma simples, objetiva e, principalmente, usando apenas o necessário para realizar o máximo de resultados.

3.5. Considerações finais

Lean Digital requer uma melhor consideração do capital humano da empresa, desde o treinamento até a modelagem das estações de trabalho. Os processos de criação dos produtos evoluíram a ponto de conseguirmos perceber e reduzir as incertezas, através de uma perspectiva *Lean* e consciente de que o trabalho do conhecimento não tem as mesmas características que o trabalho fabril. O *Lean Digital* é a forma que encontramos hoje de direcionar o pensamento *Lean* para as empresas do futuro.

Atualmente, centenas de empresas estão passando por transformações diversas para dar um impulso maior nos seus resultados. Mesmo empresas que já nasceram digitais também podem estar passando por momentos semelhantes. Em cada uma dessas empresas, independentemente do contexto citado, o *Lean Digital* pode ajudar a pensar de forma mais enxuta.

4. Os princípios no *Lean Digital*

Roberto Bieites Dawes
Felipe Oliveira

Conforme visto no Capítulo 1, o pensamento *Lean* é composto por cinco princípios. Embora esses princípios tenham sido formulados originalmente para a manufatura, eles podem ser extrapolados para a produção e/ou entrega de produtos ou serviços "invisíveis", como os digitais.

Nas páginas a seguir, veremos como o *Lean Digital* se conecta com esses cinco princípios.

4.1. Os cinco princípios aplicados ao *Lean Digital*

O *Lean Digital*, por natureza, lida com situações que remetem ao intangível. Transformação digital, produtos e serviços digitais, inovação e até mesmo a criação de novos produtos envolvem não só um nível superior de intangibilidade, como também de incertezas, variáveis incontroláveis ou difíceis de prever e um acesso dúbio à informação. Conforme Ballé, Jones e Chaize (2019), o *Lean*, aplicado conforme a Toyota traz na sua raiz com o STP (Sistema Toyota de Produção), é uma abordagem que nos ensina a aprender mais e mais sobre nossa organização, nossos clientes e nossos problemas. Com o prisma do *Lean Digital*, trazemos esse nível de aprendizado a um novo patamar, utilizando-o não só como um mecanismo de atuação, mas como um ato de sobrevivência. Segundo Lemos (2021), nos próximos anos toda empresa será, de algum modo, uma empresa *tech* – isto é, presente e atuante de forma digital. Dado esse cenário que cresce cada vez mais, o *Lean* também precisa aprender a se adaptar a esse mundo digital, e seus princípios devem acompanhar isso. A seguir, veja como esses princípios se adaptam ao digital.

4.1.1. Valor (*Value*)

O cliente de produtos/serviços digitais é diferente do cliente de produtos físicos? Inicialmente, não. Ambos desejam receber aquilo pelo qual estão dispostos a pagar, desde que seja algo em que eles vejam valor. Ambos buscam e compram – ou contratam – produtos ou serviços para satisfazer suas necessidades, resolver um problema ou atender a um desejo. Para Womack e Jones (2004), a definição do valor deve ser algo a ser identificado pela organização, mas contida na perspectiva do cliente. Em outras palavras, tanto o cliente físico quanto o digital definem, sob suas perspectivas e experiências, o valor que esperam receber.

Entender o que é valor para o cliente é uma necessidade inerente de qualquer negócio, não importando se o produto ou serviço que o cliente espera receber é adquirido por meios físicos ou digitais. Não importa se o produto é entregue em questão de segundos (como um *e-book*, um serviço de *streaming* ou curso EAD) ou em dias ou semanas (como livros físicos, roupas ou equipamentos eletrônicos). Aprender mais sobre o cliente faz parte dessa realidade. Porém, a facilidade, comodidade e velocidade infinitamente maiores com que um cliente "digital" consegue buscar, comparar, comprar e até mesmo devolver um produto ou serviço digital transcendem a capacidade que uma empresa tradicional consegue acompanhar, algo que pode mudar completamente a percepção do cliente sobre valor. E, consequentemente, nosso entendimento sobre tudo isso.

Com o nível de complexidade que a transformação digital traz para as organizações, o desafio de identificar o que é valor se transforma em uma necessidade de adaptação constante, já que as formas de entender hábitos de compra, o que o cliente busca, lê, sente, pensa e ouve podem mudar rapidamente, dada a sua incrível exposição à informação. Somos bombardeados com informação o tempo todo, e, com isso, a visão que temos sobre o produto, o que é e, principalmente, o que deixa de ser valor, pode mudar com muito mais frequência (RUMSEY, 2019).

A transformação digital nas empresas trouxe diversas novas possibilidades. Por isso, a rapidez com que um cliente consegue adquirir aquele bem ou serviço – ou, simplesmente, mudar de opinião – também está inserido no que é valor. A experiência do cliente (CX, *Customer eXperience*) ou do usuário final (UX, *User eXperience*) precisa ser pensada para que o valor seja percebido não apenas na entrega, mas também ao longo do processo de aquisição de determinado produto ou serviço. Cada etapa na jornada de compra do *e-commerce* da sua empresa ou no portal que realiza a captação de *leads* traz uma oportunidade de aprendizado sobre os comportamentos que influenciam as ações do seu usuário, seja para compra ou cancelamento do serviço (TORRES, 2017).

Sabendo que para tentar entender o que é valor para o cliente é preciso compreender toda a sua jornada, ao longo dos anos foram surgindo e sendo implementadas diversas ferramentas e técnicas para descobrir o que o cliente entende como valor e como esse valor pode ser entregue sob uma ótica digital. Entre tais técnicas podemos citar *Product Discovery* (CAGAN, 2017; TORRES, 2017), *Design Thinking*, *Design Sprint*, *Lean Inception*, *Lean Startup*, entre outras.

4.1.2. Fluxo de valor (*Value stream*)

A partir do momento em que foi entendido o que é valor para o cliente, é preciso saber como esse valor é entregue. Um pedido, sua produção e consequente entrega continuam sendo uma sequência de atividades, que podem ser desenhadas como um processo, com entradas, processamentos e saídas – de certa forma, um fluxo. Todavia, independentemente se este fluxo é totalmente digitalizado ou não, compreendê-lo auxilia as empresas a entender como podem melhorar a entrega ao cliente. Apesar de precisar de recursos e abordagens diferentes, mapear o fluxo de valor digital traz benefícios únicos, como mais informações, ampliação das possibilidades de negócio e aperfeiçoamento do atendimento em diversos canais. No contexto do *Lean Digital*, o principal objetivo ao conhecer/entender o fluxo de valor é, através do meio digital, dar foco no cliente e, como consequência direta, evoluir o negócio na mesma velocidade. Entretanto, não podemos deixar de refletir que só por acaso este meio é o digital. O mais importante é sempre o cliente em todas as etapas deste fluxo.

4.1.2.1. Mapeamento do fluxo

Segundo Jones e Womack (2004), o objetivo inicial da criação do mapa de fluxo de valor (*value stream map*) é identificar o conjunto de atividades desse fluxo e dividi-las em três categorias:

1. **Atividades que criam valor:** são atividades percebidas pelo cliente como importantes. Essas atividades devem ser otimizadas.
2. **Atividades que não criam valor, mas são necessárias (para o sistema):** são atividades que a princípio não podem ser eliminadas, mas devem ser minimizadas ao máximo.
3. **Atividades que não criam valor:** estas atividades são puro desperdício e precisam ser minimizadas (ou eliminadas) o quanto antes.

Assim como no *Lean Manufacturing*, para o *Lean Digital* as atividades do tipo 3 podem ser indicativas de onde residem as maiores oportunidades de melhoria, uma vez que possuem os maiores desperdícios (FOUR PRINCIPLES, 2018). E acredite: há diversos exemplos, principalmente em empresas cuja mudança para o digital ocorreu como um "de-para", ou seja, uma tradução direta dos seus processos. Nessas empresas, é provável que muitas das tarefas (senão todas) de seus processos operacionais tenham sido digitalizadas ou automatizadas para atingir o marco de "ser uma empresa digital". Caso ocorra essa "tradução" das tarefas analógicas para o digital, porém sem nenhuma releitura das necessidades do cliente, todos os processos, atividades e práticas foram transferidos para o meio digital, muitas vezes multiplicando as atividades do tipo 3. É possível encontrar sites de *e-commerce* de algumas empresas onde, mesmo que a jornada seja toda digital, a resolução dos problemas depende de uma intervenção do cliente, aumentando o tempo de fila.

4.1.2.2. A jornada digital

De certa forma, quando olhamos para o fluxo de valor sob a ótica digital, não parece que muda muita coisa, não é? Temos uma "vitrine", a busca pelo produto, a comparação dos preços e características de cada um e, por fim, a compra. Apesar das similaridades, fazer com o que o cliente percorra esse mesmo fluxo cada vez mais é um desafio e tanto, já que temos diversos elementos que influenciam sua saída:

- ✓ Distrações diárias, como notificações, e-mails, trabalho, família etc.
- ✓ A concorrência crescente e, ao mesmo tempo, o fácil acesso a ela.
- ✓ Elementos de usabilidade, como cor e distribuição do conteúdo e funcionalidades.
- ✓ Acesso instantâneo a preços e outros atributos de concorrentes.

Com tanto acesso à informação, mapear o fluxo de valor na jornada digital é imprescindível para identificarmos os principais fatores que podem afetar o comportamento do usuário, mesmo que esse fluxo não inicie com o produto em si. Neste caso, falar sobre *user experience* pode ser a chave para melhorar o atendimento e suporte às necessidades do cliente.

Outro ponto de atenção é a estrutura das equipes responsáveis pela entrega do valor. Dependendo do serviço, a entrega é feita diretamente ao cliente, ou são equipes que desenvolvem e aprimoram as soluções dos clientes. Por isso, é preciso identificar qual a melhor forma de organizá-las para entregar o valor. Ao mantê-las trabalhando em silos funcionais, por exemplo, os profissionais poderão se preocupar mais com a etapa seguinte, e não com o cliente final (PICCHI; THOMPSON, 2019). À medida que entendemos mais sobre o comportamento dos clientes e como melhor atendê-los, as equipes precisam se adaptar ao fluxo, formatando estruturas mais adequadas à entrega.

4.1.3. Fluxo (*Flow*)

Depois de mapearmos o fluxo de valor de acordo com o valor do ponto de vista do cliente, mantemos o trabalho contínuo de otimizar as atividades que criam valor (tipo 1), minimizar as atividades que não criam valor, mas são necessárias (tipo 2) e minimizar ou eliminar as atividades que não criam valor (tipo 3). Agora, **como fazer o valor fluir no mundo digital**?

Para Reinertsen (2009), precisamos trabalhar no fluxo focando em aspectos que causam impactos financeiros, eliminando as decisões economicamente ruins e fornecendo políticas descentralizadas de decisão. Porém, ainda segundo esse mesmo autor, o fluxo de desenvolvimento de produtos – nesse caso, digitais – possui alguns agravantes, como:

- ✓ **A invisibilidade do estoque:** em produtos digitais, tanto o fluxo de trabalho quanto o próprio estoque de demandas são invisíveis fisicamente e financeiramente, aumentando a dificuldade de gerenciar o fluxo.
- ✓ **Invariavelmente, somos cegos às filas:** em muitos cenários, filas são os principais adversários no desenvolvimento de produtos, pois causam os maiores atrasos na entrega (OLIVEIRA, 2020).
- ✓ **Má gestão e controle de lotes:** o descontrole no tamanho das demandas devido à criação de lotes de trabalho grandes demais para gerenciar.

Eliminando os agravantes e gerenciando o fluxo iniciamos uma jornada de mais eficiência. Através de práticas como limitar o trabalho em progresso no fluxo, diminuir o tamanho dos lotes, bem como promover o monitoramento e gestão contínua das filas, conseguimos uma melhor gestão do fluxo de desenvolvimento de produtos digitais.

4.1.3.1. Visualizando o fluxo

Além da gestão do fluxo se tornar ainda mais criteriosa no mundo digital, a necessidade de visibilidade aumenta, já que as demandas, apesar de visíveis depois de prontas, não são de fato tangíveis. O fluxo, por sua vez, não é explícito no dia a dia, precisando de ferramentas digitais ou de alterações no ambiente físico, através de quadros e elementos visuais que ajudem a representar o fluxo, mas não o são, de fato. Se antes eram usados quadros físicos para gerar visibilidade de um fluxo de produtos físicos, passa-se agora a usar artifícios digitais. Manter o fluxo ininterrupto, nesse caso, é um pouco mais complexo, dado que estoque é mais discutido do que visto – vide o que falamos sobre intangibilidade. Os desperdícios passam a ter suas próprias equivalências ou até mesmo surgem novas formas de desperdício. Ferramentas como Jira, Azure DevOps e outras ajudam as equipes a gerenciar o fluxo e enxergar os *gaps*, para, com isso, tornar o fluxo mais contínuo. A vantagem de utilizar diretamente as ferramentas digitais é a possibilidade de definir, configurar e visualizar rapidamente se:

- ✓ as partes de um lote de trabalho estavam preparadas para processamento;
- ✓ o produto estava pronto para entrega conforme especificado;
- ✓ há sinalizações de que existem bloqueios (ou dependências) durante o fluxo;
- ✓ há desbalanceamento de trabalho e muitas filas entre fases (e equipes) no fluxo;
- ✓ é possível tratar itens com mais urgência que outros; e, por fim,
- ✓ a capacidade de desenvolvimento está adequada, ociosa ou sobrecarregada.

Todos esses dados servem de insumo para a definição, configuração e visualização de métricas. Além disso, ao falar de desenvolvimento de software, é importante entender que a gestão do código pode ser feita por meio de práticas como o *DevOps*, usando integração e entrega contínua para gerar um fluxo sustentável de entregas (MUNIZ *et al.*, 2019).

4.1.3.2. Medindo o fluxo

Algumas das métricas de fluxo que podem ser utilizadas para analisar o trabalho e o sistema como um todo são:

- ✓ ***Lead time***: tempo total efetuado desde o pedido do cliente até seu recebimento.
- ✓ ***Cycle time***: tempo individual de cada etapa do fluxo compondo o *lead time* total.
- ✓ **Tempo de espera:** tempo total em que um lote de trabalho terminado em uma etapa fica na fila para ser puxado para a próxima etapa.
- ✓ **Vazão (*Throughput*):** quantidade de itens de trabalho que são entregues em um determinado período de tempo.

É imprescindível que, dada a natureza intangível do trabalho do conhecimento, as empresas possam reconhecer e lidar com as características inerentes a essa realidade, como a variabilidade, a "invisibilidade" física do trabalho e as incertezas do meio tecnológico. Não só o ato de identificar o fluxo se torna mais complexo, como a própria capacidade de gerenciá-lo (REINERTSEN, 2009). Apesar das métricas citadas serem muito parecidas com aquelas usadas em empresas que usam o *Lean* em ambientes fabris ou hospitalares, em algumas organizações de produtos digitais tais números precisam ser "duplicados". Em outras palavras, observa-se o fluxo de valor à medida que a empresa entrega seu serviço diretamente ao cliente, enquanto, em paralelo, é preciso medir e acompanhar o fluxo de desenvolvimento do produto, que melhora e monitora a plataforma com a qual o serviço é entregue ao cliente.

4.1.4. Puxar (*Pull*)

Se puxar, no *Lean Manufacturing*, significa iniciar um processo ou atividade somente quando um processo posterior solicitar (JONES; WOMACK, 2004), então como um sistema puxado funciona no *Lean Digital*? Teoricamente, a prática é a mesma, porém há um pequeno detalhe: nem sempre é o cliente que realmente puxa a demanda. Obviamente, essa expressão requer explicação, então vamos a ela. Quando falamos de um produto digital, em muitos momentos não há um contato direto com o cliente. Além disso, o produto não necessariamente é físico, então a forma como o cliente "experimenta" seu produto e/ou a plataforma que ele utiliza para adquiri-lo permite à empresa aprender mais sobre como ele se comporta. Com isso, se inicia um processo contínuo de descoberta, ou *product discovery*, onde, através de pequenos experimentos e ciclos de validação de hipóteses, entendemos qual a melhor abordagem para o cliente e, consequentemente, construímos apenas aquilo que se encaixa como a melhor solução para o cliente (RIES, 2011). Se pensarmos que as empresas, para se manterem ativas e relevantes no mercado, precisam usar parte de seu tempo, recursos e pessoas para trabalhar além da operação, reservando uma fatia desse conjunto para a inovação, é mais que natural que existam maneiras simples de entender o que é mais importante sob a ótica do cliente. Um dos principais pensamentos sobre essa prática é o *Lean Startup*, o qual já ultrapassou as fronteiras dos produtos digitais.

É possível que, mesmo em produtos digitais, possamos obter um sistema puxado, porém com nuances e "gatilhos" diferentes. Enquanto nas fábricas são os clientes e os processos que "puxam" as demandas, em ambientes digitais, além dos clientes, são os times, os designers e, muitas vezes, os resultados bem – ou mal – sucedidos dos experimentos e validações de *product managers* e equipes de produtos que puxam a demanda. De certa forma, o cliente, sem perceber, diz para a empresa o que é melhor, seja através de um *feedback* sincero, um clique diferente em um botão ou a inscrição efetuada em um formulário inserido propositalmente no site ou no *e-commerce* para descobrir seus interesses, desejos ou preferências.

4.1.5. Perfeição (*Perfection*)

Pode parecer contraditório, ou pode ter sido algum problema de tradução ao longo do tempo do japonês para o inglês, e desta para outras línguas; porém, para o pensamento *Lean*, perfeição nada mais é que a utopia a ser seguida, o cenário que se deseja alcançar, o máximo da excelência operacional. Quando essa perfeição é alcançada, uma nova meta deverá ser estabelecida. E isso vale para todos os princípios.

Pensando em **valor**, ele muda ao longo do tempo. Logo, a busca pela sua perfeição será contínua tanto quanto for a tentativa de entender melhor o que o cliente precisa. A busca da perfeição aqui está na melhoria de novas técnicas de *discovery* para saber quais os novos sentidos de valor, o que os clientes desejam, como e quando.

Pensando em **fluxo de valor**, a busca pela sua perfeição será contínua pelo desenho do melhor fluxo possível. Se, matematicamente, há entre dois números inteiros uma quantidade de números que tende ao infinito, entre dois processos rodando dentro de um fluxo existe uma infinidade de possibilidades de melhorar um ou mais processos (ou o fluxo como um todo), tornando-o cada vez mais enxuto. Ou, ainda, se melhorias contínuas (*kaizen*) não são suficientes para aprimorar as operações, talvez seja o momento de mudanças radicais (*kaikaku*) para a criação de um novo fluxo que atenda a novos valores.

Pensando em **fluxo** visualizado e medido, a busca pela sua perfeição será dada pela transparência para todos, possibilitando a rotineira remoção de desperdícios e eliminação de esforço, tempo, espaço, filas e erros.

Pensando em **puxar**, a busca pela sua perfeição será dada pela sugestão de melhorias na forma de trabalho, eliminando silos, demanda desnecessária e avançando com equipes *DevOps* (trazendo os analistas de infraestrutura para as conversas). Além disso, precisamos estabelecer uma cultura de sistema puxado não só em equipes ou operação, mas na cadeia de gestão, já que a priorização da demanda advém, muitas vezes, de gerentes e diretores.

E a **perfeição** em si é buscada e alcançada continuamente através da definição de um norte a ser alcançado, um objetivo a ser perseguido através de diretrizes estratégicas, que serão desdobradas até as operações, seja através de um planejamento estratégico anual (utilizando programas, projetos e entregas contínuas), seja através de um *roadmap* utilizando OKR – *Objective & Key Results* (objetivos e resultados-chave) ou outras abordagens

4.1.6. Aprendizado (*Learning*)

Apesar de não existir este princípio na sua versão original, o *Lean* aplicado ao mundo digital mostra a necessidade constante de aprender. As práticas ágeis, como *Scrum*, *Lean Startup* e outras, mostram que, através de ciclos contínuos e antecipados de *feedback*, conseguimos rapidamente as informações necessárias para resolver os problemas dos usuários (RIES, 2011).

Conforme Torres (2021), o ato de descobrir produtos e suas oportunidades, conhecido como *product discovery*, implica na necessidade contínua de validar as pequenas hipóteses presentes no comportamento dos usuários, que podem nos impulsionar – ou distanciar – do resultado final, das metas da empresa ou, simplesmente, do próprio cliente. E esses ciclos ou fluxos de descoberta contínua focam, majoritariamente, em uma única coisa: aprender. Aprender mais sobre o cliente, sobre o produto, sobre o mercado, para diminuir os riscos listados a seguir, conforme Cagan (2017):

- ✓ **Valor:** será que os nossos usuários veem valor nessa *feature* ou produto?
- ✓ **Usabilidade:** será que os nossos usuários serão capazes de usar o produto ou serviço?
- ✓ **Viabilidade técnica:** será que construir o produto ou serviço é viável tecnicamente?
- ✓ **Viabilidade do negócio:** será que vale a pena para o negócio entregar este produto ou serviço?

Através do aprendizado obtido, conseguimos entender mais nossos clientes e influenciá-los, convencê-los ou simplesmente mostrar a eles que há uma solução mais enxuta, rápida e benéfica. Usar o aprendizado como um sexto princípio para o *Lean Digital* é um convite para uma era que, mesmo imersa em incertezas, se adapta ao contexto, provendo melhores soluções continuamente. Por fim, o aprendizado não se expressa apenas na criação ou melhoria de um produto, mas em qualquer aspecto da organização. Seja no atendimento ao cliente ou no fluxo de trabalho de um time de processos gerenciais, o aprendizado atua como um padrão de comportamento, onde cada indivíduo identifica e resolve problemas diários, com ciclos de aprendizado e experimentação.

4.1.7. Humanidade (*Humanity*)

Parece óbvio, não é? Mas, com esse tema, o que é óbvio realmente precisa ser dito. Respeitar a humanidade é um dos principais aspectos do Sistema Toyota de Produção (MONDEN, 2015), e também precisa ser do *Lean Digital*. Os produtos entregues ao cliente são criados e aperfeiçoados por pessoas, e respeitar a humanidade não é só olhar para fluxo, demandas e clientes, mas pensar em como a empresa pode ou até mesmo deve se preocupar com o meio ambiente, a sociedade e seus funcionários.

Temas como liderança, desenvolvimento de pessoas e a participação da empresa em questões sociais também fazem parte desse princípio, considerando que cada ação da empresa precisa existir para fazer a humanidade evoluir, seja através de seus valores, seus produtos ou mecanismos de gestão. Na Toyota, segundo Liker e Ross (2019), o desenvolvimento das pessoas é uma prioridade global, não só dos clientes e funcionários, mas também de parceiros e fornecedores. Por isso, como parte dessa nova perspectiva, inserir "humanidade" como um princípio serve para voltar às origens do *Lean*, colocando o ser humano e o planeta como prioridade.

4.2. Considerações finais

Apesar de estarmos abordando os mesmos princípios que *Lean Manufacturing* – exceto pelo sexto princípio –, o *Lean Digita*l trabalha cada um desses princípios de forma diferente. São problemas diferentes, variáveis diferentes, ambientes diferentes. Por isso, precisamos ressignificar cada um desses princípios adaptados a esse novo contexto: a era digital. O uso de dados, as tecnologias emergentes e a revolução das soluções digitais trazem um mundo completamente novo, com novas formas de gerar negócios, entregar serviços e aprender sobre tudo isso. Os sete princípios do *Lean Digital* chegam para desafiar esse contexto e preparar você para vencer nessa realidade.

5. *Lean Digital* x *Lean IT* x *Lean Software*

Rafael Ferreira Bittencourt
Amanda S. Minozzi
Jailton Junior Ferreira Ribeiro
Analia Irigoyen
Ricardo Dias de Cantuária Farias

Desde que Taiichi Ohno desenvolveu o Sistema Toyota de Produção, de onde mais tarde viria a ter origem o *Lean Thinking*, esse conjunto de princípios, práticas e processos tem sido aplicado com diversos enfoques, sempre na tentativa de obter todos os benefícios que o *Lean* demonstrou ser capaz de trazer desde o princípio, no *Lean Manufacturing*. Assim, nos propomos, neste capítulo, a fazer um comparativo entre três desses enfoques: o *Lean IT*, o *Lean Software* e o *Lean Digital*, com o objetivo de demonstrar suas semelhanças e diferenças.

5.1. O que é *Lean IT*?

A tecnologia tem evoluído muito rapidamente, transformando o modo como trabalhamos, e, como consequência, a competitividade entre as empresas está cada vez mais acirrada, não deixando espaço para ineficiências. Em busca de alta qualidade e melhores resultados dos produtos e serviços, viu-se no *Lean* a oportunidade de melhorar o desempenho. Entretanto, muitas empresas não atentam para o potencial da tecnologia da informação (TI) como viabilizadora de inovação e não apenas como suporte a toda a operação.

O *Lean* em TI, amplamente conhecido como *Lean IT,* tem como objetivo potencializar o valor gerado aos clientes ao aprimorar a forma como a tecnologia é gerenciada na organização. A forma de trabalho e a cultura organizacional são transformados, pois o que não agrega valor ao negócio é eliminado. Essa metodologia trabalha com a eliminação dos desperdícios, a redução de custos por meio da revisão dos processos e a realização das tarefas no prazo. Assim, a eficiência da operação é aumentada.

5.2. Por que utilizar *Lean* em TI?

É importante saber que o *Lean IT* pode ser aplicado em empresas de tecnologia da informação e em empresas que empregam a TI como suporte para suas operações do dia a dia. Conforme afirma Cantanhede (2014), ao utilizar os conceitos do *Lean* na área de tecnologia da informação, gera-se sinergia entre a área de TI e as áreas de negócio, e, por conseguinte, os silos departamentais são quebrados, melhorando a comunicação e permitindo que todos trabalhem em prol do sucesso do negócio.

As atividades diárias executadas pelos colaboradores são aprimoradas. Busca-se desenvolver a visão *outside in*, que é um olhar de fora para dentro por meio do foco no cliente, pois ele é a razão de o processo existir. O modo de entendimento e a resolução dos problemas são modificados, não há desperdício de tempo, entrega-se o que o cliente solicitou, e isso está associado a uma grande e profunda mudança cultural.

O aumento da eficiência surge com a melhoria contínua e a inovação dos processos a cada oportunidade encontrada pelos profissionais. Com o emprego de metodologias ágeis, o trabalho é realizado com mais qualidade, com menos desperdícios e com uma melhor experiência para os clientes.

Uma das características mais marcantes da TI é sua pervasividade. Ou seja, uma vez implantada, ela dificilmente poderá ser removida dos processos que dela se beneficiaram. Portanto, deve estar cada vez mais aderente aos negócios na busca de maior produtividade e eficiência, tornando-se assim uma peça-chave na busca pela excelência e criação de vantagens competitivas potencialmente sustentáveis. Na atualidade, a tecnologia da informação é uma aliada que permeia praticamente todas as áreas de negócio. O *Lean IT*, por sua vez, usa uma estrutura de princípios *Lean* juntamente com ferramentas que serão descritas a seguir.

5.3. Princípios *Lean IT*

Assim como abordado no Capítulo 1, falando sobre o *Lean Thinking*, o *Lean IT* traz os mesmos cinco princípios, segundo Dantas (2016): valor ao cliente, fluxo de valor, fluxo contínuo, sistema puxado e perfeição. Vale ressaltar que a implantação do *Lean IT* é uma tarefa que demanda certo esforço e tempo. É preciso que a empresa transforme verdadeiramente não somente a sua forma de trabalho, mas também o seu relacionamento com seus clientes e fornecedores. Ao final valerá a pena, pois a rotina da equipe será simplificada, ficará mais enxuta e trará muitos benefícios.

5.4. Desperdícios em TI

Na área de TI existem vários desperdícios (*muda*) que podem ser eliminados. O passo inicial é analisar o processo da área de ponta a ponta com o intuito de identificar pontos de melhorias. A seguir estão as categorias de desperdícios encontrados no trabalho que não adicionam valor ao negócio e ainda resultam em retrabalhos e atrasos:

1. **Estoque:** trata-se de excesso de informação, itens produzidos ou comprados que os usuários não utilizam. Por exemplo, documentação técnica, espaços de armazenamento etc.
2. **Produção em excesso:** significa entregar mais do que o necessário. Por exemplo, e-mails excessivos, relatórios, *dashboards*, alertas, sistemas e formulários desnecessários.
3. **Espera:** refere-se ao tempo desperdiçado na execução das etapas do processo. Por exemplo, a espera de uma aprovação para dar seguimento, participação em reuniões improdutivas.
4. **Transporte:** é a comunicação entre os sistemas de informação e os departamentos da empresa.
5. **Superprocessamento:** são atividades que demandam esforço para entregar mais do que os usuários precisam. Por exemplo, um sistema que entrega recursos além do solicitado (dados redundantes, relatórios não utilizados, funcionalidades que os clientes não usam).
6. **Movimentação:** a movimentação desnecessária engloba mudanças de prioridades, implantação de projetos e reuniões presenciais em vez de remoto quando possível, além de busca por informação em diferentes lugares, inserção dos mesmos dados em diferentes telas de sistemas e prioridades que mudam a todo instante.
7. **Defeitos:** impactam negativamente toda a operação. É a categoria que mais gera desperdícios. Por exemplo, falhas no desenvolvimento dos projetos, liberação de software com *bugs* ou entregas que não atendem ao que o cliente solicitou.

5.5. Ferramentas *Lean* aplicadas à TI

Steven Bell e Michael Orzen, em seu livro "TI Lean" (2013), explicam que existem diversas opções de ferramentas para resolução de problemas que foram originadas na filosofia *Lean* e que identificam e quantificam as tarefas, descobrem causas-raízes, implementam melhorias e medem resultados. As mais utilizadas são:

- ✓ **A3:** é uma forma estruturada de apresentar visualmente, em uma folha de papel A3 (29,7 cm x 42 cm), os requisitos do negócio, a situação atual e futura, os planos de ação, bem como medidas de progresso (indicadores).
- ✓ **PDCA:** é a sigla de *Plan, Do, Check, Act* (traduzido do inglês: planejar, fazer, executar, agir). Representa o ciclo de aprendizagem que é executado imediatamente após o término de um processo, para que seja possível a sua melhoria contínua. Deve ser repetido quantas vezes for necessário.
- ✓ **Mapeamento do fluxo de valor:** é a representação visual do fluxo contínuo de informações para entregar um produto ou serviço com destaque para a questão do desperdício e, sobretudo, do valor gerado.
- ✓ ***Kaizen*:** é a busca permanente pelo aprimoramento dos processos, da gestão como um todo, para maximizar a produtividade. São melhorias incrementais para aperfeiçoar o fluxo de valor. Um evento *kaizen* tem por objetivo gerar melhoria com soluções rápidas e simplificadas e em curto período de tempo, frequentemente aplicando o PDCA.
- ✓ **5S:** é um método para limpar e organizar o local de trabalho, o que contribui para o aumento da produtividade, pois tudo deve estar no seu devido lugar.
- ✓ ***Kanban*:** método que facilita o gerenciamento do trabalho em equipe. Através dele é possível visualizar facilmente as atividades a serem executadas, em andamento e concluídas, bem como identificar possíveis obstáculos. Com o uso do *Kanban* na TI, a equipe consegue ter maior controle dos projetos e saber quais são os responsáveis por cada tarefa. Ele ajuda na comunicação e priorização de tarefas importantes, além de permitir o aceite do trabalho de forma puxada.

5.6. O que é *Lean Software*

O *Lean Software*, ou *Lean Software Development*, é a aplicação do *Lean* ao desenvolvimento de software. Como metodologia, surgiu no livro de Tom e Mary Poppendieck (2003). A experiência em manufatura e desenvolvimento de produtos industriais de Mary na 3M deu a ela uma visão de como essas práticas realmente funcionavam, e a experiência dela e de Tom em tecnologia da informação lhes deu uma visão de como aplicá-las ao desenvolvimento de software. Eles apresentaram princípios e um *kit* de ferramentas para traduzir os princípios *Lean* amplamente aceitos em práticas eficazes e ágeis que se adaptam ao seu contexto.

A metodologia está baseada em sete princípios e 22 ferramentas:

1. **Elimine desperdícios**
   a. Ferramenta 1: identificando desperdícios
   b. Ferramenta 2: mapeamento do fluxo de valor
2. **Amplie o conhecimento**
   a. Ferramenta 3: *feedback*
   b. Ferramenta 4: iterações
   c. Ferramenta 5: sincronização (comunicação entre as partes interessadas)
   d. Ferramenta 6: desenvolvimento baseado em conjuntos
3. **Decida o mais tarde possível**
   a. Ferramenta 7: pensamento de opções
   b. Ferramenta 8: o último momento responsável
   c. Ferramenta 9: tomando decisões
4. **Entregue o mais rápido possível**
   a. Ferramenta 10: sistemas puxados
   b. Ferramenta 11: teoria das filas
   c. Ferramenta 12: custo do atraso
5. **Empodere o time**
   a. Ferramenta 13: autodeterminação
   b. Ferramenta 14: motivação
   c. Ferramenta 15: liderança
   d. Ferramenta 16: expertise
6. **Qualidade em construção**
   a. Ferramenta 17: integridade percebida
   b. Ferramenta 18: integridade conceitual
   c. Ferramenta 19: refatoração
   d. Ferramenta 20: teste
7. **Veja o todo**
   a. Ferramenta 21: medições
   b. Ferramenta 22: contratos

O livro também apresenta uma adaptação para a visão de serviços de TI dos sete tipos de desperdícios da visão do *Lean Manufacturing*:

Tabela 5.1. Desperdícios da produção e do desenvolvimento de software. Fonte: compilação dos autores.

Os sete desperdícios da produção	Os sete desperdícios do desenvolvimento de software
inventário	trabalho parcialmente feito
processamento extra	processos extras
superprodução	recursos extras
transporte	troca de tarefas
espera	espera
movimentação	movimentação
defeitos	defeitos

5.7. *Lean Digital*

O *Lean Digital* é a aplicação do *Lean* em um contexto de Quarta Revolução Industrial, onde as novas tecnologias criaram um ambiente de negócios bastante complexo e imprevisível.

Sob esse ponto de vista, o *Lean* Digital tem um foco corporativo e voltado para a eliminação dos desperdícios digitais, ou seja, a redução dos dados não estruturados (em forma de texto, vídeos, mensagens de áudio etc.) a que as empresas têm acesso por meio de intensa interação com os clientes através de sistemas de engajamento, mídias sociais etc. Ao transformar esses dados em informações relevantes e estratégicas para o negócio, as organizações passam a conhecer muito melhor seus clientes, quem são e o que desejam e, assim, começam a oferecer produtos e serviços diferenciados, com melhor experiência e, consequentemente, mais valor no final do processo.

Como vimos no Capítulo 3, o *Lean Digital* possui uma amplitude que vai além da tecnologia ou da gestão dos dados. É uma abordagem que constrói e evolui produtos e áreas digitais de forma estratégica, para que as organizações reutilizem e tirem proveito das mais diversas práticas presentes no mercado. O *Lean Digital* traz o olhar do *Lean Thinking* para a realidade digital, garantindo seus princípios, práticas e buscando principalmente que sua filosofia perdure.

Como conclusão, após os resumos desses três enfoques do uso do *Lean*, vemos que o *Lean IT*, o *Lean* Software e o *Lean Digital* têm em comum:

- ✓ mudança cultural da organização;
- ✓ a busca constante pela excelência;

- ✓ a tecnologia da informação é tratada como um diferencial competitivo para as empresas;
- ✓ melhoria dos processos, melhoria na comunicação entre as pessoas, desenvolvimento sob a perspectiva do cliente;
- ✓ entrega contínua de valor para a empresa e para os seus clientes, sem desperdícios;
- ✓ utilização de ferramentas como apoio à gestão e resolução de problemas;
- ✓ qualidade na experiência com os pontos de contato com colaboradores e clientes.

5.8. Um resumo sobre as principais diferenças entre as abordagens

O *Lean IT* tem como objetivo melhorar seus serviços por meio da revisão e padronização de seus processos, integrando-os à estratégia da empresa. Um foco importante é dado para questões como infraestrutura, suporte a serviços, custo de arquitetura etc.

O *Lean Software* sugere a eliminação de desperdícios no processo de desenvolvimento de software, e as entregas são incrementais ao término de cada iteração. Isso quer dizer que o software é construído e gerenciado de forma enxuta e, se necessário, seguindo princípios ágeis, para que o cliente já possa ir testando sem ter que aguardar o desenvolvimento completo da solução.

Já o *Lean Digital* tem uma visão mais ampla. Trata-se de uma forma de conduzir e superar os desafios da transformação digital nas empresas. Tem como propósito o uso adequado da tecnologia como suporte para a entrega de valor para os clientes através de uma gestão ágil e inovadora, criando condições para que as empresas entrem no mundo digital de forma *Lean*. O *Lean Digital* é uma mudança cultural e ajuda no direcionamento entre a estratégia da empresa, pessoas e tecnologias, a fim de reestruturar a organização e entregar melhores experiências aos clientes.

6. Os reflexos do *Lean* nas práticas ágeis

Edson Antonio de Lima
Felipe Oliveira

Segundo Stephen Hawking, estamos no século da complexidade (CLARK; COHEN, 2017), em que não podemos prever como será o futuro, dado o nível de incertezas e infinidade de variáveis. Em um mundo VUCA (Volátil, Incerto, Complexo e Ambíguo), experimentar, errar e aprender rápido é uma questão de sobrevivência. Esse novo e complexo contexto se apresenta, dentre outras formas, através do mundo digital, mas vai muito além de apenas usar celulares ou ter uma fachada nova para velhas soluções. O mundo digital trata também de tirar as coisas da sua mesa e substituir por serviços. É eliminar – ou diminuir – os itens físicos e substituí-los por algo novo e intangível.

Estamos saindo de uma era de "ter" e da escassez para uma era de experiências e de abundância. Ter as coisas certas no momento que você precisa é o *Lean* na vida do cliente.

Percebe-se então que, para que as organizações façam frente a essa nova realidade, elas precisam se reorganizar com um sistema de gestão que permita o investimento e a atenção na **inovação**, partindo do entendimento sobre o cliente e suas necessidades e construindo produtos e serviços através de uma cultura de experimentação, com *feedbacks* rápidos baseados em métricas de inovação, adaptando-se constantemente.

Para ajudar nessa jornada de alta incerteza e novas necessidades, nos próximos tópicos vamos expor como as práticas ágeis se inspiram no *Lean* e, com isso, apoiam os desafios que esse mundo digital nos traz.

É importante lembrar que o *Lean Digital* vai além da base conceitual do *Lean* e sua influência em práticas ágeis. É a adaptação do *Lean* para o mundo digital, trazendo não só suas ferramentas e práticas, mas também a mentalidade para produtos e processos digitais. Entender como o *Lean* reflete na agilidade nos ajuda a habilitar seus conceitos nas organizações.

Figura 6.1. Casa Toyota.
Fonte: adaptado de Hoeft (2013).

6.1. Respeito às pessoas

O respeito às pessoas, que é um pilar do pensamento *Lean*, pode ser uma das características mais importantes em comum entre todas as suas derivações e a agilidade.

Para o *Lean*, os líderes precisam ter uma preocupação genuína com seus colaboradores, promovendo o engajamento, a motivação e o desenvolvimento de pessoas em torno de excelentes produtos. Esse conceito compõe a base de valores fundamentais dos novos modelos – surgidos antes ou depois do manifesto – que apareceram no mercado. *Scrum*, *eXtreme Programming* (XP), *Kanban* (frequentemente adotado em abordagens ágeis) e outros métodos colocam esse valor como uma premissa primordial para seu uso. A seguir, veremos um desdobramento desse valor e como os métodos se conectam com essa abordagem.

6.1.1. Motivação e engajamento

O Manifesto Ágil tem no seu quinto princípio "Construa projetos em torno de indivíduos motivados. Dê a eles o ambiente e o suporte necessário e confie neles para fazer o trabalho". Essa é uma declaração da necessidade de motivar, suportar e confiar nas pessoas que farão o trabalho. O *Management* 3.0, que se identifica como um *mindset*, coloca as pessoas no centro da organização, baseando-se em princípios e visões que devolvem aos líderes suas responsabilidades originais: manter as pessoas engajadas e motivadas (APPELO, 2011).

Outros modelos, como XP e *Scrum*, ambos *frameworks* da filosofia ágil cujos idealizadores também são signatários do Manifesto Ágil, incorporam motivação e engajamento em sua estrutura, através de princípios como o respeito às pessoas e abertura. O valor "coragem" do XP e do *Scrum* só é possível quando os líderes criam um ambiente de suporte às equipes, com segurança – física e psicológica – e confiança. O *Scrum* fornece autonomia aos desenvolvedores para definir como os incrementos serão implementados, sendo esta uma condição intrínseca ao *framework*. O *Kanban* também contribui com este tópico, fornecendo práticas que trabalham para eliminar o individualismo a fim de gerar um sentimento de colaboração e empoderamento, saindo de uma visão individual para outra de times que atuam em serviços.

6.1.2. Capacitação

A capacitação está associada com a preocupação com as pessoas. A capacitação em "T", na qual os profissionais possuem uma especialidade (ou mais) ao mesmo tempo em que criam disposição para aprender outros temas, é um exemplo de abordagem *sine qua non* para métodos como XP, *Kanban* e o próprio *framework Scrum*. Esse tipo de habilidade fomenta a colaboração entre as pessoas, garantindo a multidisciplinaridade dentro do time.

Liker e Ross (2019) nos mostram que uma cultura de excelência requer um trabalho de longo prazo. Um dos principais fatores que influenciam no seu sucesso é ensinar as pessoas as melhores abordagens e filosofias.

6.1.3. Auto-organização

"Gerencie o trabalho e deixe que as pessoas se auto-organizem ao redor dele" (ANDERSON; CARMICHAEL, 2016). Esse é um dos princípios de entrega de serviço do método *Kanban*. De forma semelhante, vemos práticas nativas do *Scrum*, *DevOps* e o próprio Manifesto Ágil interagir com esse tipo de abordagem, fornecendo às pessoas o nível de autonomia e responsabilidade para resolver os problemas da organização. Os métodos *Kanban*, XP e o *framework Scrum* são fundamentados na auto-organização das equipes, destacando que, em uma cultura *kaizen*, os indivíduos são livres para se auto-organizar em torno do trabalho que deverão executar e como irão executá-lo. Ao mesmo tempo, há claras restrições ou limites, para que haja certos padrões ou convenções. Esses limites têm, entre eles, os direcionamentos organizacionais. O planejamento estratégico com objetivos alcançáveis, confiando e permitindo que as pessoas se auto-organizem para atingi-los, um conceito abordado no uso de OKRs (que também possui sua raiz no *Lean*, com o *Hoshin Kanri*), também representa respeito pelos colaboradores.

6.1.4. Ritmo do fluxo

Em um dos princípios do Manifesto Ágil vemos que times precisam de ritmos sustentáveis de trabalho (MANIFESTO ÁGIL, 2001) para que possam entregar as demandas com qualidade. Isso se torna claro nos diversos exemplos dados pelo *Lean*, pelo *Kanban* e por uma variedade de autores anos a fio, através de práticas como limite de WIP (*Work In Progress*). Manter o trabalho em progresso em um fluxo contínuo ajuda a controlar não só a capacidade, mas também a manter as pessoas trabalhando de forma saudável e controlada, criando um ritmo constante de entregas. Ao eliminar a sobrecarga, mantendo a entrada de demandas sob controle e com um nível de pressão e comprometimento equilibrado, estamos garantindo a elas um nível de respeito que as ajuda a prosseguir.

6.2. Qualidade integrada

A qualidade de um produto ou serviço deve ser responsabilidade de todos e não de um determinado grupo. Segundo Shigeo Shingo (1981), "inspecionar para prevenir defeitos é bom; inspecionar para encontrar defeitos é desperdício". Assim, a qualidade deve ser perseguida desde a concepção, durante todo o processo, tanto de desenvolvimento quanto de operação, até a entrega do produto ou serviço. Temos exemplos dessa influência do *Lean* no método de desenvolvimento XP, em suas práticas como primeiro os testes (*Test First Design*), amplamente divulgada e aceita através da implementação do TDD (*Test Driven Development*), além de avaliação e programação por pares. Essas técnicas são bastante aderentes ao *Poka-Yoke*, conceito *Lean* que propõe instrumentos para prevenir que ocorram defeitos. O *DevOps*, por sua vez, também executa a prevenção de defeitos, ao tratar a execução e a manutenção de testes automatizados através da integração contínua.

No *DevOps* vemos também a implementação do conceito da prática *Lean* denominada *Jidoka*, que é a automação com um toque humano. Seu uso apoia a garantia da qualidade ao propiciar mecanismos para a identificação imediata de problemas e defeitos, ao mesmo tempo em que ativa as políticas necessárias para resolvê-los.

O *framework Scrum* coloca explicitamente no seu guia a responsabilidade dos desenvolvedores com a qualidade, presente na definição de pronto das entregas, estabelecendo que a qualidade é inegociável e nunca pode diminuir. O *Kanban* destaca o foco na qualidade em práticas como a gestão do fluxo, ciclos de *feedback* e a limitação do trabalho em andamento. Este último, por exemplo, ajuda na qualidade, mantendo o custo de gestão das demandas baixo, e permite às pessoas um maior foco para entregar o nível de excelência requerido.

6.3. *Just-In-Time*

Segundo Hoeft (2013), o *Just-In-Time* consiste em fazer o que o cliente precisa, no momento em que essa necessidade se manifesta e na quantidade necessária, com o mínimo de recurso e trabalho. Para isso, temos os princípios-chave a seguir.

6.3.1. Item, momento e quantidade necessária

Conforme vemos em diversas experiências com *Lean*, o maior desperdício nas empresas é fazermos mais que o necessário. Tanto para o *Lean* quanto para a agilidade, temos que encontrar as soluções e o design mais simples, fazer a mudança ser fácil – e isso pode ser uma tarefa difícil (FOWLER *et al.*, 2012). Ao ter superprodução, além de desperdiçar recursos como equipamentos, dinheiro e talento, também levamos mais tempo para entregar um serviço ou produto ao cliente, correndo o risco de perder oportunidades de negócio. Falando de entregas em produtos digitais, os riscos podem ser ainda maiores: envolvem trabalho do conhecimento, que, em muitos cenários, não permite ver ou tocar o estoque trabalhado, seja fisicamente ou economicamente. Isso torna a vida de um gestor ainda mais difícil e, principalmente, mais propícia ao desperdício quando priorizamos coisas que não precisam ser feitas (REINERTSEN, 2009).

No geral, as organizações devem evitar esse tipo de erro, tanto para manter os custos sob controle quanto pela concorrência, que pode chegar primeiro com melhores soluções. Uma abordagem *Lean Agile* para esse desafio é o modelo *Lean Startup*, que propõe fazer o menor conjunto possível de funcionalidades para descobrir, no menor tempo possível, se aquela solução é aderente ao problema, em um ciclo de construção, medição e aprendizagem. Usa-se aqui o conceito de MVP (*Minimum Viable Product*), e processos como *product discovery*. Outra técnica baseada no *Lean*, que une *Design Thinking* e *Lean Startup*, é o método *Lean Inception*, um conjunto de dinâmicas que levam à definição do MVP em um processo constante de divergir e convergir colaborativamente para maximizar o valor da experimentação (CAROLI, 2018). Para nos mantermos simples, temos que nos afastar da visão profética, onde se tenta adivinhar o que pode acontecer no futuro, sem nos utilizarmos de inspeção, adaptação, iterações curtas e *feedback* contínuo para não fazer mais que o necessário (MASSARI; VIDAL, 2018).

6.3.2. Produção puxada

A produção puxada ocorre quando o trabalho realizado no estágio atual busca atender exclusivamente à demanda da etapa seguinte. Considerando que um sistema puxado implica na diminuição do estoque e desperdícios causados por seu excesso, um time ou área que trabalha de forma puxada possui uma carga de trabalho mais sustentável e, ao mesmo tempo, controlada pela sua própria capacidade de entrega. Tais práticas no *Scrum* e no XP passam uma visão semelhante, ao determinar que a quantidade de trabalho presente em um ciclo de entrega (e.g. uma *Sprint*) é uma decisão primária do time que trabalhará nos itens priorizados no ciclo (SCHWABER; SUTHERLAND, 2020). O *Kanban*, por sua vez, possui uma abordagem incrivelmente importante para trabalhar com um sistema puxado em um ambiente digital. Conceitos como limitar o trabalho em andamento e visualizar o fluxo criam uma restrição clara para todos, permitindo que o sistema possa controlar melhor as demandas que trafegam e ajudando a ter uma visão direcionada de onde podem estar os problemas, os gargalos e, principalmente, onde pode haver desperdício (ANDERSON, 2010). Assim, em vez de termos uma sobrecarga de demandas em andamento, favorecemos a colaboração para que os itens iniciados sejam terminados o mais rapidamente possível, antes que um novo item seja iniciado.

Figura 6.2. Quadro *Kanban*.
Fonte: os autores.

6.3.3. Fluxo contínuo com trabalho em movimento e sem paradas

O fluxo contínuo se associa com entregas ininterruptas, mantendo um ritmo sustentável, puxado e com os níveis de qualidade e satisfação em constante melhoria, produzindo apenas o que é demandado pela próxima etapa e pelo sistema. O trabalho sempre é puxado e nunca é empurrado. O fluxo sem interrupção é tido como uma condição-meta, causando avanço nos resultados da organização. A preocupação com a fluidez do sistema aparece nos métodos ágeis de diversas formas. A seguir estão alguns desses reflexos:

- ✓ ***DevOps* e *eXtreme Programming***: ambos abordam o tema entrega contínua como forma de garantir que o código esteja sempre pronto para mudanças e novas implantações (MUNIZ; IRIGOYEN, 2019).
- ✓ **Método *Kanban***: a gestão contínua do fluxo no *Kanban*, o uso de métricas para previsibilidade e a gestão dos riscos, somados à gestão visual presente no método, permitem eliminar os obstáculos para um fluxo contínuo.
- ✓ ***Scrum* e *Management* 3.0**: ambos tratam largamente de melhoria contínua, tanto na sua estrutura – PDCA e *Sprints* – como na sua forma de orientar o processo. Melhore sempre considerando o impacto da melhoria no todo e não só de forma local.

Ao mesmo tempo, a maioria desses métodos e *frameworks* traz consigo a relação entre auto-organização e multidisciplinaridade, ambas altamente relevantes para uma tomada de decisão rápida e menos burocrática no dia a dia. Além disso, tanto XP quanto *Scrum* se inspiram no *Lean* para diminuir o tamanho das demandas em lotes menores, fornecendo um sistema mais fluido para os times. Outras abordagens, como o *framework* SAFe®, utilizam a ferramenta *Lean* denominada *Value Stream Mapping* (VSM) para mapeamento de fluxos de valor, identificando desperdícios, gargalos e melhorias.

6.4. Estabilidade operacional

Na base do *Lean*, destacam-se:

6.4.1. Trabalho padronizado e manutenção preventiva

Com relação ao trabalho padronizado, Hoeft (2013) cita que o formato não tem tanta importância quanto o envolvimento do trabalhador no desenvolvimento do melhor método. Temos então o *Scrum* como um *framework* que recomenda a adoção de outros métodos ágeis para compor a forma de trabalho e o *Kanban* com sua proposta não prescritiva e evolutiva na adoção de práticas.

6.4.2. Melhoria contínua

Tanto trabalho padronizado quanto manutenção preventiva são temas abordados de forma abstrata por práticas ágeis. No entanto, em diversas delas, quiçá todas, vemos um elemento central que parece conectá-las com o *Lean*: melhoria contínua. E sabendo que estamos falando de *Lean Digital*, temos um reflexo na tecnologia, trabalhando na evolução contínua de código e arquitetura, passando pela inovação nas formas de trabalhar as necessidades do cliente, e chegando até em temas mais humanos, como *user experience, design thinking* e outros. A melhoria contínua é o fundamento mais visível nas práticas ágeis.

6.5. Considerações finais

De muitas formas, os *frameworks*, modelos e métodos ágeis implementam e abraçam a cultura *Lean* em um mundo em transformação digital. Olhando com atenção, vemos o valor da gestão sistêmica, focada na eficiência e liberando as pessoas para serem mais criativas, eficazes e colaborativas, permitindo assim emergir produtos e serviços cada vez mais aderentes aos clientes em um contexto em constante transformação, onde o empirismo prevalece através do fluxo de valor, a partir do momento em que criamos ambientes de experimentação seguros para falha e propícios para o aprendizado.

7. Quais problemas estamos resolvendo e como encontrá-los

Ieda Sayuri Shoi Sales
Sarah Lopes

Não ter problemas é o maior problema de todos.
(Taiichi Ohno)

Parece contraditório ser ruim não ter problemas para resolver, não? Segundo Silveira (2020), um dos principais impulsionadores do fracasso da governança corporativa é a ilusão do sucesso absoluto, com o pensamento de que a empresa é invencível e não precisa evoluir seus processos e produtos. Ao dizer que "precisamos" de problemas, Ohno nos ajuda a criar esse inconformismo ininterrupto, mostrando para as empresas que a melhoria contínua é uma jornada, e não um projeto finito.

No decorrer dos anos, o *Lean* se instaurou em diversos contextos, resolvendo centenas de problemas diferentes, desde filas de espera em hospitais até resíduos na indústria alimentícia. Segundo Liker e Ross (2019) e Ballé, Jones e Chaize (2019), o *Lean* como filosofia e mecanismo de estratégia nos traz diversas considerações para identificar e resolver problemas organizacionais, como:

- ✓ Estrutura de comunicação organizacional.
- ✓ Detecção e tratamento de resíduos durante e após a produção.
- ✓ Controle excessivo de demandas e jornada de trabalho, gerando "microgestão" sobre as pessoas.
- ✓ Desequilíbrio na entrada e saída de demandas, também chamado de desnivelamento.
- ✓ Sobrecarga na produção.
- ✓ Processos ineficientes ou sem padrão de execução.
- ✓ Entre outros.

Apesar dos problemas citados já terem aparecido diversas vezes em contextos de construção civil, saúde, manufatura e até mesmo de tecnologia – sendo o último contexto afetado com vieses diferentes dada a natureza do trabalho –, as diferenças do mundo digital acabam exponenciando tais problemas ou criando novos.

7.1. Os paradigmas do mundo digital

Para entender como o *Lean Digital* atua nos problemas digitais, precisamos analisar quais são esses problemas e como se manifestam. Conforme a tecnologia evoluiu, tivemos uma série de mudanças na forma como enxergamos o trabalho, o cliente e seus desafios. Saímos – ou estamos saindo – de uma forma de contato físico com nossos clientes e movendo para um ambiente mais digital, distante, porém veloz e escalável. Ao mesmo tempo, a forma como as organizações competem entre si mudou também, fazendo com que uma empresa concorra com dezenas de soluções do mesmo segmento (ROGERS, 2017).

Ao falar dos paradigmas do mundo digital, é possível colocar em pauta diversos tópicos, mas alguns são notoriamente conhecidos e merecem menção:

7.1.1. Trabalho presencial x trabalho remoto

Entre 2020 e 2022, milhares de empresas ao redor do mundo passaram por um desafio crítico para seu funcionamento: o trabalho remoto. Apesar de não ser nenhuma novidade para várias empresas, o trabalho remoto generalizado trouxe dificuldades extremas para o mercado, tais como manter a produtividade, a performance do negócio e até a sanidade dos profissionais.

7.1.2. Estoque físico x estoque digital

O trabalho digital não é um tipo de demanda visível no ambiente de trabalho. Ele está presente nas ferramentas de gestão de fluxo e projetos, nos quadros virtuais e em plataformas gerenciais. Com isso, existe uma necessidade maior de controle, visibilidade e governança.

7.1.3. Tangibilidade material x intangibilidade virtual

Dado que o estoque é digital, medi-lo se tornou um tanto mais difícil, já que não "compramos" esse estoque diretamente nem temos, necessariamente, um cliente que realizou o pedido. Muitas vezes, principalmente em produtos digitais, as demandas são identificadas através de pesquisas e experimentos, para que a organização tenha um nível mínimo de expectativa de retorno sobre as entregas. Medir custo de atraso, valor para o negócio e retorno financeiro se tornou algo um pouco mais abstrato, dada a natureza incerta do trabalho.

7.1.4. O cliente digital: gerações tradicionais x gerações *high tech*

Mesmo com a tecnologia crescendo diariamente, há milhões de pessoas que podem ter dificuldade com a compra, o uso e até mesmo a confiança em produtos e serviços digitais. Isso traz um impacto direto para os resultados da empresa, o que a torna responsável por trazer novas gerações para o seu contexto e, ao mesmo tempo, proporcionar uma experiência amigável para gerações que tenham maior dificuldade. Além disso, o cliente digital é mais exigente não só quanto à tecnologia, mas quanto à sua expectativa de ter seus problemas resolvidos com qualidade e rapidez.

7.2. Como é possível antecipar tais questões?

O *Lean Digital*, assim como o *Lean Manufacturing*, carrega diversas abordagens que se tornaram incrivelmente úteis com o passar do tempo. Por isso, tais ferramentas e técnicas não são descartadas, e sim renovadas para ajudar a eliminar as dificuldades da era digital.

Usar práticas como o *Toyota Kata* (ROTHER, 2010) pode aliviar o peso das mudanças, gerando uma cultura que usa o pensamento científico a seu favor para construir experiências de aprendizado contínuo, com menor esforço. É possível também mesclar seu uso com o ciclo PDCA, o que apoia na estruturação das contramedidas.

Conectando o conceito com a agilidade, é possível usar técnicas conhecidas de *assessment* e *sense making*, como o *Cynefin* (SNOWDEN, 2020), para identificar o comportamento da organização, como as principais variáveis que afetam os projetos e iniciativas se comportam e como as restrições organizacionais direcionam tal comportamento.

7.3. Considerações finais

Um dos principais fatores do mundo digital é a incerteza, por isso é premissa responder de forma rápida às mudanças. A transformação digital não torna uma empresa ágil. Mas somente uma empresa ágil consegue se adaptar rapidamente ao mercado. As empresas precisam mudar o *mindset* e implementar processos efetivos para identificação de desperdícios e uma constante aplicação de processos de melhoria contínua. A maior habilidade na transformação digital é saber escutar e resolver rapidamente todos os problemas que os usuários encontram. Portanto, fique atento aos resultados da aplicação de NPS[3] e aos *Likerts*, pois eles serão bons direcionadores para suas iniciativas *Lean Digital*. Quanto maior for a capacidade de uma organização em resolver problemas, mais ela aprende. Aprende com as mudanças de comportamento e aprimora o seu entendimento do que é valor. Dessa forma, melhora a experiência dos clientes e usuários, o que permite à empresa praticar o ágil.

[3] *Net Promoter Score* (NPS) é um método de pesquisa de satisfação que identifica o nível de fidelidade dos consumidores à organização e aos seus serviços.

Conclusão

O *Lean Digital*, por definição, traz muito do que o *Lean Thinking* representa, como filosofia e como prática de atuação. Não obstante, este livro faz uma ampliação natural dos seus princípios e conceitos, dada a mudança do contexto em que a filosofia se aplica. O mundo digital traz consigo diversos níveis de incerteza e de imprevisibilidade, o que agrega ao *Lean* a necessidade de criar:

- ✓ adaptação constante;
- ✓ gestão contínua do fluxo variável;
- ✓ mecanismos de aprendizados constantes;
- ✓ monitoramento contínuo do mercado.

O *Lean Digital* ensina aos seus praticantes que, mesmo com as adaptações de ferramentas e práticas, a forma como enxergamos o mundo mudou e, com ele, a forma como enxergamos essas práticas.

É importante lembrar que o *Lean Digital* difere do *Lean Thinking* e do *Lean IT* assim como estes diferem do Sistema Toyota de Produção. Levando em conta a intangibilidade do trabalho, a facilidade para acessar pessoas, recursos e até mesmo investimento depende da abordagem e do contexto, que trazem consigo uma incongruência corporativa, já que o *Lean* e o Sistema Toyota de Produção nasceram pela necessidade da eliminação de custos recorrentes devido à escassez de recursos. Ao mesmo tempo, mesmo com um maior acesso a recursos, ainda há uma infinidade de desafios, como a **indústria 4.0, necessidades do cliente digital, cultura** e diversos outros onde o *Lean Digital* pode ajudar.

PARTE II. TRANSFORMAÇÃO *LEAN DIGITAL*

A segunda parte deste livro serve para guiá-lo, com profundidade, na execução da transformação e mostrar alguns tópicos importantes durante e após as mudanças na sua empresa.

Mesmo compreendendo os desafios para iniciar uma transformação, durante essa transição – se é que, no seu caso, não é uma jornada contínua de evolução – você vai precisar de foco e, ao mesmo tempo, de um leque de possibilidades para obter os ganhos dessa mudança.

A adaptação dos seus processos e negócios para o *Lean Digital* implica em uma observação contínua de oportunidades. Apesar de ser relativamente impossível listar todos os contextos, vamos trazer algumas ideias para você usar.

8. Transformação mínima viável

Samir Karam

8.1. Começando a mudança

Assim como em toda jornada que está prestes a se iniciar, o maior desafio de um processo de transformação *Lean Digital* é dar o primeiro passo. Nesse sentido, pensar *Lean* antes de tudo faz toda a diferença: qual problema estamos tentando solucionar? Esse é um dos questionamentos mais comuns dos líderes de organizações que percebem a necessidade e os benefícios de transformar o modo como conduzem seus negócios e executam seus processos, buscando maximizar a geração de valor para seus clientes e reduzir desperdícios nos processos de desenvolvimento de produtos, serviços e negócios digitais.

Como já foi dito anteriormente neste livro, a cultura da organização é um dos principais pilares dessa transformação. Como diria Peter Drucker, "cultura devora a estratégia no café da manhã". Em outras palavras, não basta simplesmente desenhar uma estratégia, seja ela digital ou não, e, de forma impositiva, tentar cascatear esse desdobramento por todos os níveis da empresa, utilizando para isso artifícios como comando e controle. Não se constrói cultura através de novos procedimentos operacionais que, em um primeiro momento, podem não fazer sentido para as pessoas que os executam. Mesmo que o CEO da empresa envie um e-mail a todos os colaboradores dizendo "a partir de hoje somos uma empresa 100% *Lean Digital*", isso está muito longe de ser eficaz para mudar a cultura das pessoas, que, por fim, formam a cultura da empresa (LANZER, 2017).

Por outro lado, é sabido que diversas outras mudanças organizacionais são necessárias tanto para a implementação de processos mais ágeis e flexíveis que possam se moldar a uma nova realidade, onde mudanças de direção ocorrem em uma velocidade cada vez maior, quanto para habilitar uma forma de trabalho orientada a dados onde as informações provenientes das necessidades e do comportamento dos clientes regem as prioridades da organização na busca de maximizar o valor entregue.

Esse tipo de mudança estrutural não pode ser realizada sem de fato implementar uma boa governança de dados (RÊGO, 2020), reorganizando a forma como a empresa opera, como seus processos se interconectam e como seus sistemas de informação e ferramentas de trabalho permitem (ou não) uma troca rápida de informações em prol de uma tomada de decisão mais ágil e objetiva.

Dessa forma, como já foi mencionado anteriormente, promover uma transformação *Lean Digital* pode requerer tanto mudanças de cultura organizacional quanto de estrutura, operação e processos. Nitidamente, são transformações de natureza bastante distinta e que irão necessitar de soluções também diversas para viabilizar a transformação *Lean Digital* de forma combinada e sincronizada. É muito comum os gestores questionarem se a melhor estratégia para alcançar esse objetivo é "de baixo pra cima" (*bottom-up*), ou seja, começando a partir da base da organização, atacando primeiramente os processos operacionais mais simples e então ir subindo na hierarquia e na complexidade da organização gradualmente, ou se é "de cima pra baixo" (*top-down*), iniciando a partir da alta gestão executiva da companhia e então cascateando as mudanças para todos os níveis da empresa. A resposta que poderão encontrar nos próximos parágrafos é bastante simples e pragmática: precisamos de ambas!

Uma das formas mais simples de se iniciar um processo de mudança é começar pequeno e então crescer de forma gradual (RIGBY; ELK; BEREZ, 2020). Essa abordagem *Kaizen*, ou de melhoria contínua, é uma das bases fundamentais usadas pelo *Lean* e pelo Sistema Toyota de Produção, agora adaptados ao universo digital. O aprendizado através de ciclos permite a antecipação de problemas, erros e *feedbacks* essenciais para eficácia das soluções (ou, como diversos estudiosos do *Lean* colocam, contramedidas). Diversas práticas ágeis bebem dessa mesma fonte, gerando a capacidade de perseverar no caminho previsto e crescer em complexidade e funcionalidades, ou então de pivotar, que em outras palavras significa mudar de direção e testar novas hipóteses em busca de melhores resultados, como ilustrado na Figura 8.1.

Como contraponto, também seria possível pensar em realizar um *Kaikaku* ("mudança radical", em tradução livre), que traz justamente a ideia contrária: as mudanças ocorrem como uma revolução, seja em processos, cultura ou estrutura. Contudo, dentro do conceito de **transformação mínima viável**, essa abordagem traria maior complexidade, risco e esforço para implementação inicial e por isso não iremos explorá-la neste capítulo.

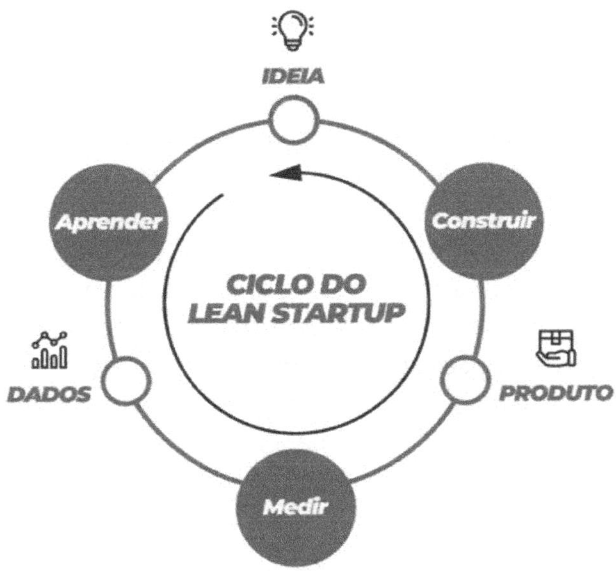

Figura 8.1. O ciclo do *Lean Startup*.
Fonte: adaptado de Ries (2011).

Uma das formas seria implementar a abordagem *bottom-up* começando por um time pequeno, de cinco a nove integrantes no máximo, preferencialmente multidisciplinar e que tenha um propósito em comum, seja ele a entrega de um produto ou serviço digital, ou a transformação de um processo da organização utilizando digital. Independentemente do tamanho da organização que fará o trabalho de transformação, a formação de tais times, sejam eles já existentes na organização ou formados para criar a mudança, é crucial manter o foco e a simplicidade do trabalho. A ideia de usar times pequenos e multidisciplinares se popularizou no modelo das *startups*, empresas que já nasceram com o DNA digital e claramente conseguem navegar no cenário atual de forma muito mais ágil e dinâmica. O objetivo é justamente promover um ambiente de maior colaboração, cocriação e trabalho em equipe, quebrando silos e barreiras organizacionais, valorizando a auto-organização mais do que uma equipe que aguarda instruções de trabalho e permitindo uma nova forma de atuar baseada na filosofia *Lean* – aplicando os pilares da transparência, inspeção e adaptação em busca da melhoria contínua.

8.2. *Minimum Viable Transformation* (MVT)

Qual é a transformação mínima viável que precisamos realizar para de fato validar se processos, pessoas e ferramentas são de fato eficazes e eficientes para construir em pequena escala uma organização mais *Lean* e de fato digital? Sugere-se então um processo de transformação que se inicia por quatro etapas, muito similares às do PDCA (VIEIRA FILHO, 2014).

1. **Entendimento da situação atual:** nesta etapa, avalia-se o momento do time, área ou ambiente em que se pretende aplicar o MVT, considerando não só a diferença entre os resultados que se espera obter e os resultados atuais, mas as condições, os comportamentos, os processos e as abordagens que geram os resultados atuais. É importante salientar que, ao final dessa fase, o entendimento extraído deverá fornecer uma visão de onde as equipes têm a maior necessidade, isto é, onde estão as dores e quais condições precisam melhorar para se conectarem com as condições-meta da iniciativa. Através dessa compreensão, é possível fazer o acompanhamento e a capacitação com relação aos principais pilares do pensamento *Lean* digital, dando às pessoas a linha de raciocínio necessária para o reconhecimento do problema e como abordá-lo de forma adequada.
2. **Levantamento de hipóteses:** após o parecer dado pela fase anterior, guia-se o time de forma colaborativa para levantar hipóteses sobre quais adaptações podem ser realizadas no modelo de trabalho atual, com base nas metodologias e práticas *Lean* e ágeis já consagradas, e que conhecidamente permitem aos *squads* entregar maior valor de forma mais eficiente, porém adequando as abordagens ao contexto da empresa e do grupo de trabalho. Permite-se assim que se extraiam benefícios de tais práticas em uma organização ainda não totalmente aculturada ao ambiente *Lean Digital*, necessitando para isso dessa adaptação para o contexto, a estrutura e o momento de cada empresa. Esses experimentos, apesar de fundamentados nos princípios do *Lean*, precisam primeiramente ser testados na prática antes de ser de fato escaláveis, levando, portanto, ao próximo passo do processo de transformação.
3. **Contramedidas:** como próximo passo, deve-se então testar hipóteses e experimentos levantados acerca do novo modelo de trabalho, definindo a transformação mínima viável que pode ser realizada de modo a reduzir a complexidade da mudança e ao mesmo tempo agregar valor ao processo. Importante neste passo realizar um alinhamento com todos os membros e principais clientes da equipe com relação aos valores, conceitos e princípios do *Lean*, focando nos assuntos que mais se sobressaíram na fase de entendimento. De forma geral, esse alinhamento favorece a comunicação, reduz riscos e aumenta a produtividade da equipe envolvida.
4. **Acompanhamento:** com o modelo de trabalho definido e o treinamento ministrado, coloca-se em prática então o novo modelo de trabalho na menor escala possível e acompanham-se de perto os desafios, as dificuldades e os

resultados gerados pela mudança. Nesse momento, recomenda-se sempre o acompanhamento de um profissional que irá auxiliar a implantar os processos definidos, estabelecendo a cadência de trabalho e a quantidade de entregas que a equipe suporta, dando mentoria e fazendo os ajustes necessários.

Mais uma vez seguindo os preceitos da abordagem *Lean Startup* (RIES, 2011) e do próprio PDCA, até esse momento passamos pela etapa de construir um novo modelo de trabalho que permita a aplicação das boas práticas e o treinamento das pessoas nos processos e valores do *Lean Digital*. A próxima etapa é justamente medir o resultado dessa nova forma de trabalho, mais colaborativa e dinâmica, visando comprovar a eficácia da implementação piloto. A forma mais direta de medir o sucesso dessa iniciativa passa pela própria definição de sucesso da organização, e em menor escala do grupo de trabalho definido. Entender o propósito do seu produto ou serviço digital passa por entender qual o valor que este pretende entregar a seus clientes e definir claramente quais os seus critérios de sucesso (e consequentemente do seu produto), sendo que são valorizados mais os benefícios e resultados atingidos com o produto do que simplesmente as funcionalidades desenvolvidas. Atingir esses resultados em intervalos cada vez menores também é um critério relevante, visto que, em um mundo digital, a volatilidade nos força a pensar de forma mais ágil e a buscar muitas vezes benefícios relativamente menores em um curto período de tempo no lugar de grandes conquistas, que podem levar mais tempo do que o mercado está disposto a esperar.

Fortalecendo a cultura de tomada de decisões orientada a dados, estabelece-se um processo de melhoria contínua do modelo através da medição dos resultados obtidos até se entender que a transformação mínima viável está validada e pronta para começar a escalar novos patamares na organização.

8.3. Quando o MVT se torna excessivo?

Mas até quando devemos seguir nesse modelo de transformação em escala reduzida? Existe alguma quantidade máxima de times que podemos envolver nesse primeiro momento de transformação? Como definir o tamanho ideal da transformação mínima viável? Essas são algumas das perguntas mais frequentes dos líderes de uma organização que já iniciou algum tipo de processo de transformação *Lean*. Para respondê-las, vamos primeiro voltar à própria definição do que é um MVP.

A definição de MVP (*Minimum Viable Product* – produto mínimo viável) se baseia no princípio base de validar uma hipótese antes de investir muito tempo e dinheiro nela.

Conceitualmente, fazer um MVP é construir a versão mais simples e enxuta de um produto, empregando o mínimo de recurso (tempo e dinheiro) possível para entregar a principal proposta de valor da ideia.

Trazendo para o contexto da transformação *Lean Digital*, o produto em questão é justamente o modelo de desenvolvimento de produtos e serviços digitais, envolvendo cultura, pessoas, processos e ferramentas em busca de maximizar o valor entregue ao cliente eliminando ou minimizando desperdícios gerados ao longo do processo. Dessa forma, entendemos que o nosso MVP (que poderíamos chamar de MVT – *Minimum Viable Transformation*) é justamente a menor escala em que se consegue implementar esse novo modelo de trabalho para validar as hipóteses e de fato entregar algum tipo de benefício à organização com base nos princípios do *Lean*.

Os experimentos das novas formas de trabalho equivalem aos MVPs e são implementados em escala maior somente quando sabemos que o resultado é positivo. Muitas vezes até testamos diversas versões do MVP antes de adotar a real solução, testando modelos diferentes em grupos de trabalho distintos e comparando o seu desempenho, considerando obviamente as variáveis em questão e características comuns entre os times.

Assim, pode-se dizer que o tamanho ideal do seu MVP (ou MVT) é aquele no qual for possível validar as hipóteses das novas ferramentas e práticas de trabalho e de fato gerar algum tipo de valor mensurável à organização. Se, por exemplo, aplica-se somente uma ferramenta de gestão à vista (como um *kanban* digital) e não se alteram questões estruturais como a comunicação entre as áreas envolvidas no processo de desenvolvimento de soluções digitais, pode-se até obter algum benefício interno, mas nitidamente estará longe de eliminar os principais desperdícios ao longo do processo completo de desenvolvimento.

Uma boa forma de definir o escopo da sua transformação mínima viável é, em vez de selecionar uma única etapa do processo de desenvolvimento de soluções da sua organização, considerando o seu fluxo de geração de valor, e buscar aplicar os princípios e práticas *Lean* nessa etapa tentando impactar todos os produtos ou serviços da organização, sugere-se selecionar um único produto ou serviço digital de menor complexidade e daí, sim, buscar otimizar o processo completo de desenvolvimento do início ao fim, considerando todas as etapas e partes envolvidas desde a descoberta do problema até a entrega final da solução digital escolhida, colocando de fato à prova os conceitos da real colaboração e do pensamento *Lean*.

8.4. O que significa escala para a transformação?

Uma vez validado e colocado em prática o novo modelo para os grupos de trabalho selecionados para o MVT do processo de transformação *Lean Digital*, ao se observarem os primeiros resultados reais e benefícios diretos relacionados ao produto ou serviço digital em questão, o que naturalmente acontece é que diversas áreas da organização (e inclusive departamentos responsáveis por outros produtos digitais que ainda atuam no modelo tradicional) começam a questionar o segredo do sucesso e a fórmula para obtenção desses benefícios em maior escala.

Em um primeiro estágio de transformação escalada, ou seja, quando se busca replicar o modelo para uma quantidade maior de times, o conhecimento, as práticas e os processos começam a ser difundidos de forma orgânica, sendo que os integrantes do piloto se tornam replicadores desses princípios e de fato "evangelizadores" da nova cultura. Inicialmente essa forma de difusão pode obter relativo sucesso, "contaminando" de maneira positiva líderes de produtos e processos que já possuam uma propensão à adoção de novas metodologias de trabalho e maior adaptabilidade natural a mudanças.

Entretanto, tal propagação começa a se tornar restritiva conforme atinge barreiras de entrada cada vez mais difíceis de ser transpostas, recebendo argumentos como "sempre obtivemos bons resultados com os métodos tradicionais de trabalho". Processos intrinsecamente complexos e normalmente apoiados em políticas corporativas engessadas, com o pretexto de garantir segurança e conformidade dos processos críticos da organização, criam barreiras de burocracia e envolvem altos níveis hierárquicos para tomada de decisões (muitas vezes pouco estratégicas e muito operacionais), reduzindo a autonomia das equipes.

Nesse momento retomamos o ponto de que a melhor estratégia para iniciar um processo de transformação *Lean Digital* é a que combina as estratégias *bottom-up* e *top-down* de forma sincronizada.

Enquanto a transformação de crenças, valores e cultura *Lean Digital* vai se alastrando na empresa de maneira orgânica, tendo os dados e resultados mensuráveis como "testemunhas", não somente o envolvimento, mas o comprometimento dos níveis hierárquicos mais altos e da alta gestão da empresa se torna imprescindível para romper barreiras quando se toca em processos interdependentes e engessados que as áreas de negócio não têm força ou sequer autonomia para mudar de forma independente. Além disso, o uso de práticas como o *nemawashi*, que coleta das pessoas o apoio para a aprovação das ideias, pode ser útil e facilitar o avanço.

Chega o momento de as lideranças também aprenderem e darem o exemplo com uma nova forma de atuar e realizar uma gestão baseada na filosofia *Lean* e nos princípios da mentalidade ágil: com colaboração, resposta rápida às mudanças, eliminação de desperdícios e melhoria contínua, apoiando de fato as equipes para que tenham autonomia e segurança para decidir, experimentar e inovar.

A transformação "de cima pra baixo" envolve não somente simplificar processos, mas também promover ações que permitam catalisar a propagação dessa nova cultura, não punindo erros, mas compartilhando e aprendendo rápido com as próprias falhas. A difusão de uma cultura com cada vez mais foco no cliente e orientada a dados deve criar ações corporativas interdepartamentais que quebrem os silos e coloquem de fato o cliente no centro das decisões da companhia.

Por último, mas não menos importante, é fundamental implementar uma gestão estratégica corporativa que defina de forma clara os objetivos estratégicos e resultados-chave almejados pela organização com foco principalmente em agregar valor a seus cientes, e que seja possível desdobrar esses objetivos de maneira estruturada, clara e concisa, criando uma conexão entre os projetos priorizados e os objetivos estratégicos. Uma abordagem que vem sendo largamente utilizada por organizações de todo porte é a metodologia OKR (*Objectives and Key Results*), criada por Andrew Grove e largamente difundida por John Doerr (2019), que revela como o sistema ajudou gigantes da tecnologia, como Intel e Google, a alcançar um crescimento exponencial – e como ele pode ajudar qualquer organização a prosperar.

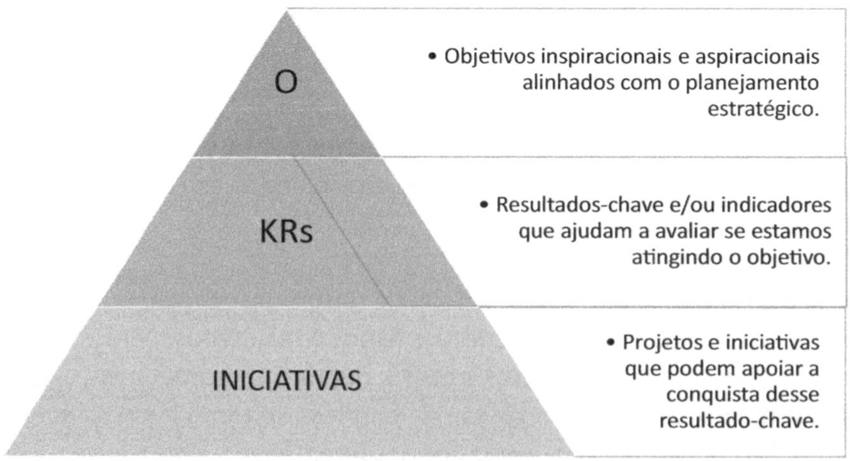

Figura 8.2. OKRs – objetivos, resultados-chave e iniciativas.
Fonte: o autor.

Outra abordagem extremamente relevante e que pode ser utilizada nesse momento de definição e desdobramento de objetivos é o *Hoshin Kanri* (KESTERSON, 2017), sistema de planejamento estratégico oriundo do Japão pós-Sergunda Guerra, que se espalhou para os EUA e posteriormente para todo o mundo.

Dessa forma, no processo de escalada da transformação *Lean Digital*, os objetivos estratégicos definidos pelo nível executivo poderão guiar os grupos de trabalho no processo de definição dos seus próprios objetivos táticos de curto prazo e permitir uma tomada de decisão com maior autonomia, uma vez que os alvos a serem atingidos já foram definidos e cascateados pela organização, ganhando muito em agilidade e reduzindo atritos e desperdícios normalmente causados pelo desalinhamento de objetivos ou, ainda pior, por objetivos conflitantes entre áreas distintas da organização.

Finalmente, as estratégias *bottom-up* e *top-down* se encontram e permitem um claro e preciso alinhamento entre os níveis estratégico, tático e operacional da organização, criando uma cadeia de desenvolvimento de soluções digitais muito mais fluida e dinâmica, que permite alcançar maiores benefícios e maximizar a cadeia de geração de valor da organização *Lean Digital*.

9. Produtos digitais enxutos: as conexões com o *Lean Digital*

Felipe Oliveira

9.1. O que é um produto enxuto?

O *Lean*, em sua versão digital, ajuda diversas empresas a encontrar melhores resultados em um mundo diferente, mais *on-line,* e sua influência coloca os times e profissionais para atuar numa verdadeira melhoria contínua. Mas como podemos usufruir dessas práticas e linhas de pensamento, sabendo que vivemos em um ambiente de grande incerteza? Vamos nos aproximar desse tema falando de produtos enxutos!

De acordo com os principais nomes do ramo de produtos digitais, como Olsen (2015), Cagan (2017) e Perri (2018), existem diversas abordagens para conceber, entregar e escalar produtos. Algumas dessas práticas já estão consolidadas e são amplamente utilizadas, como o *Lean Startup* e o *Design Thinking*; outras ainda estão em fase de consolidação, como *Continuous Discovery* e *Lean UX*. E mesmo que existam tantas iniciativas diversas na área, é possível destacar alguns pontos em comum:

1. Produtos precisam focar nas necessidades e dores do cliente.
2. Produtos são orientados pelos seus objetivos e o impacto que geram, não por suas entregas e *features* lançadas.
3. As pessoas são cruciais para o desenvolvimento de um bom produto.
4. Precisamos evoluir e melhorar nossos produtos continuamente.

Com esses quatro tópicos, é possível criar uma forte conexão com o *Lean* e seus princípios. Jeff Liker (2005), por exemplo, associa uma visão semelhante ao colocar o Modelo Toyota sob duas bandeiras principais: respeito às pessoas e melhoria contínua. Através dessa comparação, mesmo que simplista, percebe-se que desenvolver produtos digitais e as práticas que circundam tais iniciativas não estão distantes do pensamento *Lean*. Na verdade, práticas ágeis e sua aplicação no desenvolvimento de produtos, sejam eles em contextos digitais ou não, parecem cada vez mais interligados.

Pessoas engajadas em manter um produto *Lean* procuram sempre estar conectadas com essas visões: manter o foco no que seus clientes precisam, melhorar a experiência e os resultados continuamente e aprender tudo o que é possível para direcionar o produto aos clientes. E é através desse aprendizado que passamos a eliminar desperdícios nos nossos produtos, criando apenas o que o cliente precisa, o que é viável para o negócio, considerando o menor tempo e custo possíveis, dentro do contexto no qual está inserido. Uma das formas de adquirir esse aprendizado é usando o *product discovery*.

9.2. O que *product discovery* tem a ver com *Lean Digital*?

Segundo Torres (2017), *Product Discovery* (em português, descoberta de produtos) é o exercício contínuo de descobrir o que construir. Em outras palavras, é todo o trabalho dispendido para entender, aprender e, literalmente, descobrir quais os reais problemas dos nossos usuários, por que são problemas importantes para eles e como uma empresa pode criar soluções para resolvê-los.

Diversas empresas do mundo digital, como Nubank, Quinto Andar, Easynvest e outras, usam as práticas de *product discovery* para estar à frente de seus concorrentes, trazendo ferramentas como *Opportunities Solutions Tree*, *Value Proposition Canvas* e *Design Sprint* para a realidade de seus times.

Com o conhecimento adquirido, as empresas citadas podem influenciar diretamente na sua capacidade de construir um produto *Lean*, questionando aspectos cruciais em suas funcionalidades:

- ✓ Estamos resolvendo os problemas importantes para os nossos clientes?
- ✓ Como aprendemos o que é importante sem gastar muito?
- ✓ Como validamos nossas hipóteses e realizamos nossos experimentos o mais rápido possível? Como garantimos o menor custo?
- ✓ Como entregamos com o menor – ou nenhum – esforço dos times de desenvolvimento?
- ✓ Como garantimos um fluxo contínuo de descoberta e entrega para o produto?

Através dessas perguntas e da cultura do *discovery*, garantimos, além do foco nas soluções de maior importância e nos resultados, a diminuição das incertezas e da complexidade, principais características dos produtos digitais.

As incertezas e a intangibilidade são fatores intrínsecos em produtos digitais, cujos impactos afetam diretamente o quanto um serviço ou empresa consegue "acertar" na solução fornecida (CAGAN, 2017). Através do trabalho realizado com o *Product Discovery*, é possível gerar o aprendizado necessário e usar esses dados para a tomada de decisão, eliminando assim o desperdício de grandes ciclos de adivinhação.

9.3. Como levamos o *Lean* para produtos digitais?

Talvez seja possível fazer um livro inteiro sobre gestão de produtos e os benefícios da sua parceria com a mentalidade enxuta. No entanto, precisamos ser objetivos e tentar ajudar você, caro leitor, nessa jornada.

Antes de qualquer dica, é importante que saiba: não há uma única resposta para essa pergunta. Cada organização está em um estágio de maturidade diferente, posicionada para um caminho diferente e provavelmente com uma estrutura de times diferente. Não obstante, talvez seja possível guiar você para um caminho menos tortuoso com alguns conselhos essenciais.

Explore o potencial das ferramentas digitais em todo o ciclo do fluxo de valor. Pense não só em como a qualidade do cliente final pode ser potencializada por uma experiência digital, mas em seu impacto na qualidade, no desempenho e no custo de todos os participantes da cadeia de valor.

9.3.1. Envolva as pessoas que serão afetadas com as decisões

É falho pensarmos que apenas as grandes decisões (REINERTSEN, 2009) devem ser comunicadas às pessoas envolvidas. Se vamos tomar decisões sobre uma estrutura ou a forma como gerenciamos produtos, os principais afetados precisam estar presentes. Desde o time até a diretoria, seu envolvimento na definição dos processos, mesmo que adaptados ao público em questão, é crucial para a mudança, já que os participantes irão sentir na pele os efeitos e benefícios de suas decisões.

9.3.2. Faça dos *stakeholders* seus principais patrocinadores

Toda iniciativa ou mudança em uma organização flui melhor com patrocinadores que reconhecem o senso de urgência. Para Kotter (2017), senso de urgência e alianças são passos cruciais para a liderança da mudança. Além disso, ao trabalhar os principais interessados no produto como patrocinadores das mudanças que poderão afetá-los positivamente, diminuímos – se não removermos – a resistência sobre tais processos.

9.3.3. Questione o que entende como "óbvio" e "normal"

Trazer uma cultura *Lean*, com práticas como eliminação total de desperdícios, melhoria contínua e foco em pessoas e clientes, é um desafio incrivelmente difícil, podendo levar anos para se consolidar (LIKER, 2005). Se não enxergarmos os problemas com rapidez, corremos o risco de nos perder no dia a dia. Durante os treinamentos no modelo Toyota, por exemplo, Liker e Ross colocam em seu livro "Modelo Toyota de excelência de serviços" (2019) que o primeiro passo para resolver um problema e aprender o modelo na prática é "esclarecer o problema". Para isso, precisamos desafiar cada suposta "verdade" na realidade atual.

9.3.4. Assuma que possivelmente o fluxo não começa e/ou não termina na sua área

Desenvolver produtos envolve competências de diversos profissionais em várias áreas. Desde marketing digital, atendimento ao cliente, *customer experience*, desenvolvimento de software e uma infinidade de outros assuntos. Por isso, parece um pouco difícil pensar que o desenvolvimento de um produto começa – ou termina – na descoberta ou na entrega de funcionalidades. Não presuma que o seu time de desenvolvimento e seu/sua *product manager* são as principais facetas de um produto. Pelo contrário, posições como *product designer* são essenciais para apoiar na análise da melhor experiência para seus usuários.

9.3.5. Tenha uma visão clara para orientar seu caminho

Propósito percorre o cerne de uma empresa *Lean*. Precisamos disso para intitular um grupo de pessoas de "equipe" (SILVA; AGOSTINHO, 2007). Ao conectar o *Lean* ao desenvolvimento de produtos digitais – *Lean Digital* – o cenário não muda, pois é apenas através desse propósito que experimentos, hipóteses e oportunidades do produto são priorizados e conectados aos resultados esperados. É através do propósito que motivamos e direcionamos as pessoas ao sucesso.

9.3.6. Não pense fora da caixa: elimine-a

Cada ação para melhoria pode, e muitas vezes deve, ser tratada como um experimento. Por isso, garanta que existam alternativas suficientes para testar. Não tema a variabilidade para o melhor. Sem isso, não melhoramos nossa habilidade de resolver problemas. Remova-se da percepção fechada de uma "caixa de ferramentas" e coloque-se sob uma ótica aberta e propensa a testar, adaptar e criar novas formas, fundamentada por todo conhecimento já existente.

9.3.7. Tome decisões econômicas, mesmo sobre o fluxo

Sempre vemos pessoas falando vazão, *lead time*, eficiência de fluxo etc. Mas será que estamos quantificando esses números da mesma forma? Se um time aumenta sua vazão, isto é, aumenta a quantidade de itens entregues por período, o quanto esse aumento irá trazer de valor para a empresa? Quanto de desperdício financeiro o acúmulo de filas causa para o resultado do negócio? Quanto uma experiência/ferramenta digital aumenta o retorno esperado, a qualidade e/ou diminui os custos/esforços? Essas são perguntas que precisamos fazer com frequência para poder tomar decisões que de fato ajudem times e pessoas de produtos a organizar um fluxo de valor.

9.3.8. O *Lean* é para todos, desde o RH até o fluxo

As práticas e princípios do *Lean* não se aplicam apenas a times ou áreas específicas. E ao colocar *Lean Digital* na conversa, ampliamos essa perspectiva, pois não só temos que olhar além da área que cria o produto, como também a abstração que o produto fornece, seja pela localidade das pessoas, contato direto com o cliente ou possibilidades de atuação no mundo digital, o que cria uma complexidade maior. Além disso, o produto não começa nem termina no time ou serviço que atua nele. Ele passa por RH, financeiro, vendas. Todas essas áreas ou temas fazem parte da entrega de um produto e, consequentemente, impactam no seu sucesso ou fracasso.

Existem diversas práticas e métodos que apoiam o desenvolvimento *Lean* de produtos (*Lean Startup*, *Lean UX*, *Kanban*, *Product Discovery*, *Lean Portfolio* etc.) e cada uma delas serve bem seu propósito, de acordo com o contexto e a necessidade. Não obstante, precisamos ter a devida atenção de não tornar o método mais importante que o resultado.

Ao tornar um produto mais enxuto, estamos aprimorando sua conexão com o cliente e não com o *Lean*. Estamos gerando mais retorno para a empresa e não para o método. Por isso, foque em como podemos entregar mais com menos, com soluções simples e práticas, através de um fluxo enxuto e ágil de valor.

10. Tecnologias que suportam o *Lean Digital*

Felipe Oliveira
Ricardo Dias de Cantuária Farias

Quanto mais o tempo passa, mais fica evidente a necessidade constante e, sobretudo, a dependência que as empresas desenvolveram com relação às tecnologias. As tendências do mercado evoluem constantemente. Estas geram espaço para infinitas possibilidades de inovação, como internet das coisas, inteligência artificial etc. e até mesmo gerando pesquisas e conhecimento sobre ciências do futuro, conforme chama Anne-Marie Dahl no *e-book* "Negócios Digitais", publicado em 2019 pela G.Lab. (GLAB; EMBRATEL, 2019)

Para intensificar o quadro global de transformação digital, a indústria 4.0, movimento que começou a crescer a partir do início da década de 2010 (RIBEIRO; ABREU, 2020), agora parece estar abrindo espaço para sua sucessora, a indústria 5.0, que, segundo a empresa de tecnologia TOTVS, trata de humanizar as inovações e automações frequentes e provenientes da sua predecessora (EQUIPE TOTVS, 2021).

É natural que, ao falarmos sobre *Lean Digital*, o primeiro pensamento esteja fixo nas definições vistas até o momento, onde usamos o *Lean* para melhorar e intensificar os resultados das soluções digitais no mercado, além de auxiliar as empresas durante sua transformação digital, dando origem ao termo *Lean Digital Transformation*. Não obstante, a própria tecnologia pode apoiar as práticas e orientações que o *Lean Digital* pode fornecer à organização, dando o suporte necessário para escalar seus processos com maior celeridade.

10.1. Qual é o nível necessário de inovação?

Conforme vemos em diversos materiais publicados por referências de mercado no uso constante do *Lean*, como Jeff Liker (2005), Bob Emiliani (2016) e, claro, James Womack (2017), vemos que o *Lean* possui como premissa o esclarecimento explícito de um problema. Ao inovar, melhorar um processo, criar novas abordagens ou fluxos para um processo já existente, a primeira pergunta que precisamos fazer é: "por quê?". Por que queremos fazer isso? Por que isso é importante? Ser eficiente em realizar o trabalho que não precisaria ter sido feito é um dos piores desperdícios, portanto é preciso entender os problemas de forma abrangente (LIKER; ROSS, 2019)

A partir do momento em que temos conhecimento do problema, começamos a entender o quanto precisamos – ou não – inovar para resolvê-lo. Muitas vezes, as soluções – ou contramedidas, como autores do *Lean* costumam chamar – são atividades simples o suficiente para serem executadas com rapidez e entregarem o resultado esperado sem muitos esforços. Ao usar a tecnologia para impulsionar o que o *Lean Digital* é capaz de entregar como filosofia, é importante considerar o que queremos resolver e se isso é importante e razoável para a companhia ou não, mesmo porque toda tecnologia tem o seu custo inerente.

10.2. Tecnologias para o *Lean Digital*

Uma das grandes tentações que empresas possuem, sejam elas digitais ou detentoras de produtos físicos, é abraçar as coisas "brilhantes". E por coisas brilhantes, entendam-se as novidades do mercado, sejam elas ferramentas, práticas, tecnologias ou funcionalidades inéditas do seu produto. É possível ver diversas histórias de empresas que criaram produtos que eram inúteis, pois não se conectavam ao seu propósito original. Melissa Perri (2018), no seu livro "Escaping the Build Trap", chamou esse processo de "armadilha da construção", representando empresas que constroem coisas e usam tecnologia, porém sem saber o motivo. Por isso, neste capítulo serão tratados temas específicos que podem ajudar a sua empresa a impulsionar os resultados do *Lean Digital*, porém usando a mesma filosofia como base de implantação.

10.3. Inovando na descoberta de produto

A descoberta de produtos (em inglês, *Product Discovery*) implica em criar ciclos de aprendizagem através da experimentação constante, para entender os problemas dos usuários do produto ou serviço e como resolvê-los, mas sem ter altos custos nessa validação. No mundo digital, a validação constante é a chave para entregar soluções eficazes (TORRES, 2021).

Para que isso seja possível, ferramentas digitais são o principal diferencial. Primeiramente, precisamos entender mais sobre quem são os nossos usuários – então, para muitos, o primeiro pensamento pode ser uma pesquisa. Mas como enviamos essa pesquisa para os usuários? Uma das formas é usar o bom e velho e-mail, através de ferramentas de e-*mail marketing*. Outra forma mais evoluída é usar ferramentas do tipo *heat maps, click maps* e funis virtuais (CASAROTTO, 2019). Tais ferramentas suportam a gestão de produtos criando:

- ✓ uma pesquisa automática, com aparição configurável diretamente no site. Se você já viu aquelas caixinhas aparecendo no site onde você compra seus livros, vai lembrar disso;
- ✓ mapas de interação, mostrando onde os usuários mais clicaram, onde mais permaneceram com o mouse ou mais interagiram com seu site;
- ✓ funis de conversão, mostrando exatamente em qual página do site ou aplicativo seus usuários abandonaram o fluxo.

Após essas análises, a descoberta de uma contramedida, ou seja, uma forma simples de resolver o problema do cliente, precisa ser concebida, construída e testada. Existem diversas técnicas para permitir esse tipo de ideação, mas há um tipo de ferramenta digital que ajuda profissionais a realmente testar essas ideias e validar seus produtos: as ferramentas de *web analytics* e teste A/B. Ferramentas de *web analytics* apoiam a tomada de decisão através dos dados digitais do seu produto, como comportamento e dados demográficos, enquanto as ferramentas de teste A/B – muitas vezes presentes no mesmo serviço digital – fornecem formas simples de dividir o tráfego de usuários em dois ou mais destinos, onde cada um terá uma forma diferente de resolver o problema.

Obviamente, há diversas ferramentas e técnicas, porém, na hora de validar produtos, o céu é o limite e a sua criatividade conta muito. No entanto, algumas das ferramentas citadas ajudam você a criar soluções enxutas para seus clientes. Isso é *Lean Digital*.

10.4. A ciência de dados para a melhoria de processos

Atualmente, estamos deparando com uma quantidade de dados que beira o absurdo. Segundo o *World Economic Forum* (DESJARDINS, 2019), diariamente a raça humana:

- ✓ envia 500 milhões de *tweets*;
- ✓ envia 294 bilhões de e-mails;
- ✓ cria 4 *petabytes* de dados no Facebook;
- ✓ envia 65 bilhões de mensagens no WhatsApp;
- ✓ realiza 5 bilhões de pesquisas.

Esses dados são apenas exemplos da imensa quantidade de informação gerada e absorvida diariamente, seja por pessoas comuns, trocando mensagens ou conteúdo entre si, ou por atividades de milhares de organizações ao redor do mundo durante a produção, o atendimento ou a operação de seus produtos e serviços. Por isso, não é novidade que a devida estratégia para a gestão e o uso adequado desses dados é algo mandatório.

Desde antes da década de 1970, empresas como a Toyota, General Electric e Walmart destravam processos e geram economia nas suas atividades na casa dos milhões de dólares (MASON; PATIL, 2015). Segundo Pierfrancesco Manenti (2014), vice-presidente do time de estratégia de *supply chain* da Gartner, em 2012 a Intel usou práticas e decisões tomadas a partir de análises extraídas com *big data* para melhorar processos em apenas uma de suas linhas de produção de *chips* de microprocessadores. O resultado: US$ 3 milhões economizados.

Mesmo que tenhamos que pensar em extração, análise e uso dos dados com uma abordagem *Lean*, algo amplamente discutido no livro "Lean Analytics" de Croll e Yoskovitz (2013), é inegável o quanto a ciência de dados ajuda as empresas a identificar potenciais lacunas nos seus processos, mensurar e atuar em desperdícios digitais, mapear atrasos na entrega, construção e sustentação de seus produtos e diversas outras frentes. O uso contínuo de *big data*, *business intelligence* e diversos outros conceitos da gestão de dados permite acelerar a tomada de decisão e implementar o *Lean Digital* com a premissa de construir uma empresa que consegue decidir com a inteligência de seus dados, melhorando continuamente e criando melhores soluções para as pessoas.

10.5. Gestão das aplicações digitais

Assim como em uma fábrica ou em uma loja, precisamos cuidar para que nossos produtos e as ferramentas que os produzem estejam adequados e com o custo e desempenho correto. Porém, o mau uso de tais equipamentos pode se tornar um grande problema (FREITAS, 2013). Ao trabalhar para melhorar a arquitetura e os processos de *deploy* de seus sistemas, muitas empresas recorreram ao *DevOps* como prática de trabalho que fornece as abordagens necessárias para criar uma cultura mais *Lean* no desenvolvimento de software (MUNIZ *et al.*, 2019). Para isso, foram usadas diversas abordagens e ferramentas, como:

- ✓ **Automação da execução de testes**, focando em aumentar drasticamente a velocidade dos testes e encontrar desvios nos requisitos.

- ✓ **Criação de *pipelines* de implantação,** melhorando a velocidade de implantação de código e o controle de versões do código e automatizando a compilação e liberação dos sistemas em produção.
- ✓ **Análise e controle de código,** permitindo acesso rápido a padrões de código – e seus desvios –, além de detectar rapidamente formas de melhorar a estrutura, necessidade de limpeza e refatoração.

Mesmo com todo o aparato listado, de nada adianta pensar nas diversas ferramentas e técnicas se não há uma filosofia que forneça às pessoas os princípios e práticas necessários para fomentar o *Lean* no ambiente. Por isso vemos com frequência *DevOps* sendo associado muito mais a uma cultura de trabalho no mundo digital do que a um *framework* ou *set* de ferramentas.

10.6. Ferramentas digitais de gestão

Por muito tempo, gerenciar projetos e fluxo de desenvolvimento de produtos foi um trabalho realizado manualmente. Originalmente, assuntos como quadro *Kanban* ou fluxo visual de demandas eram feitos literalmente de frente para uma parede, onde as pessoas se encontravam e decidiam como o trabalho seria executado (POPPENDIECK; POPPENDIECK, 2011).

Ao trazer essa realidade para times e empresas digitais, essa interação muda drasticamente, e por diversos motivos. Primeiro, centenas de empresas passaram a usar ferramentas digitais para a gestão do fluxo de trabalho e criação de valor, buscando soluções em organizações como Atlassian, Kanbanize e outras. Segundo, devido à pandemia de 2020, ocasionada pelo novo coronavírus, muitas empresas optaram por manter seus funcionários em modelo *home office*, mudando completamente a forma como lidam com comunicação, gestão, interação e até mesmo a cultura da organização (SUTHERLAND; JANENE-NELSON, 2020).

10.7. Outras tecnologias para o *Lean Digital*

Ao mesmo tempo em que abordar tecnologia parece algo inerente a produtos e empresas digitais, é preciso considerar como o *Lean* ajuda a digitalizar empresas que não são, naturalmente, de tecnologia. Usar equipamentos interconectados através da internet das coisas em uma fábrica pode melhorar sua eficiência e controlar a produção em tempo real (REDAÇÃO, 2021).

Outro exemplo é o uso contínuo de tecnologias como *blockchain* e geolocalização, para controle de ponto, identificação de entregas de centros de distribuição e até mesmo identificar a campanha de marketing correta para cada usuário.

10.8. É só sobre a tecnologia?

Sabemos que, quando se trata de *Lean*, ainda há muito o que fazer. Seja para empresas da indústria, da saúde ou tecnologia, o *Lean* é visto e abordado de formas diferentes, muitas vezes com uma visão padronizada, outras mais abstratas (BALLÉ; JONES; CHAIZE, 2019). Porém, o *Lean Digital* apoia – e recebe o apoio – com tecnologias inovadoras para ampliar os resultados da organização e trazer embasamento e melhorias necessárias para eliminar seus desperdícios, evoluir sua estrutura e construir produtos e serviços que atendam a seus clientes.

Através da inovação e de tecnologias como internet das coisas e inteligência artificial, há um mar de possibilidades para fazer do *Lean Digital* uma abordagem simples, mas poderosa, para aproximar as empresas do futuro (*startups* e *scaleups* como *fintechs, edtechs, agrotechs*). Somando a expertise que o *Lean* nos fornece à capacidade que as tecnologias emergentes têm de mudar a organização, é possível alcançar resultados antes inimagináveis.

11. Atitudes e competências (técnicas/ *hard* e comportamentais/*soft*) para a mudança *Lean Digital*

Jeanne Oliveira
Analia Irigoyen

Quando pensamos em gestão, até alguns anos atrás o chefe era o protagonista das ações, aquele que mapeava, decidia, centralizava e controlava todas as ações que deveriam ser realizadas pelo seu time. À equipe cabia obedecer, pois o gerente era visto como o mais experiente – e o responsável pelo atingimento das metas estabelecidas.

Com o passar dos anos e a evolução dos métodos produtivos e de gestão, o papel de líder foi mudando e passou a ser o servidor de seu time, aquele que busca dar o apoio e o suporte e ainda busca o desenvolvimento de todos como seu objetivo principal.

A evolução tecnológica tornou inviável para um único profissional saber e conhecer os melhores recursos e tecnologias para desenvolver um trabalho. A velocidade da inovação não permite que o conhecimento fique centralizado, uma vez que há muitas alternativas de tecnologias (*hard skills*), fontes de informação e aprendizado disponíveis a todos.

O ritmo da evolução tecnológica e da inovação pressiona os mercados a responder rapidamente para não perder as oportunidades de crescimento. O desafio de buscar alternativas para obter informações de qualidade e meios de desenvolver e entregar resultados rápidos e de valor para o mercado tornou-se crucial. Contudo, o ambiente de economia globalizada no qual estamos inseridos não tem espaço para desperdícios; portanto, qualquer melhoria no processo pode ser traduzida em melhores resultados.

Os ***frameworks*** ágeis ganharam força nesse cenário de suprir essa demanda onde outras metodologias e/ou ***frameworks*** não conseguiram responder com resultados satisfatórios. Paralelamente, todo esse contexto exigiu constante desenvolvimento e atualização de profissionais e líderes de diversos setores, buscando respostas às principais dificuldades desse cenário complexo e diverso.

Desde o pós-guerra fala-se sobre como enfrentar os desafios do mundo VUCA (Volátil, Incerto, Complexo e Ambíguo) e mais recentemente do mundo BANI (*Frágil, Ansioso, Não Linear e Incompreensível*), observado pelo autor e futurista norte-americano Jamais Cascio (2020). O mundo BANI adiciona uma pitada de instabilidade e caos ao ambiente onde os modelos de decisão e previsão tão utilizados nas últimas décadas têm dificuldade de gerar resultados satisfatórios. Além disso, a fragilidade de tudo que conhecemos hoje é real, e a possibilidade de o cenário mudar drasticamente demonstra a imprevisibilidade que o mundo BANI representa. Toda essa fragilidade torna qualquer escolha uma possibilidade de fracasso ou sucesso difícil de prever, o que gera muita ansiedade. Assim sendo, o mundo BANI, além de exigir rapidez nas decisões, exige uma capacidade rápida de recuperação e aprendizado com erros, diante de um mundo caótico.

Com o ritmo acelerado da evolução tecnológica, a aprendizagem contínua é uma habilidade em evidência e necessária nos dias atuais. A cultura *Lean* trouxe ao ambiente organizacional o *mindset* de aprendizado e melhoria contínua e já não é possível viver sem essa diretriz e sobreviver às mudanças constantes. Outro ponto importante é que a cultura *Lean* posiciona os colaboradores como protagonistas, uma vez que incentiva a colocarmos a "mão na massa" e aprendermos na prática. Dentro desse contexto, portanto, cabe ao líder desenvolver a autonomia, definir metas claras e criar um senso de propósito, eliminando barreiras de forma que todos se sintam responsáveis pela melhoria e pelo aprendizado contínuo.

As competências técnicas devem ser adquiridas no processo de aprendizagem contínua, fazendo parte do dia a dia da equipe como algo natural no fluxo de resolução de problemas e busca por soluções. Conforme já mencionado, com a velocidade na qual as tecnologias se renovam continuamente é impossível que um profissional absorva todo o conhecimento necessário para realizar uma entrega. Por isso, cada vez mais, o líder deve ser provido de capacidade analítica para identificar e compor seu time com as capacidades técnicas (*hard skills*) complementares necessárias para garantir que as entregas fluam naturalmente. Além disso, saber avaliar, desenvolver e identificar as deficiências da equipe torna-se cada vez mais relevante nesse contexto caótico no qual vivemos atualmente. Não existe uma lista fixa para as competências técnicas no *Lean Digital*. Elas são mutáveis e acompanham os novos desafios gerados pelas constantes evoluções da tecnologia.

Com origem nas artes marciais japonesas, a técnica de aprendizagem *Shu-Ha-Ri* é uma das mais importantes e fundamentais para auxiliar na aprendizagem de novas habilidades, além de trabalhar o espírito de colaboração dentro de uma equipe. Adquirir um novo conhecimento exige observação e aprendizado de novos conceitos e prática. Assim sendo, o processo de aprendizagem em sua primeira fase, "Shu" (seguir as regras), trata da observação cuidadosa do aprendiz em relação ao "mestre", sem questionamentos e sem a preocupação de entender a fundo o motivo das ações realizadas. No segundo estágio, "Ha" (refletir/praticar), o aprendiz conhece o conceito e agora vai começar a entender o motivo das ações. A aprendizagem evolui de um processo de observação para uma aprendizagem prática, baseada em sua própria experiência e suas conclusões. A partir desse momento o mestre observa e o aprendiz coloca em prática o que aprendeu, tirando suas próprias conclusões. A partir do terceiro estágio, "Ri" (transcender/extrapolar), o conhecimento já é gerado pelo próprio aprendiz de forma natural, sem haver uma preocupação com os conceitos, uma vez que eles estão enraizados. É a fase em que o conhecimento pode ser aprimorado com base no que foi aprendido com o mestre.

Entender os desafios desse contexto ajuda em uma melhor compreensão sobre as principais competências necessárias para gerar valor para as organizações, independentemente do papel. Nesse contexto caótico e diverso, o conhecimento está disperso nas pessoas e nos processos existentes e para entendê-los é necessário ir muito além de observar – devemos escutar as pessoas, e isso significa nos despirmos de nossas certezas para que possamos entender verdadeiramente o que acontece quando vamos ao *Gemba*.

Um bom líder *Lean* ajuda o time a reconhecer suas forças e oportunidades de melhoria e colabora ativamente para auxiliar na identificação dos "mestres" de seu time (fase "Ri" do *Shu-Ha-Ri*), incentivando a troca de conhecimento e desenvolvimento da autonomia. Isso, além de auxiliar no desenvolvimento do espírito de equipe, faz com que todos os membros do time sejam protagonistas e atuem ativamente no processo de aprendizagem e melhoria contínua. O sentimento de "donos do negócio" faz com que o time busque, identifique e avalie continuamente a cadeia de valor, encontrando soluções para enriquecer o cenário e atingir resultados cada vez melhores – a base do *Lean Digital*.

Analisando os princípios *Lean* e pensando nas diversas competências (*soft skills*) existentes, há uma relação muito forte que pode ser feita, conforme Tabela 11.1.

Tabela 11.1. Princípios *Lean* x *soft skills*.
Fonte: o autor.

Princípios *Lean*	Principais *soft skills*
Respeito pelas pessoas	Empatia, escuta ativa, capacidade de "comunicação", resiliência
Busca pela perfeição	Adaptabilidade, reinvenção, resiliência e coragem, pensamento empreendedor e autoliderança, *lifelong learning*, coragem
Voz do cliente	Empatia, escuta ativa
Pensamento sistêmico	Capacidade analítica, resolução de problemas, colaboração sistêmica
Fluxo/Puxar/JIT	Capacidade analítica, resolução de problemas, adaptabilidade, colaboração sistêmica, *teamplay*

Além de apresentar essas habilidades, o líder *Lean* deve utilizar as ferramentas corretas para desenvolvê-las em suas equipes, promovendo a reflexão constante através de autoavaliações e avaliações 360°, criando um ambiente seguro para a equipe aprender com os próprios erros e ter capacidade de reação às adversidades.

A técnica de avaliação 360° se mostra muito eficiente nesse cenário, uma vez que permite a obtenção de múltiplos pontos de vista de forma rápida e possibilita que o avaliado se torne o protagonista de sua carreira e de seu desenvolvimento.

A principal diretriz que move uma transformação para uma cultura *Lean Digital* são os valores e o senso de propósito. Portanto, cabe ao líder *Lean* ter em mente que um dos maiores desafios é motivar suas equipes estabelecendo valores palpáveis, dando o exemplo e mantendo o engajamento através do compartilhamento do senso de propósito. Assim sendo, comunicação, atitudes e uma cultura *data-driven* são essenciais para auxiliar o líder *Lean* na disseminação e identificação da necessidade de correção da direção frente a objetivos e metas estabelecidos.

Além disso, a construção de um propósito maior só pode ser feita a partir da capacidade de conectar as metas diárias e ações do dia a dia com os grandes KPIs institucionais e a capacidade de entender como os resultados das partes afetam o todo. Esse também é um dos desafios dos líderes perante suas equipes.

Um dos pontos centrais da transformação *Lean* é a capacidade de gerenciar o tempo e não se deixar consumir pelo dia a dia, mantendo-se focado em buscar a melhoria contínua. Para tal, deve saber equilibrar o tempo entre atividades rotineiras e prioritárias que podem agregar mais valor para as entregas, identificando riscos e oportunidades de melhorias de forma proativa. Essa é a forma *Lean* de evitar desperdícios e trabalhar buscando a qualidade desde o início da cadeia. O comportamento proativo exige ser ao mesmo tempo mestre e aprendiz, de forma a ter capacidade de observar as coisas acontecendo, onde elas acontecem, isto é, no "gemba", porém mantendo-se alerta o suficiente para identificar oportunidades em qualquer parte do fluxo.

Ao líder cabe agora não apenas motivar e reter talentos, mas também fazer com que a equipe assuma e se sinta responsável por fazer acontecer e agir colaborativamente no processo de transformação. Essa capacidade de realização precisa estar vinculada ao senso de autoliderança, que é o primeiro passo para a equipe sair do piloto automático da realização de tarefas e passar a refletir o propósito de suas ações e como estas colaboram para a entrega de valor. Nesse sentido, cabe ao líder, além de dar o exemplo, formar times que tenham propósitos alinhados aos seus valores pessoais.

Nesse sentido, não é possível falar de voz do cliente sem falar de empatia e escuta. Compreender as dores de nossos clientes exige capacidade de se colocar no lugar do outro verdadeiramente. Esse cliente pode ser um parceiro de negócio, um cliente externo ou interno. Porém, sem entender o contexto de cada um, não é possível compreender suas dores e resolver problemas. Assim sendo, empatia e escuta se conectam diretamente à voz do cliente e exigem, além da capacidade de entender o contexto, a necessidade de interagir com o outro realizando perguntas, estimulando *insights* e gerando novos aprendizados. Além de saber ouvir, o líder precisa promover um ambiente seguro e sem julgamento, para que a equipe possa falar abertamente e trazer informações vitais que possam contribuir para a correção de falhas, de forma construtiva. Esse ambiente ideal permite a discussão de opiniões contrárias, pois estas podem enriquecer o aprendizado gerado e detectar erros no início da cadeia, o que garante uma melhor entrega de valor.

A transformação *Lean* exige dos profissionais o olhar sistêmico para analisar um problema de forma abrangente e não apenas onde ele está ocorrendo. Faz-se necessário, portanto, o conhecimento do fluxo de valor em sua totalidade, para, assim, ser possível corrigir uma falha e impedir que esta se espalhe pelo fluxo, evitando soluções pontuais apenas em parte do processo. A capacidade de resolução de problemas precisa estar associada a uma mentalidade colaborativa que ajude a evitar o surgimento de silos, tratando o problema transversalmente ao longo do fluxo, mas antes de alcançar o cliente final. A capacidade de lidar com erros e a tomada de decisão são importantes para o processo de análise, além da construção de um ambiente plural que permita a colaboração com múltiplos pontos de vista.

A construção de um ambiente plural engloba habilidades relacionadas a outras competências já abordadas, como a escuta e a empatia. Não é possível a um líder construir um ambiente seguro para tratar erros de forma plural sem empatia e respeito às pessoas. Além disso, situações que impactam a cadeia de valor nunca ocorrem em circunstâncias sem pressão ou estresse. Portanto, cabe ao líder também passar a tranquilidade necessária e ter controle emocional para que os problemas complexos sejam tratados de forma racional e com base em fatos e dados e não emoções.

Da mesma forma, é preciso que o time tenha coragem para evitar que o erro se espalhe e o corrija o mais cedo possível, independentemente de onde ele ocorra. Quando o líder *Lean* consegue disseminar a cultura de que a qualidade é responsabilidade de todos, os erros são identificados mais cedo e tornam-se menos custosos. Transformar a mentalidade de silos da gestão tradicional para a cultura *Lean* pode ser um dos maiores desafios dos líderes em qualquer cenário de transformação.

A resiliência pode ser uma das competências interpessoais mais importantes para o próprio líder e para suas equipes, uma vez que lidar com erros e problemas complexos exige capacidade de recomeçar ou retomar o estado original. Outro ponto que está ligado à resiliência é a capacidade de adaptação necessária para superar os desafios e obstáculos. Buscar a qualidade desde o início exige manter as equipes engajadas, positivas e conscientes de seu propósito o tempo todo. Portanto, cabe ao líder realizar as ações necessárias para criar um ambiente favorável e seguro para que as equipes possam se concentrar na resolução dos problemas.

Ter um bom mapeamento de fluxo de valor é um dos pontos centrais para garantir um bom fluxo de trabalho; contudo, se não houver colaboração sistêmica e capacidade analítica, não será possível identificar os gargalos e desperdícios em um sistema. Um fluxo adequado garante a transparência e um processo eficiente de trabalho. Para um líder, é essencial utilizar sua capacidade analítica, além de incentivá-la em sua equipe, para que o processo de identificação de ineficiências não dependa exclusivamente de sua avaliação. Através da colaboração de todos, o fluxo deve ser analisado e as oportunidades de otimização, identificadas.

Além disso, a capacidade de adaptação é essencial para se estar sempre preparado para as mudanças necessárias. O líder deve identificar os momentos nos quais é necessário deixar fluir ou realizar a puxada para sua otimização.

Ele deve auxiliar sua equipe a trabalhar colaborativamente, uma vez que a transformação *Lean* implica em atuar sistemicamente e incentivar a flexibilidade diante de situações com foco no propósito. A flexibilidade facilita a identificação de novos padrões e de relações entre ideias, ampliando a capacidade de reação.

Colaboração sistêmica envolve saber construir vínculos, conectando pessoas através de um propósito, ouvir e considerar opiniões diversas e a experiência coletiva, incentivar a participação e saber utilizar as redes de influência positivamente. Além disso, é importante que seja incentivada a reciprocidade com relações ganha-ganha. Incentivar a colaboração é ter em mente que todos devem se sentir incluídos, ensinando e aprendendo para que as trocas sejam benéficas a todos os envolvidos.

Por fim, a cultura é o coração de uma transformação consistente. Valores e crenças devem ser compartilhados e disseminados para resultar em uma verdadeira transformação. Só a prática diária de novos comportamentos pode contribuir positivamente para o processo de transformação *Lean*. Portanto, a responsabilidade do líder é promover essas novas atitudes e disseminá-las em toda a equipe. Para que uma transformação efetiva ocorra, é necessário criar um senso de comunidade e trabalhar com pessoas que saibam atuar em rede. Essa é a competência do momento e do futuro – ***teamplay***. É saber trabalhar em equipe e organizar tarefas em grupo de forma integrada. Nesse contexto, cabe ao líder construir essa equipe multidisciplinar, combinando talentos que sejam complementares e que consigam atuar com confiança, responsabilidade e principalmente de forma autônoma.

Formar uma equipe com pessoas que consigam trabalhar juntas e que sejam diversas o suficiente para resolver problemas é um desafio ainda maior em um mercado tão competitivo como o que vivemos atualmente. Os líderes precisam ter sensibilidade para reunir dentro dos times a diversidade necessária e as competências essenciais, incluindo as técnicas, para a construção de valor. Além disso, é necessário construir um ambiente propício e favorável ao aprendizado e que se transforme em fator de retenção de talentos. Cada vez mais o fator financeiro não é tão determinante: as pessoas querem ser ouvidas, fazer a diferença e ver sua participação dentro do todo. Ter um espaço para se desenvolver torna-se cada vez mais relevante, pois o valor financeiro cedo ou tarde atingirá seu ápice. A cultura *Lean* contribui para que as pessoas busquem seus potenciais trabalhando naquilo que realmente gostam.

Ambientes complexos apresentam problemas igualmente complexos, que exigirão muita criatividade na hora da resolução dos problemas. Isso significa que encontrar soluções para os desafios diários pode requerer aprendizado contínuo. Somos constantemente desafiados a aprender algo novo devido à quantidade de estímulos que recebemos ao longo de nossa vida. Reconhecer que o aprendizado está em todos os lugares e momentos é o primeiro passo para mantermos nossa mente aberta para o novo e conseguir encontrar soluções. Por isso, a capacidade contínua de aprendizado é uma competência que será cada vez mais valiosa, tanto entre líderes quanto dentro das equipes. A capacidade de aprendizado contínuo auxilia na construção de equipes multidisciplinares e contribui com reflexões construtivas acerca de contextos existentes, facilitando a identificação de novos contextos e estimulando a criatividade.

A base de todas essas competências é a comunicação e a coragem, pois só com elas é possível desenvolver e disseminar as demais, conforme Figura 11.1.

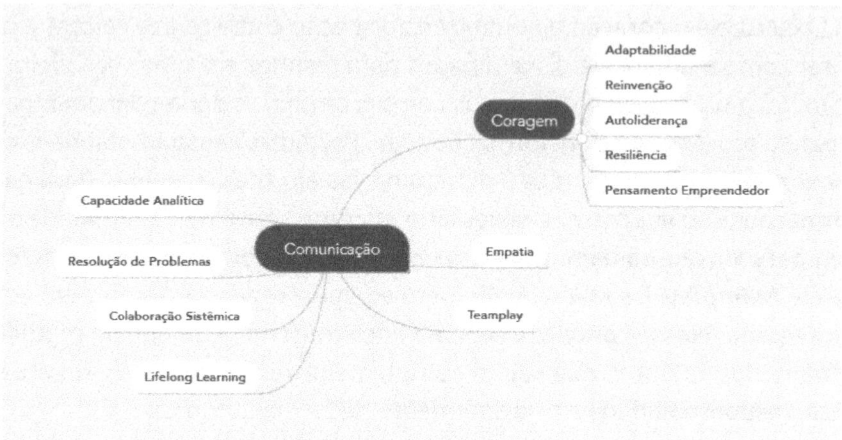

Figura 11.1. Relação entre *skills*.
Fonte: o autor.

A comunicação nos permite transformar ideias em conhecimento e aprendizado. A coragem nos permite seguir em frente mediante adversidades, erros e desafios que enfrentamos. Coragem também é necessária para um líder viver de acordo com seus valores e conseguir transmiti-los. Conforme Brené Brown citou em seu livro "A coragem para liderar" (2020), "...líderes que vivem de acordo com os próprios valores nunca ficam calados quando os assuntos são difíceis".

Líderes devem estar conscientes de sua vulnerabilidade, uma vez que estão em ação e podem errar a qualquer momento. A capacidade de reação é fundamental para saber responder a períodos de crise e manter a equipe focada e engajada na entrega de valor.

É possível perceber ao longo deste capítulo que os *soft skills* e uma cultura de aprendizado contínuo são impulsionadores e um diferencial para o sucesso do *Lean Digital* em qualquer organização. A contratação de equipes com esses *soft skills* é o maior desafio, explorado no livro "Jornada RH Ágil" (MUNIZ *et al.*, 2021).

12. O líder no mundo digital

Jéssica Ferrari
Felipe Oliveira

Segundo o site da Época Negócios (QUANTO, 2018), em dez grandes empresas de tecnologia, como Oracle, Apple e Facebook, o tempo médio de permanência dos profissionais não passa de dois anos. Mesmo nessas grandes organizações, que são conhecidas por direcionar seus esforços no crescimento profissional dos colaboradores, sendo muitos destes profissionais renomados no mercado hoje, é indispensável que a liderança possua comportamentos diferentes para atrair e manter esses profissionais dentro dessas organizações.

O líder precisa estar cada vez mais empenhado em criar ambientes colaborativos e promover contextos nos quais as pessoas possam evoluir seus conhecimentos e ter reconhecimento sobre seu trabalho. A natureza das atividades desempenhadas, em muitos contextos organizacionais, perdeu suas características físicas, transformando-se em algo mais intangível no trabalho digital. Saímos de organizações que criam produtos físicos, como carros, peças e outros trabalhos manufaturados, e fomos para empresas que criam produtos do conhecimento e digitais, como softwares, aplicativos, sites e outros.

A cultura de muitas dessas organizações muda a forma como lideramos pessoas. Não só pela valorização do ser humano estar em maior evidência, mas também pelos motivadores presentes na empresa. Para Muniz *et al.* (2020), em *startups* a motivação das pessoas se torna um aspecto praticamente implícito, colocando como habilidades cruciais para o trabalho aspectos interpessoais, como empatia, autoconsciência e inteligência emocional.

Organizações que conseguem experimentar e se reinventar sem muitos desperdícios, trazendo resultado positivo para todos os envolvidos, de forma que aprendam constantemente em todo o processo, possuem mais sucesso no mundo da era digital. O mesmo serve para os líderes da era digital. São profissionais que estão dispostos a aprender e experimentar, tentando ser cada vez mais efetivos, eficazes e eliminando desperdícios.

12.1. Quem é o líder da era digital?

No mundo de 30 anos atrás, o líder estava focado na redução de desperdícios físicos da cadeia produtiva, tentando tornar o trabalho sistêmico o mais eficiente possível, já que o produto ao final era sempre o mesmo. Nessa gestão, poucas pessoas possuíam acesso ao conhecimento, fazendo com que a maioria dos colaboradores precisasse de orientações claras para que pudessem executar o próprio trabalho. A eficiência operacional era – e ainda é, em muitas empresas – um dos fatores cruciais para o sucesso, já que um minuto perdido de uma pessoa representava um potencial risco na capacidade de entrega. Nesse tipo de gestão, conforme Poppendieck e Poppendieck (2011) comentam em seu livro, pessoas são intercambiáveis para o processo.

Conforme as práticas de gestão evoluíram no mercado, também mudou a percepção sobre liderança. Formaram-se, conforme vemos em Appelo (2011) e Muniz *et al.* (2020), estruturas de classificação para a liderança, colocadas como **gestão 1.0**, onde os chefes comandam e controlam os funcionários para extrair o máximo de dedicação e eficiência. A relação de contribuição entre empregado e empregador era altamente dependente: o empregado, por ser da operação, não era capaz de entender ou atuar de forma gerencial. A **gestão 2.0** já traz estudos e teorias mais sofisticadas a partir da década de 40 e 50, colocando o líder como o direcionador dos resultados, inspirador e focado na evolução do grupo. Porém, como esses líderes essencialmente possuíam a mesma base de conhecimento dos líderes da gestão 1.0, o ego e a forma como abordavam as pessoas, principalmente em crises, os faziam voltar às práticas de comando e controle. Finalmente, a **gestão 3.0** mudou essa forma de gestão, tornando sua abordagem mais complexa, mas, ao mesmo tempo, empática. O líder se posiciona como um membro do time, mas que os desenvolve, apoia e, principalmente, traz para a discussão gerencial e estratégica, envolvendo-os no planejamento e na elaboração de novos resultados.

O comportamento do líder no mundo digital vai muito além. Devido à alta rotatividade e à velocidade com que as coisas mudam, o líder precisa de um comportamento *Lean*, não somente para reduzir desperdícios da cadeia produtiva de um produto, mas também para estimular o processo criativo dos colaboradores.

O *Lean Digital Leader* deve ser capaz de aprender, ensinar, fazer as perguntas certas e promover engajamento e propósito, pois somente a eficiência não garante o sucesso de um produto digital.

Para que o trabalho do conhecimento seja possível de realizar, o *Lean Digital Leader* precisa garantir que seus colaboradores possuam ambientes psicologicamente seguros, com autonomia e multidisciplinaridade. Os colaboradores devem poder eliminar cada vez mais cedo ideias que resultem em produtos sem sucesso, aumentando o ciclo de *feedback* e validando as ideias cada vez mais cedo no ciclo de um novo produto (RIES, 2011).

12.2. *Lean coaching* como competência do líder

O processo de *Lean Coaching* implica no desenvolvimento de líderes *Lean*, ensinando-os as competências necessárias para evoluir processos na organização e inspirar as pessoas a desenvolver competências, focando na satisfação do cliente e em melhores resultados (PICCHI, 2019). O líder *Lean* trabalha competências essenciais, como respeito às pessoas, em um nível que atinja não só os líderes em si, mas todos os seus liderados, mostrando a essas pessoas como aprimorar tais competências. Através do *Lean Coaching*, provemos às pessoas mecanismos pragmáticos para construir soluções enxutas que atinjam a organização como um todo.

No *Lean Coaching* observa-se o comportamento das pessoas como base, trazendo para a conversa uma reflexão sobre os comportamentos atuais e os comportamentos do líder *Lean*. Ao mesmo tempo, o *coach* não é um especialista que treina e mentora pessoas em níveis específicos, mas que atua em um processo mais amplo, cascateando sua atuação do *C-Level* até o operário – ou analista –, fazendo com que cada nível de gestão da empresa atue com uma perspectiva *Lean*.

Sabemos que o *Lean* possui diversas práticas que fomentam o sistema na organização, envolvendo a visibilidade dos problemas, mecanismos de detecção e prevenção e, principalmente, como garantimos a melhoria contínua na organização. Dito isso, o líder *Lean* precisa prover às pessoas as habilidades necessárias para construir uma mentalidade orientada ao *Kaizen*. Ensina, em todos os níveis, a preocupação com a qualidade do produto, os desperdícios, a melhoria contínua de produtos, processos e pessoas, e, principalmente, a otimização do tempo, o bem mais precioso do ser humano. Com tudo isso, economizamos o tempo dedicado ao trabalho, fazendo do *Lean Digital* uma abordagem que constrói uma consciência contínua de evolução e melhoria nos processos e produtos digitais.

12.3. Quais problemas os líderes *Lean* resolvem?

Através do *Lean Digital Coaching*, é possível realizar perguntas a fim de sempre questionar se a organização está indo para o caminho correto, assim evitando desperdícios de rotas e estratégias. O *Lean Digital Leader* também é capaz de influenciar colaboradores através de seu próprio exemplo, para que cada vez mais sejam questionadores e eficientes, buscando olhar um desafio com todas as óticas diferentes que clientes de produtos digitais possam ter, proporcionando cada vez mais criatividade para a solução de problemas, buscando a melhoria contínua e até novas oportunidades. Os líderes que atuam com uma perspectiva *Lean* ajudam a organização a:

- ✓ identificar problemas no fluxo com mais facilidade;
- ✓ transmitir uma cultura *customer driven*;
- ✓ habilitar a melhoria contínua na organização;
- ✓ reconhecer e aprender com a intangibilidade do produto.

13. Os novos papéis com o *Lean Digital*

Bruno Ribeiro

Motivadas por um mundo VUCA, cheio de incertezas e complexidade, onde o planejamento de longo prazo não tem mais espaço e a tecnologia se tornou parte integrante e fundamental dos negócios, as empresas vêm abraçando cada vez mais as transformações organizacionais. Entre elas, transformações ágeis, transformações digitais e, por fim, a transformação *Lean Digital*, cujo objetivo é o *Lean* apoiar no contexto de uma transformação digital, tendo todos os seus benefícios para acelerar mudanças com foco na cultura, nos processos e no aprendizado organizacional (REDAÇÃO, 2017).

O *Lean* sempre foi uma referência quando pensamos em geração de valor, redução de desperdícios de qualquer natureza e fluxo inteligente e ágil de trabalho. Nesse sentido, o *Lean Digital* tem como objetivo apoiar os processos de desenvolvimento de novos produtos digitais, explorando todo o potencial que as ferramentas digitais podem trazer em prol do aumento de qualidade, melhoria do atendimento, digitalização e automação dos processos (CI&T, 2019).

No panorama da transformação digital, diversos vetores do *Lean* são aplicados e alguns papéis se destacam, surgem ou recebem maiores responsabilidades no contexto do *Lean Digital*, aproximando tecnologias com o modelo de negócio, como apresentados na Figura 13.1 (NARJEET, 2017).

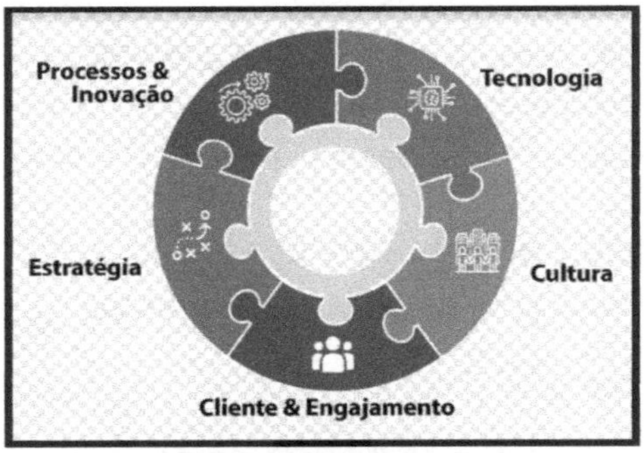

Figura 13.1. Vetores do *Lean Digital*.
Fonte: Narjeet (2017).

Um exemplo bastante percebido dessa mudança cultural nas empresas é o RH, que tradicionalmente tinha um papel mais voltado para o controle, garantindo que as pessoas seguiam os processos e políticas da empresa.

Esse papel vem mudando para que o foco seja voltado a processos inteligentes, de entrega de valores para a ponta, ou seja, para os colaboradores.

Com isso, o RH é orientado ao reconhecimento de talentos, ao desenvolvimento de pessoas, à implantação e manutenção da cultura empresarial voltada ao *Lean*, permitindo que seus colaboradores façam efetivamente parte dessa transformação digital do *Lean* (VERBLE, 2012).

Muitos papéis surgem a cada evolução dessa cultura *Lean*. Apresentaremos a seguir os que mais se destacam nesse contexto, para cada um dos vetores.

13.1. Processos e inovação

Quando entramos no contexto de **processos e inovação**, visamos olhar o mapeamento do fluxo de valor e transformá-lo de forma a otimizar e digitalizar processos.

Com isso, três papéis se destacam nessa etapa:

- ✓ **Facilitador *Lean***, que é responsável por trazer um modelo de trabalho que garanta o entendimento e mapeamento correto dos processos e da cadeia de valor.
- ✓ **Analista de automação**, que busca as melhores ferramentas e práticas para otimizar e automatizar processos, evitando desperdícios, melhorando a eficiência e a qualidade dos processos através do uso de tecnologias como RPA (Automação Robótica de Processos), inteligência artificial e *machine learning*.
- ✓ **Analista de dados**, que, através de *data analytics*, será capaz de monitorar processos e informações visando a melhoria contínua dos processos e o apoio na tomada de decisões operacionais (THIENGO, 2018).

Muitas empresas não têm uma visão clara dos seus processos, da própria cadeia de valor e principalmente não utilizam os dados para tomada de decisão em relação a esses processos.

Esses papéis possuem uma relação muito importante na resolução desses problemas e garantem a conexão do entendimento da cadeia de valor, a melhoria, automação e inteligência sobre os processos do negócio e a capacidade de analisar os dados gerados por esses processos para permitir um fluxo de melhoria contínua.

13.2. Estratégia

Quando olhamos o bloco de **estratégia**, temos dois papéis importantes que se destacam:

- ✓ ***Lean-Agile Coach***, com uma nova "roupagem", vem com o objetivo de apoiar a comunicação e implementação da estratégia organizacional desde sua concepção até o nível mais operacional da empresa, não apenas com os conceitos de agilidade organizacional, mas trazendo os princípios e valores do *Lean* às pessoas que estarão envolvidas nesse processo.
- ✓ **Cientista de dados**, que, através do uso de *big data* e *advanced analytics*, busca apoiar a tomada de decisão orientada a dados, minimizando os riscos, evitando desperdícios e fazendo análises preditivas em relação aos indicadores do negócio.

É comum também que haja apoio de um facilitador *Lean* ou do próprio *Lean-Agile Coach* na montagem do *roadmap* da empresa através de ferramentas do *Lean* como o *Hoshin-Kanri* e A3 (NARJEET, 2017).

Mesmo com processos bem definidos, algumas empresas acabam tomando decisões baseadas nos desejos do CEO ou até mesmo em tendências de mercado. A própria implantação da agilidade fracassou em muitas empresas, pois não foi trabalhada na forma de cultura e muito menos orientada a dados.

13.3. Cliente e engajamento

No quesito **cliente e engajamento**, temos uma abordagem que vem sendo bastante interessante.

- ✓ ***Lean Marketing***, que tem como objetivo impulsionar o desempenho da empresa junto aos seus potenciais ou atuais clientes, através da entrega de uma experiência de excelência. Nessa abordagem, os processos de marketing e do fluxo de trabalho são otimizados com foco na jornada do cliente e na experiência do usuário.

- ✓ **Cientista de dados,** que busca compilar informações sobre os usuários através de análise de dados, muitas vezes capturados na utilização de recursos da *web* como navegadores.
- ✓ **UX *researcher*,** que, junto ao UX *designer*, vai juntar as informações para entender quais produtos ou serviços devem ser elaborados para impulsionar a captura e fidelização dos clientes. Tudo isso através de práticas e ferramentas como *Lean Inceptions* e *Design Sprints*.
- ✓ **Facilitador *Lean*,** que vai apoiar no *Kaizen* dos processos de marketing e na eliminação dos desperdícios do fluxo de atendimento.

Na maioria dos negócios que estão em transformação, o cliente se torna o centro da cadeia de valor. Dessa forma, é comum que times multidisciplinares, incluindo os *Lean-Agile Coaches*, sejam envolvidos em todo esse processo (MARTEMUCCI, 2020).

Grandes empresas perdem clientes porque não entendem que o valor não está apenas no produto ou serviço entregue, mas em todos os processos que se relacionam com eles, desde o primeiro contato até o acompanhamento pós entrega, que muitas vezes nem existe.

Os papéis do UX *researcher* e do facilitador *Lean* apoiam no mapeamento das necessidades, das dores e dos desejos de toda a jornada do usuário.

13.4. Tecnologia

O nosso quarto bloco é o da **tecnologia**, onde o *Lean* ao longo dos anos vem sendo cada vez mais aplicado, principalmente junto a modelos ágeis de desenvolvimento.

O papel principal nesse contexto é o do *Lean-Agile Coach*, que apoia as equipes na implantação de práticas e metodologias ágeis e olha os processos de desenvolvimento com foco em melhoria contínua.

É bastante comum ver uma tríade (*DevOps* + *Lean UX* + *Agile*) sendo utilizada para cobrir o ciclo de vida do produto de ponta a ponta, desde o entendimento e o desenho da solução até a entrega final ao seu cliente.

Frameworks como *Scrum* e *Kanban* são comuns, e ciclos de PDCA e indicadores de eficácia e eficiência são mantidos e monitorados ao longo do tempo.

Quando olhamos a tecnologia como fonte de inovação e transformação, podemos ter diversas disciplinas e tecnologias sendo utilizadas, como, por exemplo, internet das coisas, *blockchain*, *cloud*, *mobile*, *data analytics*, realidade aumentada, inteligência artificial e muito mais (THIENGO, 2018; MARTEMUCCI, 2020).

13.5. Cultura

Por último e mais importante, vem o bloco da **cultura**, que garante perenidade e sustentabilidade de toda mudança que vai acontecer na empresa.

Para que o pensamento *Lean Digital* seja implantado em nível organizacional, é importante o aporte de um ou mais *Lean Coaches* ou *Lean-Agile Coaches*. Eles irão apoiar na disseminação de princípios, valores, práticas e ferramentas que estejam em conformidade com o modelo de negócio do cliente e sua estratégia.

Aqui se encaixa também o RH *Lean*, que tem como uma das principais atribuições apoiar na implantação e manutenção de uma cultura *Lean* em todas as camadas empresariais, sendo parte fundamental da transformação *Lean Digital*.

Implantar *Lean* não é uma receita de bolo. Por mais que tenhamos alguns *frameworks* de implantação, cada empresa tem seu contexto diferente e esse trabalho requer uma imersão e customização que exigem dedicação exclusiva de um ou mais *Lean Coaches* (CI&T, 2019; THIENGO, 2018; MARTEMUCCI, 2020).

É fácil perceber que o *Lean* e o ágil estão cada vez mais próximos, com seus valores cada vez mais congruentes e a sua cultura cada vez mais voltada ao cliente como centro de qualquer negócio ou sistema.

Fazendo uma analogia, é como se você estivesse andando de bicicleta. Um braço representa a agilidade e o outro o pensamento *Lean*. Você consegue andar de bicicleta apenas com um dos braços, mas quando você está com os dois o seu domínio sobre a direção e a estabilidade são bem maiores.

Conclusão

Ao tratarmos do mundo digital, os desafios apresentados nesta parte do livro não só se mostram presentes nas empresas, mas são parte de nossas vidas. Convivemos com suas diversas incongruências e fatores que fazem do trabalho do conhecimento um desafio cada vez mais complexo. Diariamente, convivemos com conflitos de conceitos, tecnologias, gerações, processos e paradigmas, não só entre o passado e o presente, mas entre a urgência do "ontem" e o amanhã. A velocidade com que as restrições do mercado e dos negócios mudam e, consequentemente, como representamos a realidade torna necessária uma abordagem que seja fundamentada em um comportamento mais enxuto, alerta e adaptável. Precisamos criar um ambiente que aprenda constantemente não só a lidar com as adversidades, mas a antecipá-las, construindo uma organização "à prova do tempo". Os desafios do mundo digital clamam por uma transformação *lean* digital.

PARTE III. OS DESAFIOS DA TRANSFORMAÇÃO *LEAN DIGITAL*

Esta parte apresentará a você as dificuldades, os desafios e os fatores essenciais para iniciar o *Lean Digital*.

Qualquer empresa que busca transformar seus resultados através do universo digital vai enfrentar diversos obstáculos para alcançar o patamar que deseja. Seja de natureza técnica, humana, financeira ou outras restrições possíveis, a transformação *Lean Digital* possui grandes desafios. E é aqui que vamos ajudá-lo.

14. Por onde começar na transformação

Ricardo Dias de Cantuária Farias

O mundo passa pela Quarta Revolução Industrial, e essa revolução está diretamente relacionada ao grande avanço da tecnologia que vem ocorrendo nas últimas décadas. As organizações vivem uma corrida pela transformação digital. E é verdadeiramente uma corrida, porque o tempo está cada vez mais curto diante da velocidade com que as tecnologias têm impactado o mundo e os negócios em particular.

Como previu Herbert Marshall McLuhan (1962) quando criou o conceito de 'aldeia global', a internet e as tecnologias como inteligência artificial (AI), *big data*, realidade aumentada (AR), *machine learning*, realidade virtual (VR) e *analytics* estão impactando a humanidade, na medida em que geram uma enorme e constante troca de informações, a qualquer hora, sem a restrição das distâncias físicas, funcionando como se estivéssemos em uma tribo pré-histórica. Isso tem gerado forte impacto nas empresas, já que esse grande volume de informações constantemente trocado gera mudanças frequentes nas pessoas: mudanças de opinião, de hábitos e de padrões de consumo, o que gera mudanças na dinâmica do mercado e, consequentemente, repercute nas empresas, que se veem frequentemente desafiadas a mudar e a se adaptar, a fim de se manterem competitivas.

O que era padrão de normalidade, com boa previsibilidade, passou, por conta da tecnologia, ao que podemos chamar de tempos "pós-normais", marcados pela complexidade, pelo caos e por contradições, conforme conceito delineado por Ziauddin Sardar (2010):

- ✓ **Complexidade:** como consequência da enorme quantidade disponível de dados, da globalização e da interconectividade, as coisas mudam rapidamente e muitas vezes de maneira simultânea, tornando a tomada de decisão algo cada vez mais complexo.
- ✓ **Caos:** a complexidade condiciona o caos. Fazemos parte de uma rede global e interconectada de pessoas, grupos e instituições, o que pode fazer com que

qualquer falha, vírus, informação, verdadeira ou não, tenha um efeito gigantesco em outras partes da rede ou em toda ela.

✓ **Contradições:** nesse contexto caótico e complexo, muitas coisas estão mudando em um ritmo sem igual na história, enquanto convivem com outras que não mudam há séculos. Nosso conhecimento vem aumentando devido ao imenso volume de informações que recebemos de todos os tipos de assuntos, mas, ao mesmo tempo, temos capacidade limitada para discernir o que é realmente importante.

Portanto, as constantes e profundas mudanças que a tecnologia tem provocado no dia a dia das pessoas transformaram seus hábitos de consumo e a forma como as empresas se relacionam com elas. A tecnologia pode permitir que uma pequena *startup*, de uma hora para a outra, lance um produto que poderá revolucionar seu segmento. Diante dessa possibilidade, uma empresa líder de mercado não pode se permitir acomodar, sob um grande risco de perder seu posto, quando menos esperar, para uma dessas *startups*. O exemplo mais emblemático foi o que ocorreu com a Blockbuster, que poderia ter comprado a Netflix por US$ 50 milhões em 2000, mas achou a empresa cara e duvidou do poder da internet e dos benefícios de ter uma empresa *on-line* como parceira (BLOCKBUSTER, 2019).

Trazendo para o nosso dia a dia, buscamos resolver tudo através de aplicativos e recursos tecnológicos. Por exemplo: para nos deslocar pela cidade, um aplicativo com GPS nos indica a melhor rota, distância e tempo de percurso até o destino. Para fazer uma transação bancária, não precisamos ir a uma agência. Fazemos tudo através de um aplicativo no celular. Todos esses recursos, há pouco tempo inexistentes, foram possibilitados pelo uso da tecnologia para otimizar nosso tempo e gerar valor.

A transformação digital é fundamental, principalmente para que as organizações consigam entender melhor o comportamento de seus consumidores. Ao entender o seu comportamento, suas necessidades e suas expectativas, as empresas ficam habilitadas a oferecer produtos e serviços adequados, e aumentar a qualidade da experiência dentro da jornada do cliente. E o *Lean* entra com um conjunto de princípios e com uma metodologia capaz de padronizar a forma de resolver problemas, sendo uma ferramenta decisiva para a melhoria de processos, a redução de desperdícios e a maximização da entrega de valor.

Assim, passar por uma transformação *Lean Digital* não é mais uma questão de escolha. Passou a ser uma condição para que as empresas possam sobreviver e ter sustentabilidade nesse mundo pós-normal.

Com base na pesquisa realizada pela Altimeter, do Grupo Prophet (LI *et al.*, 2020), podemos entender quais são os três principais motivadores da transformação digital das organizações: produtividade, suporte às operações e agilidade.

- ✓ **Produtividade:** aumentar a produtividade eliminando os desperdícios das operações (simplificação dos processos).
- ✓ **Suporte às operações:** garantir que a tecnologia e os dados apoiem melhor as operações.
- ✓ **Agilidade:** criação de maior agilidade, atuando de forma mais flexível, em parte devido à natureza fugaz das oportunidades de crescimento em um ambiente volátil.

Esses três motivadores, quando atuando em paralelo aos demais (12 motivadores no total), possibilitarão o aumento de receita e da lucratividade: alcançando e engajando clientes, entendendo a jornada do cliente e alcançando o crescimento lucrativo dos clientes existentes.

Figura 14.1. Os principais motivadores da transformação digital.
Fonte: adaptado de LI *et al.* (2020).

A transformação da cultura em digital precisará levar em conta as pessoas e, no limite, a cultura da empresa, porque, como diz Simon Sinek (99U, 2012): "100% dos clientes são pessoas. 100% dos funcionários são pessoas. Se você não entende de pessoas, você não entende de negócios".

Para conseguir se adaptar a esse ambiente de tantas mudanças em tão curto espaço de tempo, as empresas precisam buscar em seus colaboradores a "antifragilidade" como *skill* fundamental. Segundo Nassim Taleb (2020): "lembre-se de que o frágil deseja a tranquilidade, o antifrágil cresce com a desordem e o robusto não se importa muito...". Mas a questão é que a maioria dos seres humanos é frágil. Eles buscam o conforto, a comodidade e o conhecido. Encontra-se aí a razão pela qual é tão difícil conseguir uma mudança cultural em uma organização.

A busca por conforto, comodidade e pelo conhecido é um processo normal, porque nosso cérebro lida melhor com essas circunstâncias. O novo tendemos a evitar, porque pode trazer o medo ao sairmos da zona de conforto. E o medo aciona a região da amígdala, que nos direciona para a luta ou a fuga. O que é conhecido é mais confortável e o que não é, evitamos. E por quê? O nosso cérebro, em volume, representa 2% do corpo humano, mas consome 20% de energia. Portanto, ele busca automatizar os processos, ou seja, privilegia o que é conhecido para gastar menos energia. O novo fará com que o cérebro crie novas sinapses, o que consumirá mais energia e o levará ao cansaço. Mas, podemos treinar nosso cérebro fazendo pequenas coisas e novas todos os dias. No livro "Jornada Ágil e Digital" (MUNIZ; IRIGOYEN, 2019) é possível aprofundar esse entendimento e procurar outras referências.

O cenário ideal é aquele em que a organização já tem uma cultura de inovação, de adaptação, centrada no cliente, gerando o máximo de valor com os dados gerados através da interação com os clientes, por meio de sistemas de engajamento, como o LinkedIn, e o Facebook, por exemplo. Porém, essas características estarão presentes, muito provavelmente, em empresas que já estão nascendo com esse foco e *mindset*. As organizações que já existem há mais tempo, que têm resistência em adotar novas tecnologias ou que estão digitalizando o analógico terão, necessariamente, que passar por um processo de transformação cultural, porque a transformação *Lean Digital* envolve toda a organização e precisa passar a fazer parte da estratégia da empresa. Não é uma tarefa fácil.

É preciso desenvolver um plano estratégico, com a visão de onde chegar com a transformação digital, com o foco na excelência operacional e, a partir desse plano, promover a mudança cultural.

14.1. E como começar?

Para responder a essa pergunta, contamos com uma pesquisa feita pela PwC (2019) que, como resultado, apresenta cinco ações que podem impulsionar a evolução da cultura organizacional para apoiar o crescimento dos negócios e a atração e retenção dos melhores talentos. São elas:

- ✓ Identificar e tratar os pontos de conflito entre a cultura corporativa e a estratégia.
- ✓ Identificar os comportamentos desejados e reconhecer e recompensar as pessoas que os adotam.
- ✓ Traduzir as aspirações culturais em resultados para o negócio, através da priorização das atividades necessárias e do envolvimento dos colaboradores.
- ✓ Liderar pelo exemplo: o compromisso dos líderes como importante catalisador para o desenvolvimento da cultura.
- ✓ Comprometer-se com a cultura como um esforço contínuo, colaborativo e de longo prazo.

15. *Lean Gamification Design* e sua aplicação em mudanças culturais e na transformação digital

Maite Lorente
Eduardo Brasil

A gamificação está por toda parte e já é aplicada com frequência em nosso dia a dia, mesmo que as pessoas não reparem muito. A partir da leitura deste texto, você se sentirá em um mundo *gamificado* – esse é o efeito Baader-Meinhof, um fenômeno sobre a ilusão da frequência. Ao tomar consciência de que um objeto existe, começamos a vê-lo com mais frequência em nosso dia a dia, apesar de nada ter mudado. Você fica sabendo que algo existe, e de repente ele está por toda parte. O que acontece é que seres humanos são *experts* em notar padrões e a gamificação é, além de um padrão de excelência em *user experience*, uma tendência.

Mas, afinal, qual é a diferença entre jogos e gamificação? Pois bem, vamos às definições técnicas. Um jogo é **um produto** final – pode ser um jogo de cartas, um jogo eletrônico ou um videogame, um jogo de tabuleiro, enfim, possibilidades mil de um produto cujo objetivo é o entretenimento. Já a gamificação, por definição, é **um processo** que integra conceitos, estratégias e táticas de jogos em atividades, produtos e/ou serviços que estão fora do contexto e do universo dos *games*. A principal ideia da gamificação é ampliar e melhorar os resultados de uma experiência central já existente ao aplicar diversos elementos que tornam um jogo estimulante e mantêm o jogador engajado.

A gamificação é semelhante a um Pokémon – é incrivelmente versátil e pode ser aplicada em diferentes níveis e perspectivas para atender às mais diversas necessidades. É uma forma bastante utilizada para transformar a experiência do usuário em uma jornada incrível. Dentre as principais promessas da gamificação, entre outras entregas secundárias, estão: estimular de maneira lúdica a participação, motivar o usuário, aumentar o engajamento, a fidelidade e o potencial de viralização, além de influenciar a decisão de compra e coletar dados. Segundo Piteira e Costa (2017), existem três pilares fundamentais que fazem a gamificação funcionar: **propósito, motivação** e ***gamification design***.

Seja qual for a área de aplicação, a gamificação é uma importante ferramenta para incentivar o engajamento e motivar os usuários objetivando uma transformação para melhor. Ao *gamificar* os processos não relacionados a jogos, as marcas podem se envolver com os consumidores de maneira divertida e lúdica e ainda estimular os comportamentos desejados nas pessoas. Esse recurso é capaz de trazer mudanças de comportamento em diversos contextos: negócios, serviços financeiros, programas de fidelidade, treinamentos, aprendizagem, saúde, impacto social, entre outros. A transformação comportamental desejada pode ser alcançada através de ações como: formar alunos em determinado curso visando à aquisição de novas competências, engajar equipes, treinar uma força de vendas, promover saúde pública, melhorar os conhecimentos financeiros, aumentar a utilização de um produto ou serviço ou até mesmo uma campanha publicitária que objetiva aumentar vendas.

O fato é que a gamificação pode auxiliar a atingir ótimos resultados quando aplicada em processos de mudanças corporativas e de comunicação das marcas no contexto de transformação *Lean* Digital, ajudando a engajar as equipes em situações desafiantes e de mudança cultural geral.

15.1. *Lean Gamification Design*

Alguns autores, como Stadnicka e Deif (2019) e Yousefi e Mirkhezri (2020), correlacionam a filosofia *Lean* com a gamificação. O método *Lean Gamification Design* (LGD), criado em 2018, simplifica o design de gamificação. Ele estabelece um conjunto de ferramentas fundamentais para seguirmos as melhores práticas de gamificação, com forte influência conceitual de abordagens como *Design Thinking* (etapas: Descoberta, Ideação e Experimentação) e *Lean Startup* (etapas: Construir, Medir e Aprender). O método nasceu no contexto do desenvolvimento ágil de projetos, mas leva bastante em consideração o *Lean UX* (no sentido de uma entrega rápida e de qualidade ao mercado, tendo em vista a importância de se pensar sempre no usuário final). Em outras palavras, não basta ser ágil na hora de desenvolver algum projeto ou iniciativa. A experiência do usuário ainda faz toda a diferença – e, afinal, o principal objetivo do *Lean Digital* e da gamificação é gerar valor para os usuários a partir de uma entrega que atenda às suas necessidades e expectativas.

O foco de qualquer método *Lean* é utilizar a inovação voltada para resultados, e o LGD não é diferente. Mas o resultado esperado aqui sempre passa por mudanças comportamentais através de uma jornada UX incrível.

15.1.1. Etapas do LGD

- ✓ ***#START*** – Este é o momento de conhecer o jogador. Entender o contexto do projeto e definir o objetivo. A ideia é ganhar profundidade sobre o perfil do jogador, mergulhando fundo para entender suas motivações, comportamentos e necessidades.
- ✓ ***#EXPLORE*** – Aqui é a hora de definir métricas e objetivos principais do jogador, criar a jornada, definir as condições de vitória, escolher as mecânicas de jogo e por fim derivar funcionalidades, regras, gatilhos e incentivos.
- ✓ ***#BETA*** – Prototipagem da solução *gamificada*. O objetivo é explorar a solução de forma mais prática e *hands-on*, preparando-se para o primeiro *playtest*.
- ✓ ***#SOFTLAUNCH*** – A ideia aqui é lançar a solução para um público reduzido, realizar o *playtest* e a demonstração da solução *gamificada*. O intuito desta fase é obter *feedbacks*, aprender e evoluir a proposta de gamificação.

15.2. Como os *games* agem sobre os seres humanos – os três pilares

15.2.1. Propósito

Os *games* nos dão propósito, pois ativam os instintos mais básicos dos seres humanos. Os impulsos por conquista, pertencimento e poder foram capazes de destruir civilizações e fazer com que outras alcançassem glória e poder expandindo seu território em busca de riquezas e novos recursos. Se esta descrição o lembrou de algum jogo de estratégia e gestão de recursos, pode ter certeza de que não foi à toa – a história se repete. A gamificação utiliza esse conceito para desenvolver experiências que despertem esses impulsos no usuário.

Tabela 15.1. Principais propósitos.
Fonte: os autores.

PRINCIPAIS PROPÓSITOS	Participação	Fidelidade	Engajamento
Impulsos humanos	Necessidade de conquista	Necessidade de pertencimento	Necessidade de poder
Elementos que motivam os impulsos humanos	Desenvolvimento, realização, objetivo, sentido	Propriedade, colaboração	Influência social, perda e prevenção

15.2.2. Motivação

Além do propósito, os jogos precisam adicionar gatilhos motivacionais que estimulem outros impulsos básicos inerentes aos seres humanos. Tudo o que fazemos é baseado em um (ou mais) dos oito principais gatilhos motivacionais detalhados a seguir e que quase todos os jogos bem-sucedidos utilizam para nos motivar a realizar certas atividades. Ao integrar esses gatilhos a uma experiência, o produto final com certeza se torna mais atrativo ao consumidor final.

✓ **Sentido, vocação e chamado épicos** – Impulso básico que faz um jogador acreditar que está fazendo algo maior que si mesmo ou que foi "escolhido" para fazer algo. Por exemplo, um jogador que dedica muito do seu tempo extrajogo para manter um fórum ou ajudar a criar *wikis* para toda a comunidade. A Wikipédia nasceu assim. Este gatilho normalmente está associado à 'sorte de principiante'. É quando as pessoas acreditam que têm algum dom ou vocação que os outros não têm ou acreditam que tiveram sorte por tirar aquele número nos dados ou sair com um *royal flush* no pôquer na primeira vez que jogam. A narrativa do *game* e um início que dê a sensação de 'sorte para iniciantes' são recursos frequentemente aplicados para acionar esse gatilho.

✓ **Desenvolvimento e realização** – Impulso básico de progredir, desenvolver habilidades e superar desafios. O conceito de desafio aqui é muito importante: ganhar um *badge* ou um troféu sem que nenhum desafio tenha sido superado não tem nenhum significado. Para ativar esse gatilho, os *games* precisam ter placares, pontos, barras de progresso, listas de missões, *badges*, troféus, tutoriais passo a passo e uma clara perspectiva do objetivo final.

✓ **Empoderamento da criatividade e *feedback*** – É quando os jogadores estão engajados em um processo criativo no qual devem resolver problemas e testar combinações diferentes. Além de expressar a criatividade, os jogadores precisam ser capazes de ver os resultados finais e receber *feedbacks*, caso a solução proposta não seja a resposta adequada para a realização da atividade. Algumas mecânicas utilizadas: *boosters*, *feedback* instantâneo, *real-time control*, desbloqueio de *milestones*.

✓ **Propriedade** – Os jogadores são motivados porque sentem que possuem algo. Quando há sentimento de posse ou quando o jogador se sente dono de algo, ele naturalmente quer tornar maior e melhor o que quer que seja que ele possui. A megalomania humana faz com que este seja um dos principais impulsos para manter o usuário engajado, fazendo com que ele queira acumular riquezas, bens, coleções, moedas virtuais etc. Se um jogador gasta muito tempo para personalizar seu perfil ou avatar, ele automaticamente se sente mais responsável por aquele personagem e por melhorar as suas habilidades. Para acionar este gatilho, utilizam-se recursos como pontos para troca, bens virtuais, construção do zero, coleções e avatar.

- ✓ **Influência e relações sociais** – Este impulso incorpora todos os elementos sociais que estimulam as pessoas, incluindo: orientação, aceitação, respostas sociais, companheirismo, competitividade e até inveja. Quando o jogador vê um amigo que é muito bom em alguma habilidade ou possui algo extraordinário, ele é impulsionado a atingir o mesmo nível. Para ativar esse gatilho, adicionam-se aos *games* os recursos de amizade, presentes sociais, missões em grupo e dancinhas da vitória.
- ✓ **Escassez e paciência** – Impulso que corresponde a querer algo porque você não pode ter. Muitos jogos possuem algo chamado 'dinâmica do compromisso' – volte em duas horas para receber sua recompensa. O fato de que as pessoas não conseguem algo agora a motiva a pensar naquilo o dia todo. Este foi o principal impulso utilizado pelo Facebook quando começou: no início era apenas para alunos de Harvard, depois foi aberto para algumas outras universidades de prestígio. Quando finalmente foi liberado para todos os usuários, muitas pessoas quiseram criar contas porque antes não podiam. Alguns recursos utilizados para alcançar este gatilho são calendário de premiação e cronômetro regressivo.
- ✓ **Imprevisibilidade e curiosidade** – Este é o impulso da descoberta, de precisar saber o que irá acontecer em seguida. Se você não sabe, seu cérebro permanece engajado e você pensa nisso com muito mais frequência. Existe um experimento super polêmico chamado Skinner Box (2016), em que um animal pressiona irracionalmente uma alavanca com frequência por causa de resultados imprevisíveis e aleatórios – isto se refere exclusivamente ao impulso central da imprevisibilidade e da curiosidade. Para gerar esse impulso, frequentemente se utilizam *storytelling* visual, *easter eggs*, prêmios aleatórios, prêmios surpresa, *oracle effect* (habilidade de prever o resultado).
- ✓ **Perda e prevenção** – Impulso baseado no esforço para evitar que algo ruim aconteça. Em menor escala, pode ser pensado como tentar evitar a perda do trabalho já realizado. Para ativar esse gatilho o jogo precisa dar a sensação de imediatismo e de perda de oportunidade. Dentre os recursos que podem ser utilizados estão a perda de progresso, apelo FOMO (*fear of missing out*), *scarlet letter* (medo de se tornar "o perdedor" no seu grupo), *evanescence opportunity* (a oportunidade está desaparecendo, última chance de aproveitar).

15.2.3. *Gamification Design*

Para este pilar, utilizamos o método *Lean Gamification Design* (LGD), já detalhado anteriormente.

Cases:

15.2.3.1. Impacto socioambiental

A geração Z se sente ansiosa, e eles não têm problema nenhum para falar sobre isso: sempre conectados, sua visão idealista e sem filtros do mundo aumenta ainda mais a ansiedade. Alguém mais se sentiu dessa maneira durante o último ano? Talvez a estratégia da Geração Z possa ajudar: atentos à sobrecarga digital, eles procuram momentos imersivos que capturem toda a atenção e aliviem o estresse. Mas apesar de entenderem essa necessidade, ainda é muito complicado deixar de lado as distrações das redes sociais, notícias e notificações para manter o foco em uma atividade fora da telinha. Esse é, então, o motivo da existência do Forest, um aplicativo que promete aumento da produtividade, foco e *detox* da vida digital.

Como resultado da quarentena, em um intervalo de menos de quatro meses, o *app* saiu do 13º lugar da lista dos *top apps* pagos da Apple Store para a segunda colocação. E qual é o segredo do Forest para ajudar uma geração hiperconectada a desconectar? Gamificação.

Com a missão simples de ajudar os usuários a manter o foco, o Forest auxilia o usuário a gerenciar seu tempo e se tornar menos dependente de seu celular de forma divertida e interessante. Ao passar um tempo desconectado, o usuário cultiva árvores virtuais e ganha moedas, que podem ser usadas para ajudar a plantar árvores reais em cinco países da África – Camarões, Quênia, Senegal, Uganda e Tanzânia.

Para o desenvolvimento desse aplicativo, os impulsos motivacionais utilizados foram o sentido épico e o chamado, o desenvolvimento e a realização, a propriedade, a influência social e finalmente a perda e a prevenção.

O Forest está disponível para iOS, Android e em formato de extensão do Google Chrome. Para plantar árvores reais ao redor do mundo, o aplicativo faz parceria com a *Trees for the Future* – uma organização sem fins lucrativos que trabalha para acabar com a fome e a pobreza plantando árvores que ajudam a alimentar famílias em situação de vulnerabilidade social.

15.2.3.2. Simplificação de sistemas de telecom

O Capítulo 26 deste livro apresenta um ótimo *case* da aplicação da gamificação para aumentar o engajamento de equipes participantes de um grande projeto corporativo. Nesse *case*, a gamificação possibilitou a criação de um ambiente de saudável competição entre as equipes para o atingimento das metas, o que permitiu que se eliminasse o atraso e se cumprisse o cronograma estabelecido no início do projeto.

16. A intangibilidade do trabalho do conhecimento

Alexandre Caramelo Pinto

16.1. O que é o trabalho do conhecimento?

O aspecto humano por trás deste conceito foi criado por Peter Drucker no final da década de 1950, cujo entendimento se refere aos trabalhadores que aplicam de formas teórica e analítica o conhecimento adquirido por mecanismos formais de aprendizagem, permitindo-lhes assim construir e desenvolver novos produtos e serviços (DRUCKER, 1999). Drucker foi o pioneiro a posicionar este tipo de profissional qualificado como um ativo organizacional intangível e valioso para as organizações, que passam a depender drasticamente de sua capacidade criativa para inovar sistemicamente e com alto nível de eficiência e eficácia.

Em uma referência aos êxitos obtidos no século XX, onde fora possível avançar com a produtividade do trabalho braçal para patamares surpreendentes, Drucker enfileira alguns dos grandes desafios que se interpõem aos executivos e estudiosos na tentativa de obter similar grau de melhoria, considerando aspectos totalmente diferentes que são inerentes ao trabalho do conhecimento, tendo em perspectiva as suas características próprias (COHEN, 2007). Afinal de contas, em um ambiente com produtos físicos, aspectos como estoque de trabalho inacabado ou mesmo gargalos são facilmente detectáveis com o *Gemba walk* (OHNO, 1997) e posterior atuação dos gestores. Já no caso do trabalho do conhecimento é preciso um esforço adicional para "ver" esse tipo de trabalho. Uma das formas é evidenciar o seu fluxo com ferramentas digitais, muitas vezes representado em sistemas *kanban*, facilitados por ferramentas como Kanbanize, Jira ou SwiftKanban. A ideia é que a gestão visual "mostre" as inúmeras tarefas do conhecimento que estavam escondidas e, assim, permita seu mapeamento e sua inclusão no fluxo de valor.

Um estudo conduzido no Reino Unido que visava classificar e identificar as categorias mais intensas em termos do trabalho do conhecimento traz como elemento-chave as tarefas executadas. Nessa análise, se chegou à conclusão de que há uma distribuição de 30%-30%-40%, sendo que os primeiros 30% representam o grupo de **líderes, especialistas** e **inovadores**, que constitui pouco mais de 20% da força total de trabalho onde há uma elevada concentração de trabalho do conhecimento, mesmo após mais de 40 anos desde que essa tendência foi formalmente identificada. A despeito dessa surpreendente desproporção, percebe-se que o impacto nas economias é consideravelmente grande, apesar do crescimento lento dessa força de trabalho no Reino Unido, reconhecidamente uma economia estável que já teve dias mais pujantes (BRINKLEY *et al.*, 2009). A visão dessa pesquisa carrega considerações interessantes, pois ela se apoia nas tarefas desempenhadas, diferentemente de outras que atrelam o trabalho do conhecimento a posições específicas. Observe a seguir as tarefas mais frequentemente realizadas e que são bastante relevantes para o contexto do *Lean Digital*.

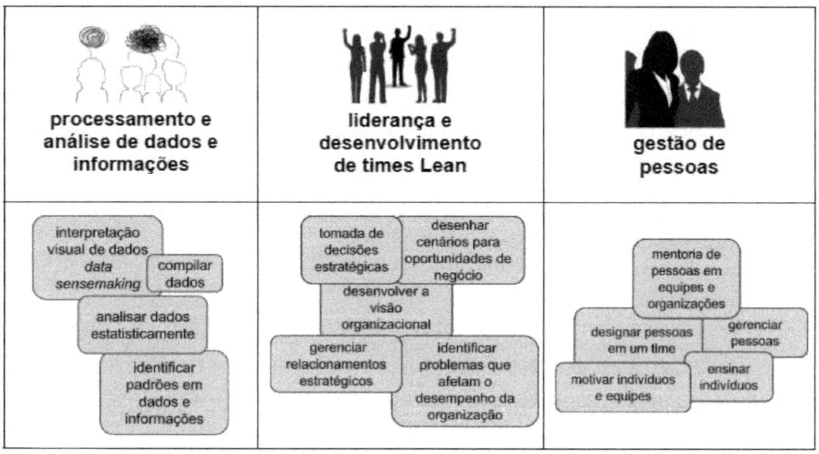

Figura 16.1. As diferentes categorias de tarefas do trabalho do conhecimento e o *Lean Design*.
Fonte: adaptado de Brinkley *et al.* (2019).

Dessa maneira, pela perspectiva da **inovação** normalmente associada ao trabalho do conhecimento, Cohen e Levinthal (1990) acrescentam que a habilidade de avaliar e utilizar conhecimento externo à organização necessita também de apoio em conhecimento previamente assimilado pelo trabalhador do conhecimento. Somente com essa base torna-se possível identificar o valor intrínseco da nova informação recebida, para em seguida assimilá-la e aplicar o novo conhecimento no melhor interesse da organização. Assim, o conceito de capacidade de absorção está, portanto, intimamente ligado ao trabalho do conhecimento, na medida em que este último resguarda no primeiro a responsabilidade de aprendizagem associativa dos eventos armazenados na memória do indivíduo, que estabelece conexões com a nova informação recebida. Essa mesma lógica observável nos indivíduos pode, também por extrapolação, ser claramente percebida nas equipes e nas organizações das quais fazem parte os times de desenvolvimento, dentre os quais aqueles que se utilizam das práticas *Lean* para aperfeiçoar, com o apoio da **liderança** *Lean*, o seu próprio desempenho dentro do sistema do qual fazem parte.

Além disso, há inúmeros exemplos na literatura sobre gestão do conhecimento que também conectam a capacidade de resolução de problemas ao conhecimento e a mecanismos de aprendizagem anteriormente assimilados. Em outras palavras, a heurística por trás da resolução de cada problema, bem como os métodos empregados pelos trabalhadores do conhecimento, permitem, na visão de Cohen e Levinthal (1990), identificar elementos-chave que propiciam o desenvolvimento de uma estrutura cognitiva propícia para que as competências técnicas necessárias em times de desenvolvimento de software sejam desenvolvidas. O uso de analogias, lições aprendidas e métodos de trabalho, bem como a articulação da própria curiosidade para resolver problemas, torna o trabalho do conhecimento totalmente distinto do objeto de estudo das escolas seminais da administração calcadas nos escritos de Taylor, Fayol e ainda perceptíveis até o final do Fordismo.

Avançando algumas décadas e acompanhando a evolução desses conceitos por trás do trabalho do conhecimento, percebemos que a tão comentada *business agility* foi um desses frutos, seguida de uma bem-sucedida aglutinação dos conceitos de capacidades dinâmicas (que visam a absorção do conhecimento e a adaptação ao contexto), ambos por conseguinte dependentes do conhecimento, conforme indicam Wang e Ahmed (2007). Não obstante, à medida que o trabalho do conhecimento foi ganhando cada vez mais relevância no contexto competitivo, e fomentou ao longo das últimas décadas a inovação como motor de crescimento econômico, era uma questão de tempo para que serviços e produtos digitais desenvolvidos de forma intensa com base na informação ganhassem a dominância quando comparamos diferentes indústrias e organizações. Em suma, a era da informação e do conhecimento que vivenciamos nasceu do substrato do trabalho do conhecimento.

16.2. Quais os principais desafios?

É senso comum que o conhecimento adquirido em muitas frentes e nas interações com clientes, fornecedores e parceiros se soma às capacidades internas da organização e possui um impacto positivo no desempenho dos times no desenvolvimento, bem como afeta de forma clara o próprio processo de inovação em si (HONG *et al.*, 2004). Entretanto, antes de compreender os desafios inerentes ao trabalho do conhecimento, é importante adotar uma perspectiva do **processo intensivo em conhecimento,** conforme figura a seguir, adaptada a partir de Terra (2005).

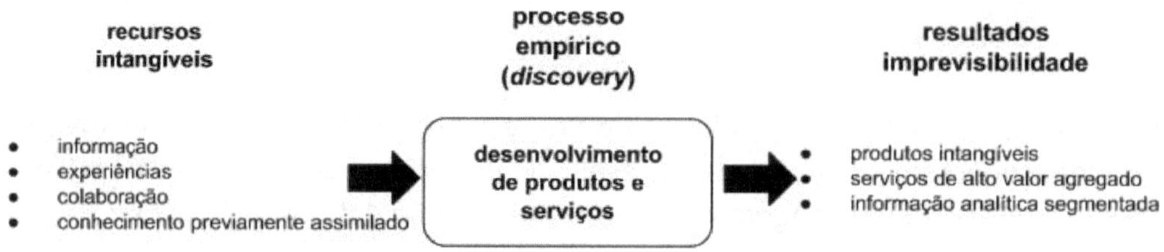

Figura 16.2. Processo intensivo em conhecimento.
Fonte: adaptado de Terra (2005, p. 22-23).

Naturalmente, os trabalhadores do conhecimento geram valor de maneiras bastante distintas dos seus precursores, os trabalhadores braçais, uma vez que:

- ✓ produzem quantidades exponenciais de informação;
- ✓ colaboram e ensinam, aprendem a desaprender e reaprender;
- ✓ tomam decisões baseadas em conhecimentos previamente adquiridos que se somam aos fatos e dados que observam em seu ambiente; e, por fim,
- ✓ inovam nos produtos, serviços e em seus processos de trabalho subjacentes, impactando de forma direta e indireta o desempenho organizacional.

A visão de Peter Drucker reforça os aspectos citados, conforme segue:

> *[...] A necessidade de os trabalhadores do conhecimento serem especialistas gera uma segunda consequência, igualmente importante: o fato de precisarem trabalhar com membros de uma organização. Somente uma organização pode proporcionar a continuidade básica que esses trabalhadores precisam para serem eficientes. Somente uma organização pode converter o conhecimento especializado em desempenho. [...] (DRUCKER, 2002, p. 432).*

A partir da visão do processo descrito podemos perceber que a natureza do trabalho incita uma atuação da gestão bastante distinta face à própria dinâmica do trabalho em si, como, por exemplo, no que tange às competências técnicas e interpessoais envolvidas. Assim, partimos agora para um entendimento dos principais desafios desse tipo de contexto.

16.2.1. Gestão dos ativos informacionais e do conhecimento

Dado o volume exponencial de informações disponíveis na entrada do processo de transformação da informação em valor, há que se pensar qual ferramental estará disponível, a que custo, bem como a sua aderência ao contexto da equipe que irá atuar na massa de dados e informações envolvidas. Outros recursos intangíveis como experiências prévias (de cunho pessoal e profissional) e os conhecimentos tácitos dos indivíduos da equipe permitem que novos ativos informacionais sejam gerados e de alguma forma externalizados, permitindo a manipulação do conhecimento a fim de possibilitar, por exemplo, o emprego de ferramentas analíticas de apoio a decisão (NONAKA; TAKEUCHI, 2007). Quando eventualmente o trabalhador do conhecimento se apodera do saber tácito e internaliza esse conhecimento, esse ativo intangível deixa de pertencer exclusivamente ao negócio e passa a integrar o corpo de saberes do indivíduo, que, em seu livre arbítrio, pode decidir por deixar a organização carregando consigo informações que podem eventualmente não ter sido devidamente registradas em sistemas, bancos de dados, repositórios, ou mesmo absorvidas por outros membros do time.

16.2.2. Fomento à colaboração

A organização, face às suas necessidades de inovação, precisa descobrir maneiras eficazes de fomentar a criatividade e a colaboração. Os problemas de negócio, bem como os desafios do próprio time no desenvolver de suas atividades, costumam ser bons combustíveis; porém, os gatilhos colaborativos também possuem elementos que podem ser ensinados pela organização pela via da capacitação focada em aprimorar competências de comunicação e colaboração (KROPP *et al.*, 2014). De igual forma, o uso de intenso ferramental tecnológico, como plataformas digitais colaborativas, sistemas de gestão de iniciativas etc., promove uma colaboração mais fluida e contínua, buscando se posicionar como mediadora das trocas de saberes e conhecimentos tão necessários na produção de produtos e serviços no contexto atual (ORELLANA, 2017).

16.2.3. Acesso ao capital intelectual

A escassez de capital intelectual afeta diversas indústrias, entretanto, no caso daquelas intrinsecamente dependentes de conhecimento, isso se torna um grande desafio. De muitas maneiras o fenômeno conhecido como "fuga de cérebros" prejudica não só a organização como também as economias onde não houve uma preocupação adequada na formação de capital intelectual em quantidades e perfis adequados. Do ponto de vista organizacional, uma demanda desatendida pode significar sobrecarga (*muri*) nos demais membros do time, ou até mesmo desperdícios em contratações incompatíveis (*mura)* com o trabalho a ser desenvolvido. Outro aspecto colateral é a percepção dos colaboradores, que podem se sentir fragilizados ao perceberem que há uma dificuldade na contratação ou descaso da organização com os impactos desse problema no time. Embora haja alguma especulação sobre como o crescimento do trabalho do conhecimento precariza as relações de longo prazo entre organizações e indivíduos, levando a um contingente alto de *freelancers*, na visão de Brinkley *et al.* (2009) não há dados ou mesmo uma correlação direta entre esses dois fenômenos para sustentar tal afirmativa, levando a crer que há outros aspectos de natureza macroeconômica e mesmo antropológica que são contribuintes.

16.2.4. *Feedback* para o negócio quanto a estimativas

Anderson (2010) igualmente comenta que o trabalho do conhecimento traz elementos bastante distintos de qualquer trabalho repetitivo, sobretudo quando pensamos em quaisquer atividades relacionadas ao digital. As variabilidades de desempenho tão comuns em um time de desenvolvimento de um produto que tenha por base o conhecimento permitem a tomada de decisões que não poderiam ser percebidas claramente *ex ante*. Tal fato cria uma lacuna de *feedback* para o negócio, que precisa lidar com estimativas (como custo, risco, prazo) com alto grau de incerteza em etapas iniciais nesse tipo de cenário. Ainda que estimativas possuam caráter orientativo, dado o alto grau de especialização requerido do trabalhador do conhecimento, muitas vezes isso pode parecer contraintuitivo para o executivo mais acostumado a modelos de negócios onde o capital intelectual mais bem preparado está restrito às posições de alta gestão. Em linha com a percepção citada, Marchau *et al.* (2019, p. 6) reitera que "para gerenciar a incerteza na tomada de decisão, é preciso estar ciente de que existe todo um espectro de diferentes níveis de conhecimento, que vão desde o ideal inatingível de compreensão determinística completa em uma extremidade da escala, até a ignorância total na outra".

16.3. Como o *Lean Digital* potencializa a gestão do conhecimento

Nesta seção trataremos de forma breve daqueles desperdícios específicos do trabalho do conhecimento, que podem ser mais bem delineados pelo *Lean Digital* – que, por sua vez, combina diversas escolas que serão vistas em detalhe mais adiante (TAPPING; SHUKER, 2010; POPPENDIECK; POPPENDIECK, 2011; HOHMANN, 2011).

Assim, a contribuição mais evidente do *Lean Digital* para esse tipo de desafio tem a ver com a própria produção de conhecimento em escala vertiginosa quando se executam as tarefas mencionadas, em função da facilidade de criação, replicação com a padronização e combinação das informações, gerando, de forma rápida e exponencial, novas informações em quantidades elevadas e funcionalidades em produtos e serviços que podem não possuir aderência com o princípio *Lean* de geração de valor contínuo. Assim, essa facilidade da aplicação do trabalho do conhecimento, mediada por tecnologias de colaboração e construção de produtos e serviços digitais, dá ensejo a um cenário propício para esse menosprezo dos impactos dessa prática e facilita a sua identificação e mitigação (BELL, 2017).

O *Lean Digital* dispõe de amplo ferramental que traz visões como da árvore de decisões interativa ou mesmo a perspectiva do mapeamento do fluxo de valor (DE MEYER; LOCH; PICH, 2002). Tais abordagens podem ajudar a identificar desperdícios *Lean* embutidos nas etapas do trabalho do conhecimento na medida em que o valor é criado e permite que se otimize em diversos níveis o desenvolvimento do produto, serviço ou resultado em tela. Além disso, retomando a questão das tarefas elucidadas pela Figura 16.1, juntamente com os desafios, percebe-se que a manipulação dos dados para qualquer categoria de tarefas do conhecimento gira em torno de grandes quantidades de dados e informações que necessitam de um apoio tecnológico robusto que permita a flexibilidade e a agilidade necessárias tão típicas do *Lean Digital*.

Além dessas contribuições, outra ferramenta fundamental e impulsionadora da gestão do conhecimento é a gestão visual do *Lean* – afinal de contas, não há nada melhor que um quadro cheio de conhecimento explícito para facilitar a colaboração e a tomada de decisão: importantes fatores de sucesso para qualquer iniciativa dependente de trabalhadores do conhecimento.

Por fim, da mesma forma que o trabalho do conhecimento é facilitado pelo *Lean Digital*, este também precisa ajudar a gerenciá-lo. Adquirir informações que não suportam o negócio, deixar de usar informações valiosas devido à falta de governança ou mesmo ter que reaprender características e comportamentos dos produtos e clientes pode causar impactos exponenciais e desnecessários para a organização. Por isso, o *Lean Digital*, apesar de ser uma filosofia de aprendizado constante no contexto digital, precisa ter a sua própria "inteligência" sobre o que aprender, como aprender (ou desaprender) e, principalmente, o porquê de fazê-lo.

17. O papel da indústria 4.0 no movimento da transformação digital

Fábio Portela

17.1. Introdução

Estamos vivendo uma transformação que vem sendo chamada de quarta revolução industrial ou Indústria 4.0. Ela é caracterizada pela conexão total da tecnologia com os processos físicos e a automação da tomada de decisão. Quando analisamos aspectos do *Lean* como simplicidade, redução de desperdícios e foco nas pessoas emerge a dúvida de como uma transformação centrada na tecnologia se relacionará com o pensamento enxuto. Em outras palavras, é possível ser *Lean* e *Digital* ao mesmo tempo?

Para responder a isso, iremos analisar o que está acontecendo onde o *Lean* nasceu e é amplamente utilizado: a indústria da manufatura. Ressaltamos que, embora as discussões tenham muitos exemplos industriais, as análises e conclusões podem ser extrapoladas para a adoção do *Lean Digital* em qualquer tipo de organização, em um processo parecido com o ocorrido no *Lean Thinking* do início da década de 1990.

Inicialmente, abordaremos o contexto histórico, os motivadores e os objetivos da quarta revolução industrial. Em seguida, discutiremos as principais tecnologias habilitadoras dessa transformação e, por fim, analisaremos a relação entre *Lean Manufacturing*, *Lean Digital* e Indústria 4.0 através de análise bibliográfica e casos de implementação.

17.2. Contexto histórico e quarta revolução industrial

O fenômeno da industrialização começou no final do século XVIII com a introdução de máquinas movidas a vapor, o que permitiu que a produção de bens deixasse de ser dependente da força humana ou animal e passasse a ser feita por máquinas, tendo assim um ganho de escala nunca visto antes. Esse período ficou conhecido como a primeira revolução industrial. No início do século XX, a introdução em massa de energia elétrica nas cidades e nas indústrias, em conjunto com o novo conceito de linha de produção e especialização do trabalho, levou a mais um salto de escala e ficou conhecida como a segunda revolução industrial. Quase meio século depois, na década de 1950, mais uma grande mudança tecnológica, o surgimento da microeletrônica e da computação, iniciou a terceira revolução industrial.

Conhecida como a era do conhecimento, nessa revolução as tecnologias progrediram em um ritmo sem precedentes. Ritchie e Roser (2017) levantaram o tempo de adoção de diferentes tecnologias pela população americana. Tomemos, por exemplo, a eletricidade da segunda revolução industrial: demorou 30 anos para alcançar 10% de adoção da população. Em comparação, os *tablets* atingiram essa marca em apenas cinco anos. Outra comparação que mostra essa diferença de velocidade de adoção é a da telefonia fixa, baseada em impulsos elétricos, e a telefonia celular e a internet, que existem graças à microeletrônica e à computação. Demorou 61 anos para a rede de telefonia fixa aumentar a penetração de 20% para 88%; já o celular e a internet levaram pouco mais de um terço desse tempo.

A rápida adoção é consequência de um ciclo de inovação tecnológica retroalimentado: a tecnologia evolui e gera demanda para substituí-la, o que leva a mais inovações. Para explicar como essa velocidade de adoção das tecnologias foi possível, precisamos explorar como as tecnologias base da era da informação evoluíram. A capacidade de computação aumentou quase 50 milhões de vezes em 50 anos, considerando como parâmetro de crescimento a Lei de Moore, conforme evidenciado por Ritchie e Roser (2017). Isso permitiu maior volume e velocidade de processamento, tornando possível o uso da maioria das aplicações que temos hoje em *tablets* e *smartphones*. Esses equipamentos só são viáveis graças aos avanços da microeletrônica que proporcionou grandes capacidades em elementos cada vez menores.

Assim, ao final da primeira década do século XXI, o cenário tecnológico estava completamente diferente de 60 anos antes. O aumento da capacidade computacional e a redução do tamanho dos elementos e sensores permitiram a existência de milhões de dispositivos conectados à internet. O custo de processamento e armazenamento de dados diminuiu, permitindo o desenvolvimento de aplicações (software) para atender às mais diversas necessidades. O conceito de nuvem, ou seja, uma entidade de inteligência acessada via internet, permitiu a simplificação dos dispositivos finais, com toda a inteligência migrando para os *datacenters*.

É nesse contexto que o termo "indústria 4.0" é cunhado em 2011 na Alemanha pela Academia de Ciência e Engenharia (ACATECH – *Academy of Science and Engineering*), através do seu grupo de trabalho sobre o tema da visão do futuro da industrialização e o que a Alemanha precisa para liderá-la. No relatório final do grupo, Kagermann Wahlster e Helbig (2013) definem a indústria 4.0 como a quarta revolução industrial, que é resultado da introdução das tecnologias de ponta ao ambiente da manufatura. Essa revolução está centrada na integração da computação, das redes e dos processos e elementos físicos. Esses sistemas receberam o nome de CPS – *Cyber-Physical Systems*. "Estes *Cyber-Physical Systems* compreendem máquinas inteligentes, sistemas de armazenamento e facilidades de produção que são capazes de trocar informações autonomamente, disparando ações e controlando-as de maneira independente", concluem os autores. A Figura 17.1 resume as revoluções industriais e as tecnologias que foram habilitadoras para elas.

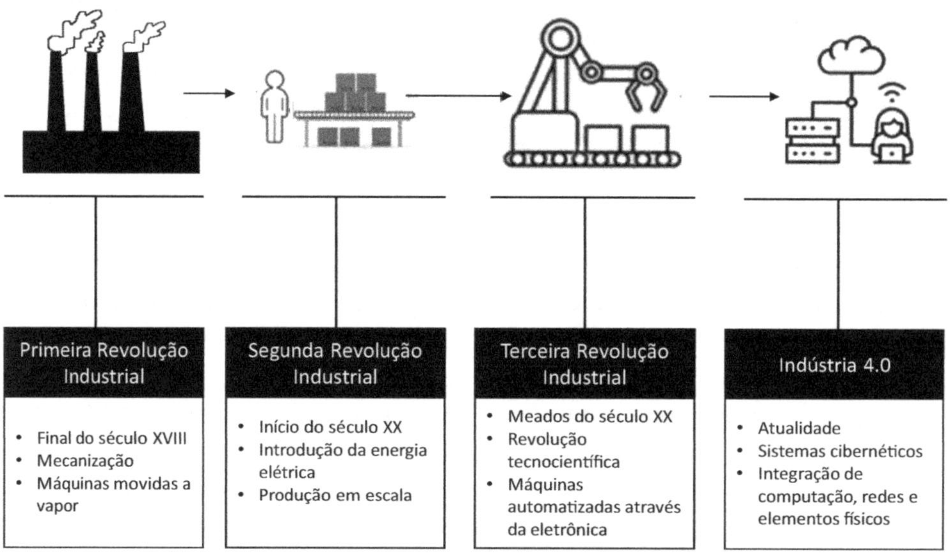

Figura 17.1. Resumo das quatro revoluções industriais.
Fonte: adaptado de Dalenogare *et al.* (2018).

17.3. Principais características da indústria 4.0

A indústria 4.0 tem como objetivo a conectividade total, a análise avançada de dados e a tomada de decisão autônoma, que são possíveis graças aos sistemas ciberfísicos (CPS). Wagner, Hermann e Thiede (2017) definem CPS como sistemas que atuam sem interação externa na aquisição de dados de processos físicos, processamento e análise desses dados e tomada de decisão autônoma. Ou seja, esses sistemas são capazes de executar mudanças apenas pela leitura de dados, sem necessidade de intervenção humana. Nesta seção discutiremos como cada um desses passos funciona.

A coleta de dados através das pessoas é chamada de interação máquina-homem (HMI – *Human Machine Interaction*). Basicamente, consiste em uma interface que permite aos usuários se comunicarem com as máquinas. O modelo mais antigo utiliza as interfaces de digitação, como teclados e interfaces gráficas em computadores ou interfaces de voz. Na indústria 4.0 podemos pensar em formas muito mais avançadas, como o uso de vestimentas inteligentes, ou *wearables devices*, que são capazes de coletar e transmitir informações automaticamente sobre nosso organismo, como relógios, roupas e óculos inteligentes. As tecnologias de realidade aumentada e realidade virtual também podem ser utilizadas para esse fim.

Já a coleta de dados através de equipamentos e sistemas recebe o nome de comunicação máquina-máquina (M2M – *machine to machine*). Essa conectividade pode ocorrer entre dispositivos inteligentes (máquinas e sensores). Isso significa, por exemplo, que processos podem ser mapeados fim-a-fim através de sensores ao longo de toda a cadeia. Também é possível que o M2M represente a conectividade entre dispositivos e sistemas existentes. Como exemplo, podemos citar a conectividade com sistemas de planejamento empresarial (ERP) que gerenciam compras, planejamento financeiro, empregados e outras questões de negócios e sistemas de controle de processos como os sistemas de execução de fabricação (MES – *Manufacturing Execution Systems*) que rastreiam o processo de manufatura desde a matéria-prima até o produto finalizado.

Após a coleta, os dados precisam passar por uma etapa de processamento para se transformar em informação que traga valor ao processo. A primeira ação é tratá-los de maneira a deixá-los mais organizados e padronizados. Depois, aplicam-se camadas de inteligência, como uso de modelos estatísticos e aprendizagem de máquina, para correlacionar os dados e obter parâmetros relevantes para a tomada de decisão.

Para fechar o ciclo do CPS, a informação oriunda do processamento dos dados vai ser utilizada para a tomada de decisão. Isso pode ser entendido como o ajuste de algum parâmetro na produção para otimizar a cadeia. E pode ser feito de forma autônoma, já que toda a fábrica está conectada. Ou seja, os dados são adquiridos, processados e se transformam em informação para uma tomada de decisão autônoma que se reflete quase que instantaneamente na produção.

O que torna possível essa visão de indústria conectada e autônoma são as novas tecnologias e ferramentas que vêm sendo desenvolvidas com esse propósito. Embora muitas outras estejam surgindo em um ritmo acelerado, é possível elencar as tecnologias que são a base para essa transformação. Frank, Dalenogare e Ayala (2019) realizaram um *survey* das tecnologias existentes e as organizaram em categorias, observando que quatro tecnologias estavam presentes em todas essas categorias. Assim, concluíram que as quatro tecnologias base da indústria 4.0 são: *Internet of Things* (IoT), *cloud computing*, *big data* e *analytics*.

Xia *et al.* (2012) definem IoT como a interconexão, via internet, de dispositivos que podem ser equipados com alguma camada de inteligência. Na visão que apresentamos, os dispositivos IoT são responsáveis pela coleta de dados e envio para processamento na nuvem. Na prática, podemos imaginar a internet das coisas como uma rede de sensores acoplados às máquinas e às pessoas que se interconectam via uma rede sem fio que se conecta à internet para processamento remoto.

Segundo a provedora de serviços de nuvem Microsoft (s.d.), o termo *cloud computing* se refere à entrega de serviços de computação, como servidores, armazenamento, bancos de dados e inteligência, pela internet sob demanda. Isso permite que as empresas e indústrias sejam mais flexíveis e tenham economia de escala, já que podem focar no seu negócio sem precisar se preocupar com a implantação de um *datacenter* próprio. Essa tecnologia facilita toda a fase de processamento de dados até a tomada de decisão.

A Gartner (s.d.) define *big data* como "ativos de informação que possuem características de grande volume, grande velocidade e grande variedade que demandam um processamento eficiente em custo e formas inovadoras que habilitem a melhora da tomada de decisão e a automação de processos". As tecnologias de *big data* tornam possível armazenar e processar a grande quantidade de dados obtida dos sensores e sistemas de forma a organizá-los para permitir uma análise da informação.

As ferramentas de *analytics* atuam próximas ao *big data* e são responsáveis por analisar os dados organizados e extrair as informações relevantes para a tomada de decisão. Segundo a consultoria Gartner (s.d.), uma das definições aceitas é que *analytics* descreve o uso de análise de dados de estatística e matemática para agrupar, segmentar, pontuar e prever quais cenários são mais prováveis de ocorrer.

17.4. *Lean Digital*: a relação entre *Lean* e indústria 4.0

Nesta seção, iremos explorar como as novas tecnologias e o novo modelo de produção da indústria irão interagir com os sistemas de produção *Lean* e como o conceito de *Lean Digital* suportará esse processo. Depois, analisaremos o cenário de implantação dessas novas tecnologias no âmbito da indústria.

Conforme dito no Capítulo 1, o pensamento *Lean* surgiu na indústria de manufatura na década de 1940 e se expandiu para os mais diversos tipos de organizações no setor de serviços na década de 1990. Continuou sendo usado amplamente ao longo das últimas décadas para potencializar os resultados através da eliminação contínua de desperdícios e resolução de problemas de maneira sistemática. Uma transformação centrada em tecnologia pode criar atritos com esses princípios, que estão sendo utilizados com sucesso há tanto tempo. Seria o momento de abandoná-los?

Romero *et al.* (2018) discutiram o surgimento de novos desperdícios digitais devido à subutilização ou ao uso excessivo de novas tecnologias. O primeiro diz respeito ao não aproveitamento das oportunidades de destravar o poder dos dados existentes. O segundo se refere a focar mais na tecnologia (ou na quantidade de dados) do que na solução de problemas, fazendo com que se gastem recursos como tempo, capital, análises etc., que não possuem impacto ou geram impacto negativo.

Esses desperdícios são amplificados por uma armadilha comumente observada na terceira revolução industrial: as empresas e pessoas se apaixonarem pela solução e darem mais foco na implementação das inovações tecnológicas do que na busca por valor. Ashrafian *et al.* (2019) chamaram essa armadilha de "impulso de tecnologia". Isto é, algum componente tecnológico é desenvolvido ou comprado e os processos de trabalho são adaptados para se adequar à tecnologia, o que contradiz o princípio--chave *Lean* de que a tecnologia deve servir as pessoas e os processos. Laaper e Kiefer (2020) concordam com essa conclusão. Em seu trabalho, citam quatro desafios para o *Lean Digital*, e o primeiro deles deixa claro que o foco deve ser no valor e a tecnologia deve vir em segundo plano.

A indústria 4.0 traz um modelo baseado em tecnologias que permitem uma produção autônoma centrada em dados. Porém, focar apenas em adotar esse modelo não demonstra ser suficiente para garantir ganhos nos resultados e na eficiência. É necessário focar na priorização dos problemas e suas soluções, ou, em outras palavras, no valor percebido. Assim, uma abordagem *Lean* parece ser um excelente complemento à indústria 4.0 – e conectando essa visão para o mundo digital, temos o *Lean Digital*.

Em seu artigo, Mayr *et al.* (2018) concordam com nossa análise. Eles realizaram uma revisão bibliográfica sobre a correlação entre *Lean* e indústria 4.0 e concluíram que as duas abordagens são complementares e se potencializam, sendo o *Lean* a base que permite a implementação mais econômica e eficiente do novo conceito de produção. Um dos principais motivadores é a premissa de que a produção deve ser eficiente antes de digitalizá-la, sob o risco de um processo ruim se tornar ainda mais ineficiente.

Além disso, a diminuição de complexidade que o *Lean* promove reduz custos para a implantação das ferramentas dessa nova era. Outro *insight* é que o uso de CPS e outras tecnologias permite avançar para além de limitações encontradas nas ferramentas do *Lean*, tornando, por exemplo, a produção mais flexível ou aumentando a transparência dos processos.

17.5. Implementação da indústria 4.0 e *Lean Digital*

Como será que essa relação está ocorrendo na prática? O *Boston Consulting Group*, uma das maiores empresas de consultoria do mundo, analisou a implementação de *Lean* e de indústria 4.0 através de entrevista com mais de 750 gerentes de produção de todo o mundo. Os resultados publicados por Küpper *et al.* (2017) mostram que quando cada abordagem é aplicada de forma isolada leva a uma redução de custo da ordem de 15%. E quando utilizadas de forma integrada essa redução chega a até 40%. *Lean* e indústria 4.0 são complementares e conseguem se potencializar de forma mútua, gerando um resultado maior do que a soma das implementações individuais. O artigo ainda utiliza a expressão "*Lean* Indústria 4.0" para designar essa interação. A conclusão apresentada corrobora a literatura existente sobre o tema.

Mayr *et al.* (2018) e Wagner, Hermann e Thiede (2017) mostram os impactos das tecnologias da indústria 4.0 nos sistemas de produção *Lean* através de dois *frameworks*. Utilizamos esses *frameworks* para analisar os dois casos de uso que serão apresentados a seguir. Esperamos que isso apoie a compreensão de forma mais prática de como esses dois conceitos podem se complementar e se potencializar.

Plessis e Grutter (2019) exploram a implementação de inteligência artificial (IA) na Atlantis Foundries, o que ajudou a companhia, com sede na África do Sul, a se tornar uma líder mundial da indústria de fundição. Os autores contextualizam que a empresa investiu em melhoria contínua por vários anos para melhorar a sua taxa de defeitos. Assim, já havia uma cultura *Lean* implantada. Plessis, que é CEO da Atlantis, compartilha sua visão de que a IA foi utilizada como uma ferramenta, assim como os cinco porquês foram implantados anos antes, ou seja, ele considera que as novas tecnologias são novas ferramentas a serem utilizadas para atender aos princípios do *Lean*. O problema que eles queriam resolver era saber quais peças iriam virar sucata no cliente antes mesmo de sair da fábrica. Utilizando as ferramentas tradicionais, eles chegaram a uma taxa de sucata de 6%, que estava de acordo com o *benchmark* de mercado. A Atlantis não conseguia evoluir para além disso em função da quantidade de variáveis que precisavam avaliar para encontrar padrões de defeito. Eles aplicaram duas tecnologias: usaram uma ferramenta de *big data* para consolidar todas as informações históricas que possuíam sobre parâmetros das peças e histórico de descartes. Depois, aplicaram uma solução de *analytics*, usando inteligência artificial para chegar a um modelo preditivo de quais peças virariam sucatas.

Essa solução permitiu uma assertividade de 70% na avaliação das peças que iriam virar sucata e continua evoluindo. O custo dos 30% de erros, ou seja, descarte de peças em boas condições, é ínfimo em comparação com os custos agregados da peça com defeito chegando ao cliente. Assim, eles conseguiram alcançar zero defeitos em três plantas por três meses seguidos, um feito inédito. Neste *case*, é possível observar como o uso da indústria 4.0 contribuiu para alcançar os objetivos preconizados no *Lean*: através da melhoria contínua, houve a redução de desperdícios e menor índice de defeitos, permitindo menos paradas na produção e maior percepção de qualidade pelo cliente que não recebeu peças defeituosas.

A Nanjing Ericsson Panda é uma indústria de equipamentos de telecomunicações que implantou ferramentas de indústria 4.0 para melhorar a sua eficiência. Ericsson (2018) descreve esse estudo de caso. A fábrica utiliza mais de mil parafusadeiras de alta precisão na sua linha de montagem. Esses equipamentos precisam de constante calibração e lubrificação. Para isso, é necessário ter um controle do número de operações por parafusadeira, o que era feito de forma manual ou por tempos fixos. Visando otimizar esse controle, os líderes da fábrica resolveram implementar soluções de IoT combinadas com *cloud computing*. Assim, foram implantados sensores de baixo custo (US$ 20) para coletar informações de operação das parafusadeiras, que são enviadas via rede *wireless* para um sistema de cálculos na nuvem que determina quando cada equipamento deve receber manutenção. A Ericsson reportou um retorno sobre investimento da ordem de 50% em apenas um ano em função da diminuição dos custos de manutenção. Este caso mostra como as novas tecnologias permitiram menos paradas na produção por falta de manutenção preventiva adequada e redução de desperdícios de manutenções preventivas desnecessárias.

Embora haja grande potencial para a adoção em grande escala das novas tecnologias e a quarta revolução industrial ocorra de forma acelerada, é importante notar que ainda existem desafios a ser vencidos. A implementação de uma solução tecnológica completa ainda é bastante custosa. Várias tecnologias que podem ajudar muito a indústria ainda estão em desenvolvimento, como ferramentas de realidade virtual, veículos autônomos e conectividade 5G. Além disso, há a complexidade de unir várias tecnologias novas e pouco conhecidas ao sistema produtivo já estabelecido.

Para entender como as indústrias estão enfrentando esses desafios, Garms *et al.* (2019) e a equipe da McKinsey realizaram uma pesquisa sobre a adoção de tecnologias de indústria 4.0 com mais de 700 especialistas e líderes de empresas de todo o mundo. Os respondentes sinalizaram que o tema é prioridade na agenda para quase a totalidade do grupo. Mesmo com todo esse engajamento, menos de 30% disseram que há alguma implementação em escala. A grande maioria das empresas ainda está em fase de planejamento ou execução de pilotos para testar a tecnologia e validar os objetivos de negócio. Em 84% dos casos essa fase dura mais de um ano, mostrando que há uma dificuldade em justificar a implementação em larga escala. Os participantes da pesquisa ainda revelaram que as maiores dificuldades em relação à adoção da indústria 4.0 estão relacionadas à falta de conhecimento sobre as novas tecnologias, ao alto custo de implementação e à dificuldade de comprovar valor para o negócio.

17.6. Considerações finais

Neste capítulo, apresentamos o contexto histórico e os motivadores da quarta revolução industrial, chamada de indústria 4.0. Entendemos os seus principais conceitos e as tecnologias que permitem alcançar os benefícios desejados. Discutimos como a indústria 4.0 pode se beneficiar do pensamento *Lean* e como seus princípios podem ser potencializados pelas novas tecnologias, dando origem ao *Lean Digital*. Por fim, apresentamos os principais desafios que deverão ser superados para a adoção em escala e transformação da indústria.

É importante compreender que o *Lean Digital* traz consigo uma representação do *Lean* aplicado ao mundo digital, uma aproximação que transcende o uso de ferramentas, tecnologias ou práticas digitais. É uma abordagem que impacta as diferentes óticas da digitalização dos negócios, construção, entrega e evolução de produtos digitais, gestão dos serviços e negócios digitais e o desafio que o mundo VUCA traz para a nossa realidade.

18. Necessidades do cliente digital

Analia Irigoyen
Jeanne Oliveira
Felipe Oliveira

18.1. A evolução do significado de cliente

A proposta deste capítulo é discutir quais são as necessidades ou expectativas de um cliente digital. Nesse sentido, para que possamos definir quais seriam as necessidades de um cliente digital, é importante entender o conceito de cliente nesse cenário.

Conhecendo nossa persona e o contexto em que ela está inserida fica mais fácil definir seus requisitos. Será que todos possuem o mesmo entendimento sobre o que é um cliente? Acreditamos que entender o significado de cliente seja de extrema importância para definirmos suas necessidades e se, de fato, um cliente digital possui expectativas diferentes de outros clientes, digamos, não digitais.

Vamos iniciar essa fundamentação comum com as definições mais conhecidas/usadas da palavra cliente. No meio de TI, são elas:

- ✓ **Tradicional:** a palavra cliente pode ser usada como sinônimo de comprador (a pessoa que compra o produto), utilizador (a pessoa que utiliza o serviço) ou consumidor (quem consome um produto ou serviço).
- ✓ **Industrial:** o cliente no *Lean Six Sigma* está definido na "voz do cliente", onde temos a relação direta entre processos, o próprio cliente e a qualidade. As necessidades do cliente estão diretamente ligadas aos processos que suportam esse cliente e a qualidade definida por ele.
- ✓ ***Lean*:** o cliente no *Lean* é o centro de tudo, ou seja, o serviço deve ser concebido para resolver um problema do cliente. Está claro que o cliente é o pilar de todo o resto do sistema de gestão.

18.2. Perfil do cliente digital

Nesse contexto, considerando todas as definições anteriores, o cliente digital pode ou não ser quem paga pelo serviço que vai utilizar, mas deseja ter seu problema atendido com a maior qualidade, rapidez e com menor custo, usando os meios digitais. Adiciona-se a essa equação a tecnologia, que virou uma questão de sobrevivência e foi drasticamente acelerada pela pandemia do novo coronavírus, chegando ao estopim no início de 2020. Nesse sentido, é importante destacar que, em 2011, uma reportagem da Forbes (KIRKPATRICK, 2011) já afirmava que "agora toda empresa é uma empresa de software" (*Now Every Company Is A Software Company*).

O critério "qualidade" para escolher um produto/serviço não é mais algo opcional. O que antes era um fator diferencial agora se torna motivo de exclusão. O mundo digital e as opções de escolha que nele surgiram fizeram com que o cliente pudesse trocar a empresa na mesma velocidade com a qual a escolheu. Conforme Bauman (2007), estamos em uma realidade "líquida", onde tudo pode mudar a qualquer momento, pelos motivos mais básicos e nas situações mais inusitadas.

Incentivado por novos problemas relacionados à tecnologia em si, ou a um problema novo que surge após a resolução das suas necessidades iniciais, o cliente *Lean Digital* está sempre em busca de soluções que simplifiquem o seu dia a dia e suas tarefas. A redução constante da burocracia e consequentemente o aumento do tempo livre é uma das necessidades básicas do cliente digital.

Na mesma linha, a busca por novas experiências estimula demandas que precisam de soluções geradas por inovações, baseadas ou não em novas tecnologias. Além disso, deve existir um entendimento geral de que essas necessidades são modificadas constantemente e envolvem também requisitos não funcionais, tais como: necessidades tecnológicas, legais, *compliance*, sociais e culturais. A mudança da relação do cliente com os produtos digitais está evoluindo e isso o torna cada vez mais exigente, podendo assumir o papel de promotor ou detrator a qualquer momento, dependendo da sua experiência com toda a cadeia de valor daquele produto.

18.3. Quais as dificuldades e como lidar?

Há muitas variáveis no mercado digital, já que, diariamente, podemos observar uma grande quantidade de novos aplicativos, sites e negócios que surgem para tentar desbravar o mundo do empreendedorismo. Nesse cenário, é de extrema importância que quando essas empresas mergulharem no meio digital, elas conheçam profundamente os comportamentos do cliente digital.

A escuta ativa e constante, junto com a antecipação de comportamentos, é a única forma de garantir que este cliente seja ouvido mesmo quando não tenha um perfil facilmente detectável (detrator ou promotor) e simplesmente abandona o seu produto.

Para lidar com essa complexidade, uma organização *Lean Digital* precisa focar sua cultura e toda a sua cadeia de valor nesse entendimento constante das necessidades do cliente digital, através de indicadores e *frameworks* voltados para o cliente, não limitados a: *Design Thinking*, *Customer Success*, NPS, *Fit for Purpose*, *Customer Centric*, *Canvas*, *Customer Experience* etc. No livro "Jornada Ágil e Digital" (MUNIZ; IRIGOYEN, 2019) é possível ler e entender cada uma das abordagens citadas.

Por fim, é preciso desaprender, aprender e reaprender continuamente os atuais e novos perfis desse cliente, compreendendo e antecipando não só necessidades, mas os problemas e as oportunidades do futuro.

19. Revisitando desperdícios no *Lean Digital*

João Emmanuel Anacleto Pessoa

O conceito de desperdício é intrínseco à filosofia enxuta, sendo resultante da sua soma com o próprio trabalho (a capacidade real das empresas), conforme equação descrita por Taiichi Ohno (1997), que, em consonância com o *Lean Enterprise Institute*, o estabelece como qualquer esforço que não atenda a uma necessidade ou expectativa do cliente e o distingue da perda por esta ser involuntária.

Uma primeira categoria de desperdício corresponde àquilo que não agrega valor, mas é necessário para o cliente final – desperdícios mais difíceis de ser eliminados. A segunda categoria contempla os desperdícios que não agregam e não são necessários aos clientes – portanto, devem ser eliminados prontamente (LEAN ENTERPRISE INSTITUTE, 2021).

Por décadas, e com relativo sucesso, numerosos mecanismos para supressão de desperdícios vêm sendo descritos e aplicados à manufatura. Recentemente, os demais setores produtivos buscam dirimir esse enunciado com sistemas puxados e práticas ágeis no contexto da transformação digital, inclusive a própria indústria em sua quarta revolução.

O chamado *Lean Digital* se insere nesse cenário de disrupção de nossa economia e sociedade, a qual apresenta um exponencial crescimento dos recursos e plataformas tecnológicas, do poder de processamento e do potencial para análise de dados e *insights* de múltiplas fontes.

19.1. A eliminação de desperdícios como fator de sucesso na transformação *Lean Digital*

Em primeiro julgamento, tendemos a concluir que o panorama com o uso de novas tecnologias digitais naturalmente incorre em aumento da produtividade e, por conseguinte, auxilia na diminuição dos custos e dos sobreditos desperdícios.

Apesar disso, a transformação digital das empresas é uma mudança de negócio, obviamente suportada por novos recursos tecnológicos; assim, ainda que falemos de uma empresa de TI como exemplo, a mudança não será apenas de tecnologia – não sendo poucos os casos de grandes corporações (com dispendiosas ferramentas e diferentes métodos) que enfrentam dificuldades na implementação de seus programas de transformação digital.

Além dos ordinários entraves às ações de mudança cultural (por exemplo: limitações orçamentárias, desestruturação organizacional, resistência às mudanças, falta de apoio estratégico) e, na atualidade, restrições pandêmicas e teletrabalho, segundo a experiência do autor, as iniciativas de transformação digital podem ainda fracassar pelos seguintes fatores:

- ✓ Despreparo de quem lidera a transformação digital.
- ✓ Privilégio de processos e ferramentas em oposição às pessoas.
- ✓ Desalinhamento das iniciativas com a estratégia empresarial.
- ✓ Digitalização de processos errados/não simplificados.
- ✓ Foco em entregas ao cliente com redução de custos, em detrimento de valor.
- ✓ Desinformação sobre soluções tecnológicas que podem alavancar o negócio.
- ✓ Nivelamento da maturidade digital e das ferramentas.
- ✓ Falta de monitoramento contínuo ou utilização de indicadores incorretos.

Prevê-se que a pluralidade das empresas não acerta a transformação em suas primeiras tentativas, de tal modo que possivelmente nenhuma corporação criará uma ampla visão de plano de transformação e o implementará sem significativas correções de rota. As empresas precisam responder a seis perguntas-chave (WEILL; WOERNER, 2019):

1. Quão forte é a **ameaça digital** para o negócio da empresa?
2. Qual **modelo de negócio** é o melhor para o futuro da empresa?
3. Qual é sua **vantagem competitiva digital**?
4. Como usará IoT e as novas **tecnologias** para **conexão** e aprendizado?
5. Está adquirindo **capacidades** para o futuro e se preparando para a reorganização?
6. Possui **lideranças** em todos os níveis, para viabilizar a transformação?

Por sua vez, uma jornada de transformação *Lean Digital* também pode possuir sequestrantes específicos do sucesso, conforme Figura 19.1.

Não considerar os desperdícios também como digitais	Desconhecimento das capacidades atuais e dos fluxos de valores controláveis	Inadequação do perfil, com base em variações, incertezas e caos
Falta de abordagem holística para a transformação de fluxo de valor	Utilização de modelos e técnicas *Lean* não aderentes ao contexto digital	Incompreensão do alcance/ benefício das novas ferramentas digitais para o *Lean*

Figura 19.1. Sequestrantes do sucesso das jornadas de transformação *Lean Digital*.
Fonte: o autor.

A digitalização das empresas é uma empreitada complexa, e a contínua tarefa de eliminação dos desperdícios ditada no *Lean* denota relevância ainda maior nesse domínio.

Historicamente, o tema desperdício foi, por diversas vezes, referenciado pelos termos japoneses *muda, muri* e *mura,* traduzidos, respectivamente, como **desperdício, sobrecarga e inconstância**. Esses três itens formam um guia para gestores e líderes na identificação e no tratamento de elementos desnecessários para a construção e entrega de produtos e serviços.

Para a tarefa específica de eliminação de desperdícios, são repetidamente referenciadas técnicas como 5S, Fluxo Contínuo, *Heijunka, Kaizen, Kanban* e *Poka-Yoke*, além de ferramentas aplicadas para gestão de inventário e MFV (Mapeamento do Fluxo de Valor).

No entanto, observa-se no mercado que essas técnicas e ferramentas tradicionais não têm demonstrado grande efetividade quando aplicadas no ecossistema digital e a longo prazo podem se tornar o mais temido desperdício profetizado por Shigeo Shingo (1981), incorporando-se àqueles desperdícios não reconhecíveis *a priori.*

Contemporizando a complexidade da transformação *Lean Digital*, concluímos que:

- ✓ pouco se conhece sobre os desperdícios digitais;
- ✓ a natureza caótica desse ecossistema faz com que a cadeia de valor não possa ser plenamente controlada;
- ✓ os modelos de gestão e as técnicas *Lean* utilizadas até então não são tão convergentes;
- ✓ os desperdícios de implementações digitais podem gerar extensos prejuízos – como indica a pesquisa da McKinsey, até 2025 no Brasil, perdas de oportunidades podem ser superiores a 1 trilhão de reais (MARTINS *et al.*, 2018-2019).

19.2. Que desperdícios vemos agora?

Analogamente ao *Lean* tradicional, compreende-se como "desperdício digital" qualquer atividade digital, humana ou não, que não agregue valor ao cliente ou que não seja forçosa à transformação digital. Podemos classificá-los como voluntários ou transitórios – para os desperdícios decorrentes do processo de transformação (KASHYAP, 2020).

Pela experiência do autor, o desperdício digital poderia ainda ser agrupado mediante fonte geradora/escopo: 1. cidadão, sociedade e consciência ambiental; 2. corporações em geral que usam software e tecnologia; 3. empresas que inovam em tecnologia; e 4. empresas em processo de transformação digital – este último sendo o objeto de estudo deste capítulo.

Nesse contexto, também são considerados desperdícios digitais todos os dados não contabilizados, redundantes ou desnecessários (adquiridos, armazenados, processados, analisados, gerenciados, manipulados, recuperados, transmitidos ou destruídos), sem motivos táticos, operacionais ou estratégicos. Eles podem ser ainda categorizados como inertes (perda de oportunidades digitais de transformar os dados existentes em informações estratégicas) ou ativos (resultado de errada gestão, precisão, momento, quantidade ou destinatário certo para a tomada de decisões – seja uma pessoa, máquina ou sistema de informações).

Igualmente relevantes são os resíduos do processo digital (frutos da colossal demanda computacional) e os provocados pelo mau uso das tecnologias.

Ainda mais nefastos que os dados não utilizados são aqueles que reportam uma informação errada. Ainda se incluem na lista de desperdícios digitais, mais do que o desperdício de energia desse perdulário uso computacional, as partes de software que gastam muitos recursos da CPU, sempre que seja permitido que o desperdício sobreviva no código (SINGER, 2017).

Todavia, a complexa digitalização não inseriu apenas essa nova modalidade de desperdício descrita; igualmente transformou os já conhecidos *muda* em novos tipos, forçando a elicitação de uma nova visão para os desperdícios nesse panorama.

A identificação desses desperdícios é mais difícil do que nos processos industriais, dada a intangibilidade do digital. Por isso, os sete desperdícios clássicos do *Lean Manufacturing*, quando traduzidos em uma visão de *Lean Software Development*

(POPPENDIECK; POPPENDIECK, 2011), tornam-se mais adequados ao caráter digital, desde que combinados com outros três desperdícios: **competências humanas** – amplamente referenciado no *Lean Office* – **oportunidade** – descrito por Chris Hohmann (2011) – e **ESG** – sigla em inglês para governança ambiental, social e corporativa.

Os 11 desperdícios digitais resultantes e seus exemplos se apresentam a seguir através das letras: **D-e-s-p-e-r-d-i-c-i-o** (Figura 19.2).

Digital	D	Todos os definidos anteriormente. Por exemplo: dados desnecessários, redundantes e – mais grave – os que, combinados, resultam em informações erradas.
Espera	e	Espera por pessoal em um projeto, coleta de requisitos, processos de aprovação e longos ciclos de *feedback*.
Superprodução	s	Funcionalidades totalmente desenvolvidas, testadas e entregues ao usuário final, mas que não foram solicitadas ou nunca foram usadas.
"Passagem do bastão"	p	Perdas, alterações ou cascateamento das informações quando da passagem entre membros da equipe. Outros exemplos são a falta de um *squad* organizado, equipes remotas em diferentes fusos horários, bem como a duplicação das informações em múltiplos locais e envio físico de documentos que poderiam ser digitais.
ESG	e	Por exemplo, durante as práticas *Kaizen* e por foco em custos, não incorporar questões de governança e sustentabilidade.
Reaprendizagem	r	Esforços para aprender algo mais de uma vez devido à perda, ao atraso ou à alteração de informações, ou, ainda, à falta de reúso nas soluções.
Defeitos	d	Não é apenas o tempo gasto no teste e na correção do defeito, mas também o tempo que ele permanece sem ser detectado e podendo provocar impactos ao cliente.
Incompletude	i	Trabalho parcialmente concluído: não verificado/testado; requisitos analisados mas não desenvolvidos; ciclos de trabalho de longa duração.
Competências humanas	c	Subutilização do potencial humano, incluindo conhecimento e competências para o processo e o não engajamento das pessoas.
Interrupções/troca de tarefas	i	Ineficácia no uso do tempo, mudança de foco ou de prioridades, trabalho em múltiplas atividades/clientes, excesso de reuniões, correção de problemas durante o desenvolvimento de novos recursos.
Oportunidades	o	Perda de oportunidades de melhoria dos produtos atuais ou desenvolvimento de novas soluções que conquistem novos clientes ou criem novas experiências de valor para os atuais. Desperdício geralmente associado à falta de processos de avaliação da experiência dos clientes.

Figura 19.2. Onze desperdícios digitais.
Fonte: adaptado de Poppendieck; Poppendieck (2011) e Hohmann (2011).

19.3. Lidando com desperdícios em escala

Conhecendo-se os desperdícios nativos à digitalização, bem como as novas categorias de desperdícios aplicadas ao digital, pode-se focar inicialmente na exclusão dos desperdícios evitáveis e os de maior impacto, sendo aqueles que afetam a produtividade, a área financeira ou a ambiental. Consecutivamente, deve ser revisto o desperdício da superprodução, pois dele podem decorrer os demais desperdícios. Para esses pontos, aproveitando o conhecimento existente como partida, podem ser utilizadas as práticas *Lean* convencionais.

Conforme o avanço para processos digitais mais enxutos, será necessário clarificar os desperdícios em escala, lidando com toda a sua complexidade e caos. Para tal, deve ser obtida uma nova visão, contemplando abstrações, perfis de incerteza e fluxos de valores transacionais – considerando sempre o preconizado pelo *Lean,* por intermédio de pequenas mudanças incrementais. (é importante atentar para o fato de que os resultados talvez não sejam tão efetivos e, fatalmente, as pessoas possam ficar desmotivadas por não verem progresso nas atividades de melhoria). Segundo os pesquisadores de gestão tecnológica do INSEAD, os projetos possuem as complexidades das tarefas, seus tipos, relacionamentos e potenciais impactos, porém também possuem incertezas – estas podendo ocorrer simultaneamente, correspondendo a variação, incerteza prevista, incerteza desconhecida e caos (DE MEYER; LOCH; PICH, 2002).

As duas primeiras categorias podem ser tratadas com as técnicas de gestão amplamente conhecidas, não sendo uma empreitada fácil, sobretudo o segundo caso, que implica na construção de planos alternativos e contingências bem elaboradas. O terceiro tipo é aquele que geralmente se insere em uma transformação *Lean Digital*, envolvendo um projeto disruptivo ou que adentra um novo ou parcialmente conhecido mercado. Já o último compete aos projetos de pesquisa de inovação (BELL, 2017).

Um mapeamento de fluxo de valor transacional pode ser obtido com a técnica *Makigami*, que consiste em uma extensão do tradicional VSM. Além da raia híbrida tradicional, o detalhamento adicional inclui tipos de fluxos de informações, os sistemas de TI, análise dos tempos e identificação dos problemas e desperdícios. Consistindo em um grande papel que cobre uma parede completa, a visão da criação de valor nesse modelo permite a construção de fluxos não visíveis. O mapa permite visualizar, analisar e comunicar qualquer processo de negócio, desde produção até serviço (KOCH, s.d.).

Contudo, ainda que possa ser simplificado o seu uso através das próprias tecnologias digitais, como soluções colaborativas em nuvem, a técnica estruturada exige um conhecimento apurado do MPI – *Makigami Process Improvement*. Certamente a técnica é mais próxima do cenário digital, porém auxilia apenas no trato da complexidade e das transações, não lidando propriamente com as incertezas e com o caos.

Para defrontar esses quadros, projetos anteriores podem ser utilizados como base. A automatização pode começar com a digitalização de processos manuais de informações e aqueles com decisão padronizada. A intervenção manual deve tender a zero nos casos em que o funcionário apenas monitora ou confirma etapas. A automação de processos com robôs (RPA) pode ser excelente nesses casos.

Para os casos envolvendo decisões complexas, outras soluções como inteligência artificial podem auxiliar com a simplificação dos fluxos.

Nessas últimas conjunções logram êxito para lidar com os perfis de incerteza: abordagens formais, análises estatísticas, pesquisas de tecnologia e de mercado, planejamento de cenários, modelos conceituais, rápida prototipação e técnicas de gestão criativas.

Muitas vezes não é possível prescrever o comportamento do fluxo, sendo então necessário aprender com os eventos e rapidamente ajustar, sendo a flexibilidade o elemento-chave.

De modo prático, as empresas com recursos podem se valer da internet das coisas para gerar alertas automatizados, combinados com mobilidade e realidade aumentada, resultando em uma melhoria contínua interativa, com manutenção preventiva e diagnósticos orientados por dados.

Adicionalmente, a medição do valor subjetivo pode ser revelada pela consonância entre *Gemba e Virtual Gemba*, desde que estes engajem e decifrem a experiência do cliente (parâmetros como: tempo, diagnósticos incorretos, quantidade de interações, detecção de padrões e tendências, condução de experimentos – PDCA).

Um fluxo contínuo da ideia até a entrega deve ser garantido, com uso de técnicas como *DevOps* e ambientes ciberfísicos, garantindo a velocidade de mercado (BELL, 2017).

No entanto, como empresas sem elevada maturidade digital ou grandioso programa de transformação digital poderiam conduzir suas jornadas, considerando a complexidade do ambiente e garantindo a eliminação do desperdício digital?

Para tal, distinguiu-se esse novo desperdício e uma abordagem digital e enxuta deve ser postulada visando a sua eliminação.

19.4. Como resolver desperdícios do intangível

A estrutura denominada *Cynefin*[4] pode ser utilizada para fornecer um espectro geral da complexidade dos problemas, contudo, é necessária a tomada de decisões iterativas em diferentes níveis hierárquicos.

Então, um caminho consiste em considerar o uso de árvores de decisões que se baseiam no aprendizado incremental e esquematizadas nos níveis de gestão, planejamento e execução, seguindo o apresentado na Figura 19.3.

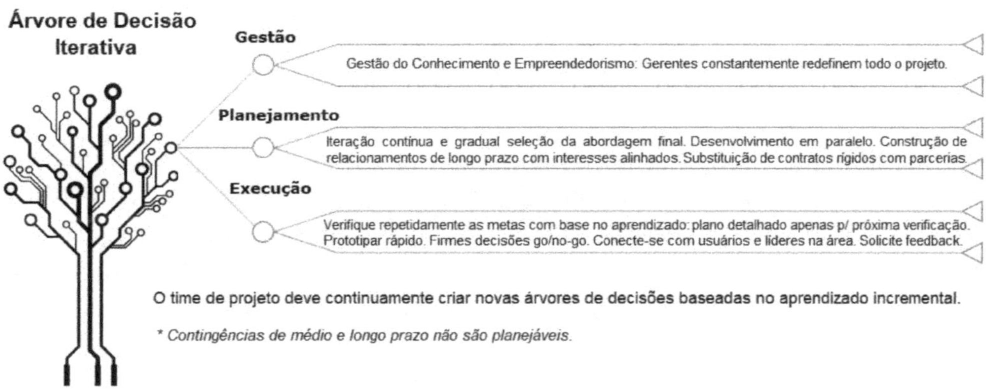

Figura 19.3. Árvore de decisão iterativa.
Fonte: adaptado de De Meyer; Loch; Pich (2002).

O Modelo Digital de Negócio (DBM, na sigla em inglês), criado pelos líderes de pesquisa digital do MIT, enquadra os negócios digitais em quatro modalidades (Figura 19.4), contempla as 6 perguntas-chave descritas no início do capítulo, além de promover ações fundamentais para cada uma dessas, proporcionando um arcabouço para conduzir a construção das empresas da próxima geração.

---

[4] *Cynefin*, criado em 1999 por Dave Snowden, é uma estrutura conceitual usada para auxiliar na tomada de decisões.

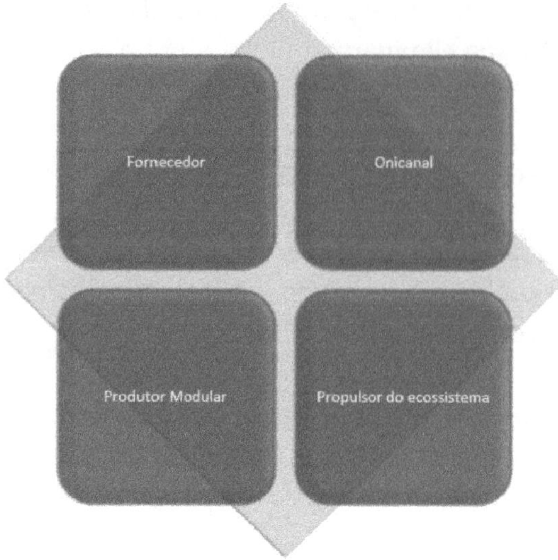

Figura 19.4. DB – Modalidades de negócios digitais.
Fonte: adaptado de Weill; Woerner (2019).

De modo a iterar em cada um dos temas (ameaça, modelo de negócio, vantagem competitiva, tecnologia, capacidades e liderança), uma técnica como a FOCUS PDCA – criada pelo *Hospital Corporation of America* – pode contribuir, pois fornece um guia sistemático para a melhoria, considerando no processo as necessidades/expectativas do cliente e a experimentação, conforme disposto na Figura 19.5.

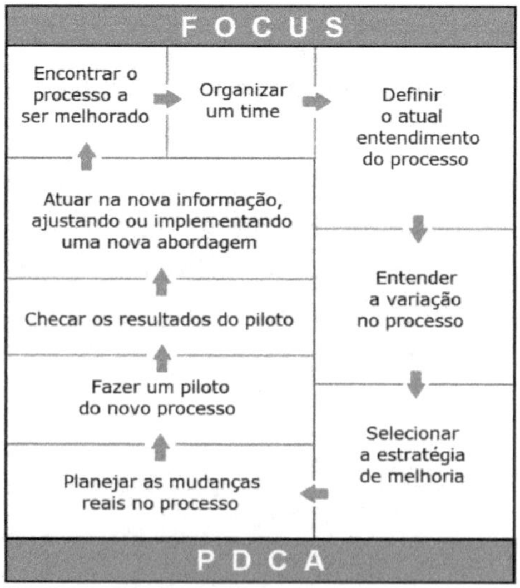

Figura 19.5. FOCUS PDCA.
Fonte: Wagner (2008).

A redefinição das estruturas no mundo digital pode ser alavancada com tecnologias aplicáveis aos diferentes componentes de negócio do futuro, conforme as necessidades operacionais e em sinergia com as capacidades das corporações. *Big data* e os sistemas autônomos podem ser usados no componente cognitivo, enquanto robôs e internet das coisas contribuem com a conexão. Já a realidade aumentada e os sistemas ciberfísicos abrangem o virtual. Para processos centrados no ser humano, novas tecnologias como espaço de trabalho virtual e fontes coletivas de inteligência devem ser consideradas. Por fim, uma forma de obtenção de valor agregado pode ser com o uso da manufatura aditiva (SCHREIBER; ROMANUS; LEE, 2018).

O conhecimento de modelos inovadores de melhoria contínua direcionados à nova transformação das empresas e da técnica para as atualizadas modalidades de ***D-e-s-p-e-r-d-í-c-i-o*** permite que se postule uma abordagem prática para eliminação de suas variantes digitais em cada uma das avaliações e planos de ação, contemplando responder quanto à **ameaça, modelo de negócio, vantagem competitiva, tecnologia, capacidades e liderança**.

Igualmente, esse procedimento deve incorporar providências que permitam às empresas agirem com base no conhecimento sobre o cliente final e as levem da cadeia de valor para um projeto de negócio em ecossistema através da construção de oito capacidades essenciais (WEILL; WOERNER, 2019):

- ✓ Coletar e usar informações relevantes sobre a experiência dos clientes.
- ✓ Colocar o cliente no centro da empresa.
- ✓ Ter cultura para tomada de decisões com base em evidências (fontes de dados distintas).
- ✓ Prover ao cliente uma experiência integrada, multicanal e multiproduto.
- ✓ Ser a primeira opção de seus melhores clientes quando surgem necessidades.
- ✓ Identificar aquisições e desenvolver grandes parcerias.
- ✓ Habilitar serviços com a exposição de APIs.
- ✓ Desenvolver competências para eficiência, segurança e conformidade às regulamentações.

Como resultado, é apresentado na Figura 19.6 um modelo *Lean Digital* de eliminação de desperdícios do intangível de forma colaborativa, inovadora e sustentável.

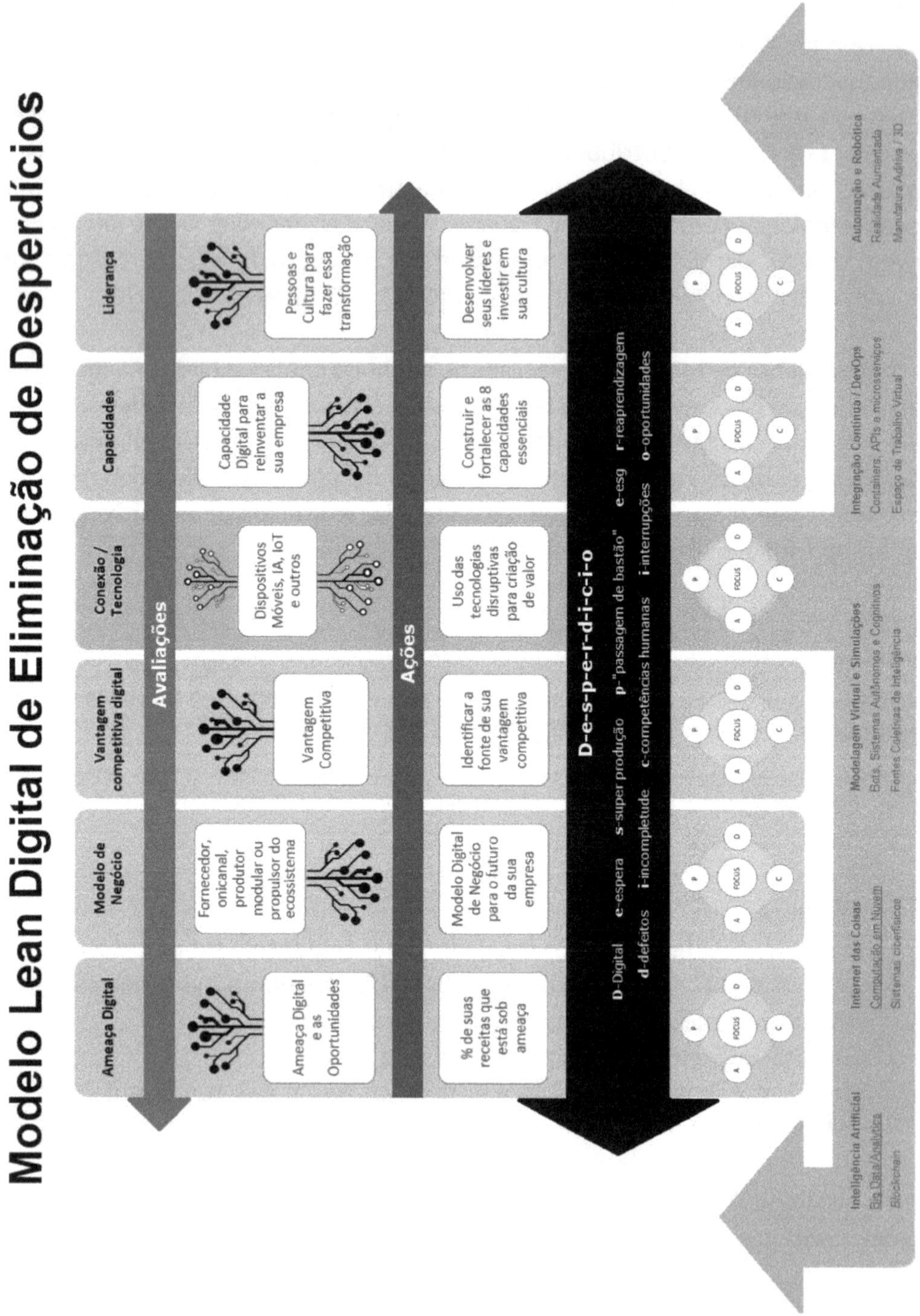

Figura 19.6. Modelo *Lean Digital* de eliminação de desperdícios.
Fonte: o autor.

19.5. Observações práticas e considerações finais

As tecnologias digitais (por exemplo: modelos virtuais; múltiplas simulações; sistemas de monitoramento de desempenho, detecção de falhas e análise avançada de dados em tempo real) podem fornecer mecanismos para auxiliar na detecção e na proativa eliminação dos desperdícios digitais, desde que as informações sejam direcionadas para o ator (pessoa, máquina ou sistema) que possa reduzir os desperdícios.

Um grande grupo de tecnologias emergentes e sistemas cada vez mais preditivos pode complementar o arsenal à disposição das equipes que conduzem programas de melhoria *Lean* no cenário digital, oportunizando também a eliminação de problemas ocultos de tecnologia, como as disparidades, redundâncias e a latência das informações.

Mas antes de vislumbrar sistemas preditivos de gestão da demanda e de promoção à experiência com os clientes, em vez de meros sistemas de gestão de inventário e de ordens de serviço, é preciso compreender os desperdícios digitais de nosso atual modo de operar e, na sequência, prever os desperdícios durante a digitalização e os das capacidades resultantes da transformação.

Mais relevante que o estado da arte tecnológico é uma mudança de mentalidade que realmente foque nas pessoas e possa definir o melhor fluxo de entrega de valor, de modo enxuto, utilizando as tecnologias preexistentes a seu favor e planejando as capacidades que devem ser desenvolvidas ou adquiridas.

Simplesmente pensar em redução de custos e promover inspeções para encontrar falhas, ao contrário de preveni-las, pode distanciar a estratégia digital do almejado encantamento dos clientes e dos fatores de ESG.

A tendência de automatizar tudo, inclusive a complexidade, pode ser um dos mais graves erros em uma jornada *Lean Digital*.

Antes de proceder com a digitalização de um processo, deve-se simplificá-lo ao máximo e, se necessário, remover possíveis automatizações preexistentes, para então prosseguir com a eliminação de todos os desperdícios e a consequente melhoria do processo, com os pontos de alavancagem de uma efetiva automação (POPPENDIECK; POPPENDIECK, 2011).

Uma grande corporação pode utilizar tecnologias habilitadoras que conectem o ciclo de vida de seu produto e o fluxo de valor ao seu gêmeo digital. Já a corporação menor pode utilizar software de código aberto (como soluções de BPM) para capturar e reportar dados-chave do processo e então modelar algumas opções futuras de cenários, prevendo impactos antes de realizar as mudanças.

Os cinco princípios do *Lean* (valor, fluxo de valor, fluxo contínuo, produção puxada e perfeição) continuam relevantes no âmbito digital, demonstrando-se em cinco dimensões: capacidades de produtos/serviços; fluxo de valor de desenvolvimento, produção e entrega de serviço; experiência e valor na jornada do cliente; modelos de negócio/operações; gestão, liderança, aprendizado e colaboração (BELL, 2017).

Serão perenes apenas os negócios que privilegiarem o *Lean* como filosofia em vez de comprarem ferramentas e visarem mera redução de custos. A capacidade humana é a mais valiosa tecnologia para a condução de um programa de transformação bem-sucedido, e a pavimentação do sucesso passa por uma enxuta estratégia de governança ágil.

Por fim, o sucesso da jornada digital pode ser comprometido se a corporação tratar a eliminação de desperdícios como tarefa ordinária e não a modernizar como um poderoso instrumento de fomento à cultura de aprendizado visando a garantia da entrega de experiências de alto valor aos seus clientes.

20. Pensando sistemicamente a transformação *Lean Digital*

Rodrigo Zambon

20.1. Pensando de forma sistêmica

John Sterman (2000), renomado professor do MIT, inicia um dos seus livros com a seguinte frase: "a maior constante dos tempos modernos é a mudança". Esse pensamento ilustra bem a situação em que as nossas organizações se encontram. Não podemos ficar parados por muito tempo, entretanto lutamos contra o *status quo* extremamente resistente.

Para que tenhamos êxito na mudança, uma questão-chave que precisamos exercitar é a mudança do pensamento linear para o pensamento circular. Sair de uma visão fragmentada e começar a tratar a organização como um todo.

Russel Ackoff (1994) afirma que o desempenho de um sistema depende do desempenho de suas partes, entretanto o mais importante do desempenho de uma parte é como ela interage com outras partes para contribuir para o desempenho do todo. Para que tenhamos um gerenciamento eficaz de uma organização, precisamos nos concentrar na interação de seus setores e departamentos.

Infelizmente, na nossa cultura, os gerentes são treinados para acreditar que o desempenho de um sistema pode ser aprimorado com a melhora de cada uma de suas partes. Isso raramente acontece. As peças vistas separadamente podem até parecer que são bem gerenciadas, mas dificilmente se encaixam bem.

Gestores eficazes gerenciam as interações das partes dentro do sistema. Quando você lida com o gerenciamento de mudanças, você sabe que a maior parte do trabalho é levar as pessoas de uma visão compartimentada para uma visão sistêmica.

O **pensamento sistêmico** não é uma disciplina trivial. Envolve reconhecer o todo, as inter-relações e principalmente as estruturas e os padrões de comportamento.

A mudança de hábitos não é simples, pois fomos ensinados a sempre buscar as partes, os eventos, o instantâneo e a superficialidade. Peter Senge diz que a essência do pensamento sistêmico é alinhar o comportamento coletivo (o que fazemos), a consciência (o que vemos) e a intenção (o que queremos ver).

Além da mudança de hábitos, o pensamento sistêmico adota mudanças sustentáveis que garantam o futuro. Saímos do imediatismo e da prática de soluções paliativas para mudanças que garantam o nosso sucesso por mais tempo. Deixamos de lado a rotina de que para otimizar o todo devemos otimizar as partes para nos concentrarmos em políticas que otimizam o todo.

20.2. Pensamento sistêmico e o *Lean Digital*

Em se tratando da relação entre o pensamento sistêmico e o *Lean Digital*, as abordagens parecem, em uma primeira análise, diferentes, visto que o pensamento sistêmico é uma prática em que saímos de uma visão limitada e fragmentada para uma visão holística, enquanto o *Lean* é uma filosofia que tem como pilares as pessoas e a melhoria contínua.

Nós seres humanos estamos inseridos em diversos sistemas: família, igreja, trabalho e o condomínio onde moramos. Sistemas são constituídos de partes que interagem entre si e têm em comum um propósito. Não o propósito declarado, mas o resultado que o sistema entrega.

Mesmo sendo uma filosofia, o *Lean* também oferece diversas ferramentas que precisam ser utilizadas de forma integrada e em favor da cultura organizacional. O conjunto de ferramentas do *Lean* fará a otimização de todo o sistema.

Por essas razões, quando unimos o pensamento sistêmico à filosofia *Lean* podemos notar diversas semelhanças. Muitos são atraídos para o *Lean* devido ao seu amplo leque de ferramentas e, da mesma forma, muitas empresas adotam práticas e conceitos do *Lean* na esperança de maximizar seus ganhos e baixar os custos de produção.

Como afirma Liker e Franz em seu livro "O Modelo Toyota de Melhoria Contínua" (2013): utilizar ferramentas como fluxo unitário de peças, troca rápida de ferramentas, leiaute celular, *kanban* e *poka-yoke* de forma isolada apresenta pouco resultado. O ideal é observar a relação sistêmica entre todas as ferramentas utilizadas.

Embora originalmente o *Lean* tenha nascido na manufatura, suas filosofias e práticas são adotadas em diversas outras áreas do conhecimento. Dentre elas podemos citar o *Lean Office*, práticas do *Lean* para otimização de fluxos e rotinas de trabalho em escritórios, e o *Lean Software Development*, para aplicações em desenvolvimento de software.

Trabalhar com a filosofia *Lean* requer que usemos o pensamento sistêmico. Podemos afirmar que a eficiência japonesa, mais precisamente do Sistema Toyota de Produção, deu origem ao que conhecemos hoje por "produção enxuta" ou *Lean Manufacturing*. Compreender a essência do pensamento sistêmico nos ajuda a aumentar nossa curva de aprendizado em relação às técnicas enxutas. O pensamento sistêmico fornece a compreensão do sistema e o *Lean* nos fornecerá a prática para intervirmos e otimizarmos nossos sistemas.

Pensamento sistêmico é uma ferramenta de diagnóstico, pois envolve passar da observação de eventos ou dados para a identificação de padrões de comportamento ao longo do tempo. E isso é fundamental quando falamos de sistemas: a identificação de padrões e modelos mentais.

A produção enxuta é caracterizada por utilizar menores quantidades de tudo em comparação com a produção em massa e não otimizada. Por exemplo, consiste em reduzir o esforço das pessoas, o espaço, o investimento em ferramentas, o tempo, a movimentação e as atividades desnecessárias. Além de toda a redução, há uma busca incessante por qualidade e diminuição de desperdícios.

Em se tratando da estratégia *Lean* para o digital, o aprendizado organizacional é fator-chave para a sustentabilidade do processo. Capacitar as pessoas da organização é fundamental para a melhoria contínua. Habilitá-las para que façam os ajustes necessários é condição básica para esse objetivo.

Senge (2013) afirma que o aprendizado organizacional acontece por meio de *feedbacks*. Esses *feedbacks* são as respostas que obtemos quando tomamos uma ação. O ideal é trabalhar com lotes pequenos de ações e principalmente mudanças pequenas e bem pensadas. Quando se tem uma decisão a ser tomada, leve o tempo necessário para se chegar à escolha, mas seja rápido na sua implementação.

A cibernética moderna aplicada às organizações nos apresenta uma distinção entre o processo de aprender e o processo de aprender a aprender. Podemos ter organizações muito eficientes em corrigir desvios, mas incapazes de questionar o porquê de tal correção e principalmente de pensar em novas formas de solução de problemas.

Para chegarmos no *Lean Digital* e na capacidade de alterarmos as regras do sistema vigente, nossas organizações precisam aprender por um processo denominado circuito duplo, em vez de um circuito único de aprendizagem tal como definido por Chris Argyris (2002).

O aprendizado de *loop* duplo ocorre quando os erros corrigidos passam por um processo de análise de causas. O aprendizado ocorre pela investigação e a mudança das regras vigentes para que possamos solucionar de forma definitiva o problema, evitando assim sua recorrência.

Imagine por exemplo um termostato programado para manter o ambiente em 23°. Em determinado momento alguém abre e deixa a janela aberta por alguns minutos. Esse termostato então age para corrigir a temperatura da sala, retornando aos 23° programados. Entretanto, ele é incapaz de questionar a adequação que precisou fazer. No caso, a aprendizagem de *loop* único ocorre sem a alteração de padrões.

- ✓ Etapa A: processo de monitoramento do ambiente e detecção de erros.
- ✓ Etapa B: comparação do erro com o *status quo* estabelecido pela organização.
- ✓ Etapa B1: questionamento se o que está em vigor é o certo a se fazer e caso contrário propor melhorias.
- ✓ Etapa C: etapa para pôr em prática os ajustes adequados.

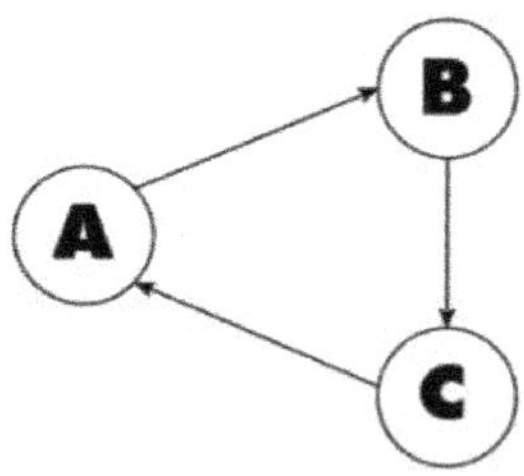

Figura 20.1. Circuito único trabalha na correção de erros com base nos padrões estabelecidos. Fonte: adaptado de Argyris (2002).

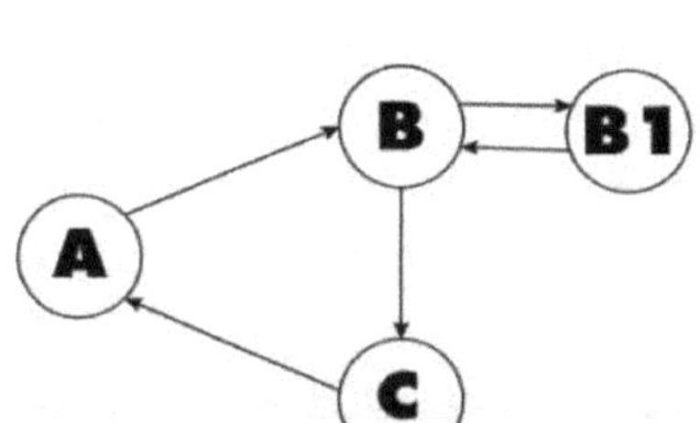

Figura 20.2. O circuito duplo trabalha na correção de erros, entretanto inclui uma etapa de revisão e a busca pela alteração do *status quo*. Fonte: adaptado de Argyris (2002).

Argyris (2002) ainda afirma que não é simples fazer a transição de um *loop* único para um *loop* duplo de aprendizado. Muitas vezes não há o interesse por parte das pessoas em melhorar o que estão fazendo. Também há pouco incentivo por parte da organização na busca por melhorias. Em certos casos, é mais barato corrigir o mesmo erro sempre do que buscar a inovação. Aprendizado por meio do circuito duplo requer tempo e principalmente novos questionamentos a que muitas vezes nossos gestores não querem responder.

20.3. Pontos de alavancagem

Donella Meadows, no artigo "Leverage Points: places to intervene in a system" (s.d.), escreve que pontos de alavancagem são lugares dentro de um sistema complexo (uma empresa, uma economia, uma cidade, um ecossistema) onde uma pequena mudança em alguma coisa pode produzir grandes mudanças em tudo. Nós fazemos o mapeamento de sistemas em busca dos pontos de alavancagem. Não queremos apenas descobrir, e sim usar esses pontos.

A oitava lei da quinta disciplina diz que pequenas mudanças podem produzir grandes resultados – mas, frequentemente, as áreas de maior alavancagem são as menos óbvias. Senge (2013) diz que pequenas atitudes bem focalizadas podem produzir melhorias significativas e duradouras, desde que atuem no lugar certo. Nós, pensadores de sistemas, nomeamos essa prática de alavancagem.

Precisamos, antes de atuar em um sistema, conhecê-lo. Precisamos conhecer todas as forças que atuam no sistema. Na maioria das situações gerenciais, a verdadeira alavancagem consiste em compreender a complexidade dinâmica, e não a complexidade dos detalhes.

Uma vez que mapeamos o sistema e detectamos os problemas, vamos definir os nossos resultados desejados. Precisamos ainda responder como saberemos se estamos obtendo sucesso ou não.

Resultados desejados não são a vontade do chefe ou de uma única pessoa, ou ainda simplesmente adotar o que está sendo mais usado atualmente. Não são também os resultados de soluções do passado. Para não supormos que todos sabem o que é sucesso, precisamos especificar o máximo possível os resultados futuros desejados.

Para avançarmos, precisamos gerar estratégias de intervenção. Nesse caso, em se tratando da estratégia digital, as ferramentas do *Lean Digital* são de extrema importância para gerar intervenções no sistema.

Um dos pontos de alavancagem mais importantes, sem ter que intervir nas estruturas físicas do sistema na lista criada por Donella Meadows (s.d.), são os fluxos de comunicação.

No artigo, a história do loteamento de casas explica bem do que se trata essa alavancagem:

> *Existia um loteamento com casas iguais e em cada casa havia o medidor de energia. Aquele aparelho que conta quantos quilowatts estamos gastando. Esses medidores em algumas casas foram instalados no porão, e em outras casas esses medidores foram instalados no hall de entrada. No porão estes medidores não eram visíveis, já no hall de entrada das casas a informação de consumo era explícita. Nas casas onde os medidores ficavam no hall de entrada o consumo de energia era 30% menor do que as casas onde os medidores ficavam no porão.*

A estrutura de informação, ou seja, como essa informação flui dentro do sistema é um ponto de alavancagem poderoso. É muito utilizada por pensadores de sistemas, dada a precariedade das informações em uma organização. Trata-se de criar um novo padrão.

A dificuldade de comunicação, ou simplesmente a falta dela, implica em sérios danos à produtividade organizacional. No nível de times, por exemplo, temos um declínio de produtividade pelo péssimo hábito que temos em não nos comunicarmos adequadamente.

A falta de interação entre os departamentos e a ausência de um fluxo claro do processo de comunicação nos leva a falta de padrão e desperdícios. Hoje nossa capacidade de síntese ao nos comunicarmos é quase uma regra. Precisamos nos comunicar de forma mais enxuta, transmitindo apenas o essencial.

Informações não divulgadas ou restritas a poucas pessoas podem ser extremamente prejudiciais. A falta de *feedback* é uma das causas mais comuns de mau funcionamento do sistema. Adicionar ou expor as informações existentes é uma intervenção que pode salvar o seu sistema.

Meadows (s.d.) coloca que existe uma tendência sistemática por parte dos seres humanos de evitar a responsabilização por suas próprias decisões. É por isso que há tantos ciclos de *feedback* de informações faltando.

Esse ponto de alavancagem é popular entre as massas, e a grande maioria das organizações. É impopular com os poderes constituídos e a alta liderança e extremamente eficaz, se você conseguir que o nível estratégico possa compartilhar com os demais colaboradores informações relevantes sobre a organização.

Quantas vezes você, por exemplo, é surpreendido por novidades ou notícias simples da sua organização por meio do jornal? Há momentos em que você é o próprio responsável por aquele projeto, mas é o último a saber das coisas. Entre os departamentos acontece a mesma coisa. Nesse caso, o nível de coordenação tem a responsabilidade de unir as partes da organização e fazer com que a comunicação flua entre as suas diversas células.

20.4. Aprendizado organizacional

Temos resistência em aceitar diferentes modelos para aquilo que achamos que sabemos. Com o **aprendizado organizacional** acontece algo parecido. Achamos que pagar cursos e capacitar pessoas é a melhor maneira de incentivá-las na organização a aprenderem.

Para que possamos descobrir como nossa organização aprende, precisamos investigar a questão por diferentes perspectivas e saber como as pessoas gostam e preferem aprender. Além, é claro, de descobrir as motivações e incentivos que a própria organização permite que seus colaboradores tenham.

É claro que incentivos financeiros e cursos voltados para manter as pessoas atualizadas com as necessidades do mercado são importantes, mas, mais que isso, é como fica o aprendizado entre as pessoas e principalmente entre as equipes.

O aprendizado deve fazer parte do trabalho. Mesmo que você tenha indivíduos em sua organização que estão em constante aprendizado, isso não vai garantir que tenhamos uma organização que aprende.

O conhecimento precisa fluir entre pessoas e departamentos. Muitas vezes apenas acumular conhecimento sem compartilhar não vai nos levar a organizações mais sustentáveis.

As organizações, por meio das lideranças, devem apoiar o compartilhamento de conhecimento, permitindo às pessoas que tenham um tempo, mesmo durante o expediente, para a criação de grupos de leitura e estudo.

Outra fonte de aprendizado organizacional acontece por meio de *feedback*. Mecanismos de *feedback* são fundamentais dentro de um sistema, e a falta deles geralmente é a causa mais comum de mau funcionamento dos sistemas. Geralmente esse é um ponto de alavancagem muito poderoso. É mais barato adicionar ou restaurar informações do que mudar a infraestrutura física.

Infelizmente, a palavra *feedback* se tornou um jargão no meio corporativo. Na linguagem comum, o termo passou a servir como um eufemismo para criticar os outros, como em "o chefe me deu *feedback* sobre minha apresentação". Esse uso de *feedback* não é o que queremos dizer nas dinâmicas de sistema. Além disso, "*feedback* positivo" não significa "elogio" e "*feedback* negativo" não significa "crítica". O *feedback* positivo explica um processo de autorreforço e o *feedback* negativo explica um processo de autocorreção.

Feedback é o que obtemos como resultado de nossas ações. São tentativas sucessivas de chegar aonde queremos. Powers (1973) escreveu: o *feedback* é um aspecto tão abrangente e fundamental do comportamento que é tão invisível quanto o ar que respiramos. Literalmente, é comportamento – não sabemos nada sobre nosso próprio comportamento, exceto os efeitos de *feedback* de nossos próprios resultados.

20.5. Aprendizado como diferencial competitivo

O ponto de alavancagem mais poderoso em um sistema está na mudança pessoal, na mudança interna feita por cada um de nós nos sistemas dos quais fazemos parte.

Os avanços por meio do aprendizado dependem de como interpretamos a nossa situação atual e quais os recursos de que precisamos para chegar ao estado desejado. É uma equação relativamente simples, mas pode ser extremamente complexo transpor esse caminho.

Essa lacuna entre o estado atual e o estado desejado é vital para manter as pessoas em uma organização mais ativas e focadas em aprender. Essa tensão criativa que motiva as pessoas a sair de um ponto "A" e evoluir para o ponto "B" é o diferencial competitivo que vem por meio da aprendizagem.

Todas as vezes que traçamos um objetivo, uma meta, criamos um *gap* entre o estado em que nos encontramos e aonde queremos chegar. E esse é um diferencial de organizações que incentivam e dão liberdade para as pessoas crescerem. Essas pessoas estão sempre em busca de alguma coisa, de um ideal, de um objetivo. São organizações onde bate um coração, organizações vivas onde as pessoas não trabalham apenas para entregar e sim com um propósito claro, buscando a própria evolução.

Aprender é um processo de *feedback*. Nossas decisões alteram o mundo real. Nós recebemos o *feedback* e a partir de novas informações reformulamos e tomamos novas decisões. Novamente recebemos mais informações e as devolvemos para o mundo de forma a nos aproximarmos dos nossos objetivos.

Figura 20.3. Processo de Feedback.
Fonte: Adaptado de Argyris (2002).

Forrester (1961) afirmou que todas as decisões (incluindo a aprendizagem) ocorrem no contexto dos ciclos de *feedback*.

Aprender sobre nossos clientes por meio de ciclos de *feedback* é igualmente aplicável. A intenção é que esse aprendizado aconteça de forma sucessiva e constante. O desenvolvimento de produtos de forma empírica elimina o desperdício e entregas desnecessárias.

Podemos evitar o desperdício quando dividimos o tempo e as nossas entregas. Trabalhar com lotes menores e um horizonte menor de tempo elimina quase que por completo requisitos que não deveriam ser produzidos pela equipe de produto.

Outra questão muito importante é trabalhar nos itens mais importantes primeiro e planejá-los de acordo com a necessidade da entrega de valor. Planejar itens distantes no tempo acarreta um esforço desnecessário de tempo e recursos, sem sequer saber se serão um dia desenvolvidos ou não.

Ser *Lean Digital* significa permanecer em constante adaptabilidade. Significa também trabalhar em lotes menores e com ciclos curtos. Significa ainda parar para resolver os problemas na raiz e ao mesmo tempo remover qualquer tipo de desperdício que possa estar acontecendo entre os processos, tais como a espera e retrabalhos no mundo digital.

21. Como medir o sucesso do *Lean Digital*

Felipe Oliveira
Analia Irigoyen

Medir sucesso no *Lean Digital* é como medir um site. Por onde você começa? Qual aspecto estamos analisando? Sob qual critério? Para responder a essas perguntas, é preciso se perguntar algo ainda mais importante: por que medir esse ou aquele indicador?

Bell (2017) coloca que o *Lean* aplicado à área da tecnologia passou por flutuações constantes com o passar dos anos. Algumas das causas podem se conectar com a forma como modelos de gestão e maturidade de processos se estruturaram, criando cadeias burocráticas de atuação para implantar métodos, em vez de influenciar melhores resultados.

Ao pensar no sucesso ou fracasso do *Lean Digital*, é preciso considerar que a sua adaptação nas organizações deve vir, assim como na sua aplicação original em empresas de manufatura, com um viés transformador. Em outras palavras, o *Lean Digital* não é uma caixa de ferramentas a ser debruçada sobre a mesa da liderança ou aplicada na realidade de funcionários, mas uma filosofia de atuação para a era digital. Dado que a cultura organizacional é um fator determinante nos processos de melhoria, a influência que líderes da atualidade precisam ter sobre as pessoas, suas crenças e mecanismos de motivação para instigar mudança e, consequentemente, o sucesso de uma abordagem é crucial nas organizações digitais (MONTINI; COSTA, 2022).

Sabendo disso, o que é, de fato, sucesso no *Lean Digital*? Um ponto extremamente importante para entender essa expressão é saber que o *Lean*:

- ✓ foca nas necessidades do cliente;
- ✓ vê nas pessoas a causa para o sucesso;
- ✓ melhora continuamente a organização.

Não obstante, para que tudo isso seja possível, as empresas que adotam e irão adotar abordagens enxutas precisam ter em mente alguns fatores determinantes para esse processo, que tende a transformar a forma de lidar com as adversidades que o mercado – e sua própria estrutura – possuem no dia a dia. A seguir são descritos esses fatores.

21.1. Descubra o problema certo

Todas as organizações têm algum tipo de problema que querem resolver. Sejam eles internos, como melhorar a forma como um documento é aprovado para comprar uma nova assinatura de servidores *cloud*, ou externos, quando queremos resolver a dor de um cliente que busca receber seu produto mais rapidamente. Seja esse problema um processo de transformação digital ou a evolução no fluxo de desenvolvimento do produto, podem existir diversas situações em que o *Lean Digital* se aplica. Porém, é imprescindível que saibamos identificar quais são esses problemas, a sua real prioridade perante o cliente, como eles impactam nos objetivos da organização e sua relevância para a sociedade como um todo. Por isso, é preciso entender o contexto da aplicação dos conceitos para entender o problema e, consequentemente, como medir o sucesso (LIKER; ROSS, 2019).

Para que uma empresa possa aprimorar seus processos e garantir que a transformação digital seja um sucesso – e não uma jornada tortuosa – é preciso ter a compreensão dos problemas que ela resolverá com essa transformação. Em algum momento você deve ter ouvido a frase "ame o problema, não a solução". Isso significa que a solução deve ser ignorada? Não! Apenas quer dizer que, como líder de mudança ou empresa empenhada na transformação, precisa envolver as pessoas nas motivações para a mudança e a partir disso direcionar para a solução. No Capítulo 7, é possível analisar alguns dos problemas que podem ser relevantes para a sua empresa ao pensar no uso do *Lean Digital*.

21.2. Use a métrica certa

Agora que você já entendeu o problema que precisa resolver e criou um nível de profundidade adequado para iniciar a sua jornada rumo ao sucesso, precisa entender o que vai medir. Quais indicadores representam o resultado que a mudança trará para a sua organização? No livro de Albino (2017) podemos ver alguns indicadores usados por times ágeis e empresas habituadas com o *Lean* para justificar mudanças, porém, há um pequeno detalhe: eles medem seus problemas? Mesmo que você precise medir vazão ou *lead time*, essas são as métricas que refletem o problema que está passando hoje?

Há grande dificuldade na escolha de métricas que ajudem na real solução de problemas. E, estatisticamente falando, um dos grandes influenciadores nessa dificuldade é o nível de variabilidade presente nesses números (RUMSEY, 2019). Por isso, antes de medir qualquer coisa, tenha em mente a causalidade entre o problema e a métrica que usará para dizer se o problema foi resolvido ou não.

21.3. Estabeleça as condições certas

Em diversos materiais publicados por John Shook (2008), Jeff Liker (2005) e Bob Emiliani (2016) podemos ver o uso da expressão "contramedidas" para referenciar as ações tomadas para melhorar aspectos de um time ou área. Isso se dá pela natureza experimental que ciclos e ferramentas de melhoria contínua propiciam às empresas, entendendo que um problema nunca é de fato "solucionado". Essa postura ajuda a criar uma sensação de continuidade da análise, porém é importante ter em mente a pressão dos resultados esperados.

Com isso, cada experimento no processo de melhoria contínua, semelhante ao que é trabalhado no processo de descoberta de produtos (do inglês *product discovery*), é usado para tentar aprender mais sobre a situação e como abordar o problema de forma eficaz. Ao mesmo tempo, cada contramedida usada serve como um tipo de estressor, que irá causar algum nível de mudança no contexto em que se aplica e ajuda a estabelecer novas condições que propiciam a resolução da dor. Os indicadores citados no item 21.2 são aqui desdobrados em condições-meta, uma forma de subindicador, onde cada condição-meta é um elemento que impacta diretamente no atingimento da meta principal.

21.4. Cultura orientada a dados e fatos

Ao trabalhar com a estrutura de metas e métricas citada anteriormente, a forma como um agente de mudança lida com números acaba se alterando com o passar do tempo. A condição-meta funciona como um tipo de habilitador para fazer com que sua métrica principal mude e, consequentemente, atinja o objetivo da mudança. Como exemplo, pense em um time que quer aumentar as vendas em 10% de um novo plano de assinatura de *streaming* da sua empresa e, para isso, percebe que três outras condições-meta precisam ser resolvidas para atingir esse objetivo:

- ✓ Aumentar em 15% a taxa de aceitação dos filmes e séries presentes no seu catálogo.
- ✓ Aumentar em 18% o tempo de permanência em tela dos usuários.
- ✓ Diminuir em 30% a evasão de novos assinantes.

Nesse exemplo, as métricas podem condicionar o aumento das vendas do novo plano da empresa, então as tratamos como condições-meta. A cada nova métrica adotada ou priorizada, as pessoas envolvidas no problema se engajam com um processo de tomada de decisão embasado, medindo exatamente o que é preciso para conseguir atingir o objetivo. Em uma cultura orientada a dados, ou *data-driven*, a empresa precisa criar uma base sólida de indicadores que a ajude a compreender a realidade e atacar o que é mais importante (CROLL; YOSKOVITZ, 2013).

Segundo Croll e Yoskovitz (2013), uma métrica precisa ter alguns elementos para ser considerada útil no processo decisório. Ela deve, por exemplo, ser comparável, seja com outros períodos, contextos ou características semelhantes. Ela precisa mudar a forma como enxergamos o mundo ao nosso redor e nos convencer de que o que estamos vendo está ou não correto. Por isso, é imprescindível que os dados e fatos coletados para nos embasar sejam confiáveis o bastante para que não haja desperdício.

21.5. Como sei que tive sucesso com o *Lean Digital*?

Afinal, depois de tudo o que você leu, será que existe uma resposta para essa pergunta? Não e sim. Não, porque o *Lean* é sobre o seu cliente e as pessoas. É sobre melhorar continuamente e evoluir seus processos para a excelência. E, sim, há sucesso, pois as empresas usam o *Lean* hoje ou ainda irão usar e o fazem para resolver problemas e, para cada novo patamar atingido, deve considerá-lo uma pequena vitória na jornada da melhoria contínua.

Trabalhar com o *Lean* para a era digital, seja para executar a transformação digital da sua empresa, usar a tecnologia para o benefício organizacional ou na construção, entrega e evolução dos seus produtos e serviços digitais, vai além das ferramentas e abordagens e se traduz na capacidade da organização de identificar continuamente os problemas certos para resolver, medindo os números certos para detectar melhoria, enquanto cria as condições necessárias para que seja possível melhorar.

21.6. *Cases* de indicadores usando a filosofia *Lean* e agilidade

Analia Irigoyen, Fabrício Gama e Isabel Coutinho apresentaram, em um *webinar* com o título "Práticas de *Management* 3.0 e agilidade na ISO/IEC 27001: dá *match*?", organizado por Carbono Consultoria & Treinamentos em 02 de julho de 2020, os indicadores utilizados pelo *squad DevSecOps* responsável por orquestrar diversas melhorias relacionadas a problemas estratégicos de uma *startup*: melhorar a automação dos processos e a implantação das versões dos seus produtos evitando desperdícios ao longo do desenvolvimento e atender a demandas dos seus clientes relacionadas à segurança da informação.

A discussão dos resultados e métricas está na gravação do bate-papo em: <https://www.youtube.com/watch?v=F1XO-Em4wRE>.

Foi realizado um OKR com a participação da alta direção e a gerência da área de TI e de operações com a definição dos objetivos e resultados. A seguir, o resultado da dinâmica.

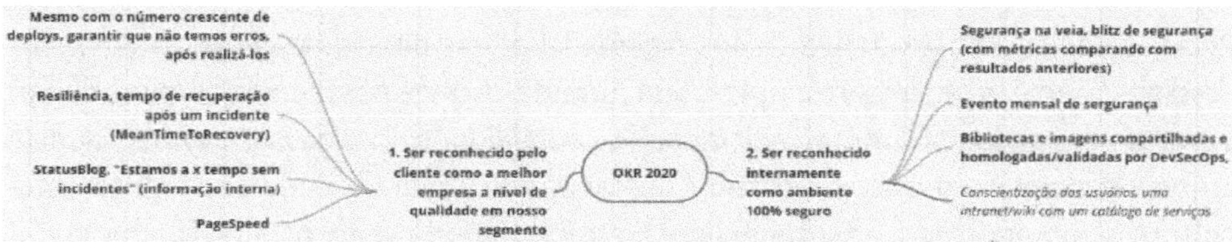

Figura 21.1. Objetivos estratégicos da organização e de seus clientes relacionados com automação e segurança.
Fonte: os autores

***OBJECTIVES AND KEY RESULTS* – 2020**		
Objetivo 1: ser reconhecido pelo cliente como a melhor empresa a nível de qualidade em nosso segmento.	**Objetivo 2:** ser reconhecido internamente como ambiente 100% seguro.	**Objetivo 3:** ter processos imperceptíveis viabilizados pela automação.
KR1: mesmo com o número crescente de *deploys*, garantir que não temos erros após realizá-los **KR2:** resiliência, tempo de recuperação após um incidente (*Mean Time To Recovery*) **KR3:** StatusBlog, "estamos há x tempo sem incidentes" (informação interna) **KR4:** PageSpeed **KR5:**	**KR1:** Segurança na veia, *blitz* de segurança (com métricas comparando com resultados anteriores) **KR2:** evento mensal de segurança **KR3:** bibliotecas compartilhadas e homologadas/validadas por *DevSecOps* **KR4:** **KR5:**	**KR1:** *DevSecOps*: % de automação, SONAR, *pipelines* CI/CD, infra automatizada, Docker etc. **KR2:** **KR3:** **KR4:** **KR5:**

Figura 21.2. Definição dos resultados-chave para cada objetivo de melhoria estratégico estabelecido na organização.
Fonte: os autores.

Nesse *webinar* é possível perceber a importância da definição desses indicadores e de conhecer os resultados e o sucesso das práticas implementadas.

Conclusão

Pela leitura desta parte do livro, é possível perceber que direcionar o *lean* para o mundo digital não é uma missão simples. Sua jornada carrega obstáculos comuns de um processo de mudança cultural, adicionando variabilidade, incertezas, complexidade e ambiguidade que o mundo moderno e digital possui. A necessidade de construir uma cultura de aprendizado, adaptabilidade e antifragilidade se torna algo fundamental nas organizações, fazendo com que ferramentas, técnicas e até estruturas atuais sejam repensadas, evoluídas e reaprendidas.

A responsabilidade de agentes de mudança, sejam eles líderes ou consultores, gerentes ou analistas de processos, em provisionar uma abordagem enxuta, segura e simples não é mais uma opção no mundo digital: é crucial para a sobrevivência da organização. Um grande exemplo dessa necessidade é a forma como precisamos lidar com produtos digitais, descobrindo constantemente novos comportamentos, designs, tecnologias e abordagens para atrair a atenção dos usuários e motivá-los a interagir com seu produto. Com isso, é possível notar que trabalhar com *lean* MAIS digital, em todas as suas possibilidades de interação, representa um marco relevante na evolução das organizações.

PARTE IV. EXEMPLOS E RELATOS SOBRE *LEAN DIGITAL*

A quarta parte deste livro, criada de forma incremental e conforme os curadores aprendiam mais e mais sobre o *Lean Digital*, traz capítulos que exemplificam, através de artigos, referências literárias e relatos, a aplicação prática do *Lean Digital* em diversos contextos organizacionais. Esta parte foi criada para você que busca inspiração para seus conceitos.

22. *Lean Digital Government*

Margareth Carneiro
Francisco Sobral

22.1. Afinal, *Lean Digital* se aplica ao governo brasileiro?

A transformação digital, e especificamente *Lean Digital*, aqui entendida como a aplicação de princípios *Lean* para a criação de negócios digitais, passou a ser uma premissa no mundo dos negócios. *Lean Government*, literalmente, significa "governo enxuto". *Lean Digital Government* congrega as duas acepções: ser enxuto e também digital. Ou seja, governo mais simplificado e racional, evitando desperdícios e utilizando somente o que é necessário para a execução de um projeto, processo ou produção de resultados no mundo atual.

Em 2020, a Deloitte realizou uma pesquisa com 1.200 servidores do governo em mais de 70 países, e 75% deles disseram que tecnologias digitais estavam causando o maior impacto no setor público, sendo que a maioria deles considera como disruptivo o impacto que as tecnologias digitais estão causando no setor governamental (DELOITTE, 2020).

Adicionalmente, trazendo ainda mais peso para a conversa, a transformação dos governos para o digital também é uma das práticas que a OCDE – Organização para a Cooperação e Desenvolvimento Econômico – preconiza. A OCDE publicou o documento "The OECD Digital Government Policy Framework: six dimensions of a digital government" (2020), disponível na internet, para servir de referencial para os governos que queiram transformar-se em digitais.

De fato, a filosofia *Lean* agrega com a possibilidade de realizar melhorias na utilização dos recursos disponíveis, além de gerar redução de custos e melhoria nos processos internos. Afinal, realizar a otimização de recursos humanos, financeiros e materiais é prioridade para os gestores que desejam alcançar resultados mais expressivos. Entretanto, quando se fala em otimizar recursos, evitar desperdícios e melhorar a eficiência do Estado no Brasil, tem-se a percepção de que essa não é a nossa realidade. Mas os fatos mostram que não é bem assim. Apesar da percepção de má gestão, desperdícios, "inchamento" da máquina pública, em 2020 o Brasil alcançou a 16ª posição no *ranking* da OCDE de governos digitais, superando países como Alemanha, Estônia (um dos países mais atuantes), Países Baixos, Áustria e Irlanda.

22.2. *Lean Digital Government* no contexto brasileiro

Transformação digital no governo brasileiro significa oferecer um serviço público de qualidade, com menos gasto de tempo e dinheiro por parte do cidadão, para melhorar a vida daqueles que vivem e trabalham no país. *Lean Digital* no governo não é algo trivial, uma vez que exige infraestrutura, mudança de paradigma com foco no cidadão e, principalmente, mudança cultural. Também é algo que deve ser mantido e evoluído constantemente, por meio de melhoria contínua. Por isso, passa por investimentos massivos, mudança de processos, treinamento e capacidade de planejamento e de gestão. E no caso específico do Brasil, um país continental, a capacidade de articulação entre os diversos atores (órgãos e entidades) nos três poderes é fator que deixa ainda mais complexo o uso no governo de práticas emergentes e inovadoras. São necessárias várias frentes de atuação, como sugere a Figura 22.1:

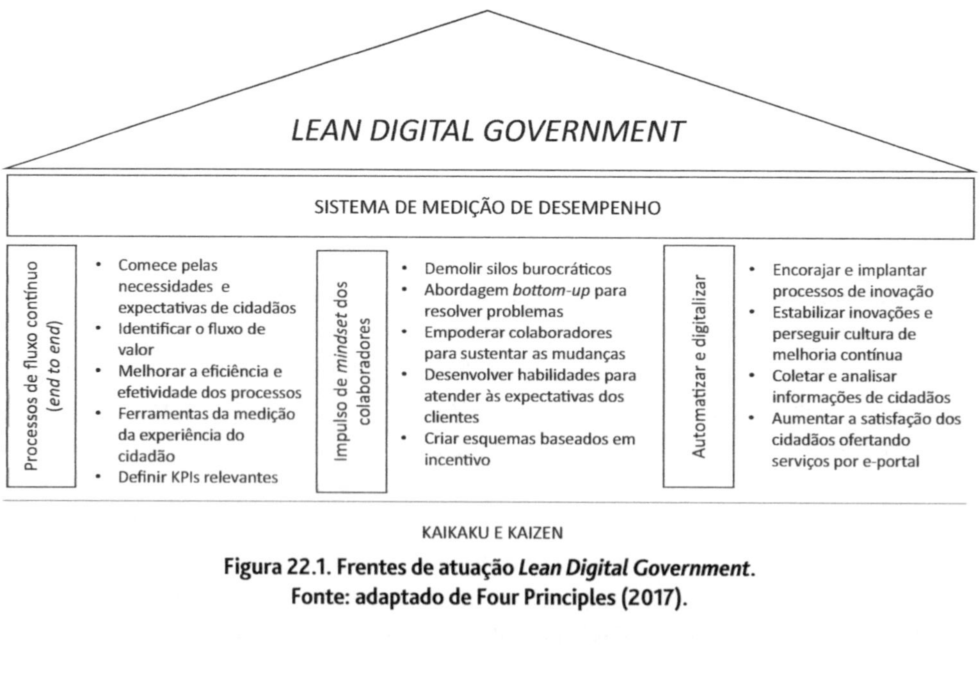

Figura 22.1. Frentes de atuação *Lean Digital Government*.
Fonte: adaptado de Four Principles (2017).

As problemáticas que o governo *Lean Digital* resolve podem ser simples ou mais complexas. Um dos exemplos de problemas resolvidos é a Carteira de Trabalho Digital. O cidadão não precisa mais esperar 17 dias para adquirir o documento. Agora ele pode fazer *on-line* no mesmo dia e acompanhar pelo aplicativo a sua vida laboral, como acessar contratos de trabalho, solicitar seguro-desemprego e consultar requerimentos e abono salarial.

Outra entrega significativa é a Carteira Digital de Trânsito. Além de mostrar os dados do carro e do condutor, o aplicativo permite a consulta de infrações, avisos de *recall* e emite alerta quando o documento estiver para vencer.

Como era a situação dos milhares de jovens que precisavam se alistar todos os anos? Antes, o processo se iniciava com o deslocamento até a Junta de Serviço Militar mais próxima de suas residências. Essa realidade mudou! Agora, o jovem pode se alistar *on-line* no Serviço Militar Obrigatório com apenas o número do Cadastro da Pessoa Física (CPF).

Poderíamos discorrer sobre vários serviços ofertados completamente na modalidade digital do governo federal. Imaginemos o que poderia ter sido o período da pandemia do COVID-19 se os cidadãos não tivessem alternativas de serviços digitais que atendessem às suas necessidades.

22.3. As iniciativas do governo digital brasileiro

Para garantir um planejamento com abrangência nacional, articulação entre todos os envolvidos e a execução do plano, existe um órgão central do Sistema de Administração dos Recursos de Tecnologia da Informação do Poder Executivo Federal (Sisp), que é a Secretaria de Governo Digital do Ministério da Economia, responsável pela definição de políticas e diretrizes e por orientar normativamente e supervisionar as atividades de gestão dos recursos de tecnologia da informação e comunicação do sistema. São prioridades do governo digital:

- ✓ Transformar serviços públicos para o meio digital.
- ✓ Lançar a identidade digital.
- ✓ Integrar serviços e sistemas de governo.
- ✓ Consolidar canais digitais.
- ✓ Otimizar o uso dos recursos de TI.
- ✓ Agilizar o registro de empresas.

São objetivos e metas do governo digital no Brasil:

22.3.1. Objetivo 1: oferta de serviços públicos digitais

- ✓ Iniciativa 1.1: transformar todas as etapas e os serviços públicos digitalizáveis até 2022.
- ✓ Iniciativa 1.2: simplificar e agilizar a abertura, a alteração e a extinção de empresas no Brasil, de forma que esses procedimentos possam ser realizados em um dia, até 2022.

22.3.2. Objetivo 2: avaliação de satisfação nos serviços digitais

- ✓ Iniciativa 2.1: oferecer meio de avaliação de satisfação padronizado para, no mínimo, 50% dos serviços públicos digitais até 2022.
- ✓ Iniciativa 2.2: aprimorar a satisfação dos usuários dos serviços públicos e obter nível médio de, no mínimo, 4,5 em uma escala de 5 pontos até 2022.
- ✓ Iniciativa 2.3: aprimorar a percepção de utilidade das informações dos serviços no portal único gov.br e atingir, no mínimo, 75% de avaliações positivas até 2022.

22.3.3. Objetivo 3: canais e serviços digitais simples e intuitivos

- ✓ Iniciativa 3.1: estabelecer padrão mínimo de qualidade para serviços públicos digitais até 2020.
- ✓ Iniciativa 3.2: realizar, no mínimo, 100 pesquisas de experiência com os usuários reais dos serviços públicos até 2022.

À medida que o programa avança, os objetivos são atualizados com foco na melhoria contínua. A Secretaria de Governo Digital do Ministério da Economia reforça que um governo centrado no cidadão se preocupa em oferecer uma jornada mais agradável a ele, respondendo às suas expectativas por meio de serviços de alta qualidade (simples, ágeis e personalizados) e mantendo-se atento à sua experiência. Destacam-se os dez passos para a transformação digital:

Figura 22.2. Os dez passos para a transformação digital
Fonte: adaptado de Brasil (2022).

Para fins de facilitar a implementação do governo digital, o governo pôs à disposição dos órgãos da administração pública federal diversas ferramentas e soluções para promover a transformação dos serviços públicos em serviços orientados pela perspectiva dos cidadãos e empresas, buscando a simplificação e a oferta de serviços por meio de canais digitais. São eles:

- ✓ Portal gov.br
- ✓ *Design System*
- ✓ Modelo de Qualidade de Serviços Digitais
- ✓ Plataforma de Avaliação de Serviços
- ✓ Modelo de custos de serviços públicos
- ✓ VLibras
- ✓ Automação de serviços
- ✓ Acesso GOV.BR
- ✓ Pesquisa com usuários
- ✓ Conecta gov.br
- ✓ Acordos de Cooperação
- ✓ Portal da Assinatura Eletrônica

Caso órgãos e entidades de outras esferas (como estadual ou municipal) queiram se transformar digitalmente, poderão solicitar apoio à Secretaria, que possui no seu acervo algumas dicas de passos e métodos a serem utilizados rumo a uma digitalização na administração pública.

Para acelerar ainda mais a transformação digital, foi lançado em março de 2021 o programa ***Startup*** **gov.br**, que já começa a apresentar os primeiros resultados. Há equipes do *Startup* gov.br atuando nas mais diversas frentes, como regularização fundiária, transportes, assistência social e educação, além da identificação digital, hoje realizada pelo aplicativo do Gov.br.

22.4. Iniciativas de apoio ao governo digital

Falar em melhores resultados a partir da transformação digital e ainda com a aplicação do *Lean Digital* nos remete a algo imprescindível para esse contexto: a geração de conhecimento. A aplicação dos princípios *Lean* pelo governo parece ser ainda mais pertinente por termos no centro o cidadão como principal cliente. De fato, parece que tudo ganha ainda mais sentido a partir dessa visão. Não pode ser esquecido que as iniciativas até agora elencadas para a implantação da transformação digital no governo foram de profundas mudanças empreendidas, as quais, para serem bem-sucedidas, demandaram uma forte mudança cultural por parte dos segmentos governamentais envolvidos. Dessa forma, é essencial que o próprio Estado estabeleça estratégias visando manter o ritmo da mudança para que os benefícios decorrentes não cessem e impeçam o cidadão de usufruir daquilo que é seu por direito.

Uma das maneiras mais efetivas para que uma mudança que depende da ação de muitos de fato seja implantada e perdure, é torná-la tema frequente entre aqueles que irão se envolver com essa mudança. Nesse contexto, a disseminação de conhecimento relacionado ao tema foco da mudança é imprescindível para que os segmentos envolvidos possam compreender adequadamente o seu objetivo e adquirir capacidade para definir quais recursos deverão ser utilizados para implantá-la.

A implementação da política de transformação digital no setor público brasileiro foi o primeiro grande passo para que o desenvolvimento do **governo digital** tivesse, perante todos os envolvidos, uma visão comum. E essa etapa foi fortalecida a partir de uma parceria estabelecida entre dois órgãos públicos federais: a Enap (Escola Nacional de Administração Pública) e a Secretaria de Governo Digital, do Ministério da Economia, que juntas criaram o Programa de Desenvolvimento de Capacidades para a Transformação Digital com o objetivo de formar profissionais com as habilidades necessárias para o trabalho técnico e gerencial fundamental à era digital, de forma a difundir a cultura de concepção digital, atuar em diferentes contextos e lidar com os desafios apresentados. Envolve servidores públicos federais que atuam no Poder Executivo, profissionais de TIC, analistas e gestores públicos de negócios, profissionais jurídicos e altos executivos. Para o desenvolvimento do programa, a Enap contou com a colaboração de instituições como a University of Denver (EUA), Delft University of Technology (Holanda), Harvard Kennedy School (EUA), London School of Economics (Reino Unido), entre outras referências em capacitação.

Outra grande ação coordenada pela Enap visando a geração de conhecimento em prol da transformação digital dos diversos serviços prestados ao cidadão brasileiro foi a realização da Semana de Inovação 2020, cujo tema foi "(Re)imaginar e construir futuros".

O evento foi realizado em formato *on-line* e reuniu pensadores fundamentais para o momento em que vivemos. A proposta foi refletir sobre o que deixar para trás, o que manter e o que fazer diferente. A conferência foi pensada para reunir aproximadamente 20 mil inovadores em governo e mais de 400 palestrantes durante quatro dias de atividades, com mais de 100 instituições envolvidas e 200 horas de programação, entre palestras, oficinas, mesas redondas, cursos, sessões *on-demand* e diversas outras atrações.

22.5. Os resultados obtidos

Muitos serviços, tais como obter permissão, concessão, licença, aprovação, emissão de segunda via, acompanhamento de situação trabalhista, processos judiciais, solicitação de aposentadoria etc., hoje são feitos pela internet, de maneira rápida e econômica, graças aos esforços do governo digital. O Governo Federal atingiu três mil serviços públicos digitalizados em julho de 2021, antecipando a meta prevista para o final de 2022. Prova de vida digital do INSS, PIX do Banco Central e Auxílio Emergencial são alguns dos serviços de impacto massivo entregues desde o início da pandemia da COVID-19.

Hoje, mais da metade da população brasileira já é usuária da plataforma do governo federal, o Gov.br – mais precisamente 107 milhões de pessoas. Em janeiro de 2019, o número de usuários era 1,8 milhão.

Os desafios ainda são grandes, frente à extensão territorial do país e às diversas realidades econômicas e tecnológicas dos municípios e cidadãos. Entretanto, a adoção do *Lean Digital* no governo tem oferecido serviços mais céleres, com mais qualidade e mais baratos, sobretudo para o cidadão, o que sedimenta o alcance da sua missão principal, que é melhorar a vida do brasileiro.

23. *Lean* e inovação em serviços públicos de saúde

Monique Padilha

23.1. O *Lean* em serviços públicos de saúde

O *Lean Digital* é a peça que faltava para avançarmos na reforma dos serviços de saúde no mundo. Este capítulo tem como objetivo descrever a aplicação do conceito de *Lean* na saúde e apresentar alguns *cases* que apontam saídas para a aumentar a eficiência no setor público a partir do *Lean Digital*. É importante apontar que o conceito de saúde neste capítulo tem uma perspectiva biopsicossocial e, portanto, não reflete apenas a ausência de doença, mas, sim, o resultado da interação entre o contexto social, econômico, político e cultural onde o indivíduo está inserido e como isso pode ser o resultado do acesso ou da experiência que ele terá com os serviços de saúde (SCLIAR, 2007). Dessa forma, o desafio para o gestor público será conhecer a realidade individual e coletiva das pessoas e comunidades atendidas pelos serviços e planejar uma política pública de saúde que seja abrangente o suficiente para atender a todos sem onerar demais e flexível o bastante para ser adaptável a todo lugar. Este capítulo pretende mostrar que o *Lean Digital* pode ser uma estratégia para apoiar essa jornada da efetividade de políticas públicas.

23.2. O *Lean* e o digital como parte da jornada da saúde pública

A história nos mostra o quanto o setor da saúde vem se reinventando para dar resposta às necessidades da população ao longo dos anos, mas, ao contrário da indústria 4.0, que nasce com a Quarta Revolução Industrial com inovações na área de automação e tecnologia da informação, o setor da saúde ainda precisa avançar muito. O *Lean Digital* cria uma nova experiência para o usuário da saúde, com jornadas de cuidado digitais como as consultas *on-line*, ampliadas durante a pandemia do COVID-19. Com isso, as pessoas passaram a utilizar cada vez mais o meio digital para acessar serviços e cuidar da saúde.

Levando em conta o modelo educacional do país e, ao mesmo tempo, o impacto que erros e desperdícios podem causar à saúde das pessoas, podendo resultar, no pior caso, na morte de pacientes, precisamos avançar para o campo da inovação de forma segura.

23.3. É possível fazer diferente?

Partindo do princípio de que a saúde pública exerce um papel importante delimitado a partir de 11 funções essenciais que resultarão em diferentes ações e serviços, talvez seja possível fazer um exercício teórico simples de como implantar o *Lean* e o digital nesse campo:

1. **Monitoramento, análise e avaliação da situação da saúde:** implantação de processo para diagnóstico do perfil da população por meio de mapeamento eletrônico que permita análise de dados para tomada de decisão acerca de ações de promoção da saúde e prevenção de doenças, otimizando o tempo das pesquisas pessoais mensais.
2. **Vigilância, investigação, controle de riscos e danos à saúde:** medição do número de acidentes ou mesmo de uma determinada atividade com perspectiva de redução e monitoramento dos casos.
3. **Promoção da saúde:** análise da demanda com posterior divulgação de informação sobre promoção da saúde por meio de ferramentas digitais mais bem direcionadas e com possibilidade de maior impacto.
4. **Participação social em saúde:** ampliar a participação com ferramentas digitais de ouvidoria e sugestões.
5. **Desenvolvimento de políticas e capacidade institucional de planejamento e gestão pública da saúde:** redução de custos e eliminação de desperdícios com implantação de sala de situação com indicadores previamente estudados.
6. **Capacidade de regulamentação, fiscalização, controle e auditoria em saúde:** estudos sobre filas de procedimentos e processos para redução e reestruturação do serviço.
7. **Promoção e garantia do acesso universal e equitativo aos serviços de saúde:** com a redução de custos e eliminação de desperdícios é possível ampliar o serviço para mais pessoas.
8. **Administração, desenvolvimento e formação de recursos humanos em saúde:** transformação digital do setor administrativo.
9. **Promoção e garantia da qualidade dos serviços da saúde:** maior facilidade para medir a satisfação do cliente/paciente e ajustar melhorias.

10. **Pesquisa e incorporação tecnológica em saúde:** possibilidade de incorporação tecnológica no processo de estudo para implantação do *Lean Digital*.
11. **Coordenação do processo de regionalização e descentralização da saúde:** maior facilidade de identificar necessidades e recursos que serão necessários compartilhar com outros parceiros (MUÑOZ *et al.*, 2000).

Diante dessas funções, é possível identificar a responsabilidade da entrega de valor altamente personalizada que precisa ser feita por meio dos serviços de saúde, e o *Lean Digital* surge como uma ótima estratégia para a transformação digital nas empresas e governos.

23.4. A perspectiva do *Lean Digital*: a telemedicina como meio

A telemedicina é o resultado da digitalização do atendimento, da relação tecnológica do médico com o paciente, e abre um mundo de novas oportunidades ao entregar uma receita digital e uma assistência remota em qualquer município do país. Porém, mesmo após anos na luta por uma regulamentação, a mudança no processo para consulta digital não aconteceu rápido. Apenas com a pandemia do COVID-19 e a necessidade urgente do distanciamento social foi possível acelerar o processo.

A transformação digital em saúde nesse caso modificou não apenas o tempo dos procedimentos e o fluxo dos processos, mas também a cultura organizacional das empresas, que passam a ter o digital como parte intrínseca do serviço ofertado.

A implantação da telemedicina transformou o atendimento ao cliente e as equipes de saúde, que agora incorporam profissionais de tecnologia, design, marketing, desenvolvedores, entre tantos outros que fortalecem as novas *soft* e *hard skills* necessárias para o mercado.

Outro exemplo importante de processos que facilitam o atendimento de pacientes são aplicativos criados por convênios médicos e hospitais que possibilitam agendamento de consultas, envio de documentos, consulta e encaminhamento de exames e diversos benefícios que encurtam não só o tempo para pacientes, mas o custo de procedimentos para o Estado e centros médicos.

23.5. Considerações finais

O *Lean Digital* na saúde vem auxiliando na mudança desse cenário com a implementação de novos princípios que ajudarão a redirecionar o rumo do setor de saúde. A jornada do paciente passa a ser digital, com prontuários eletrônicos que integram dados de diferentes plataformas, aplicativos que mapeiam sintomas de saúde, maratonas de saúde que criam soluções integrando pessoas de todo o mundo e sistemas que, por meio de inteligência artificial, auxiliam no diagnóstico de doenças – todos produtos resultantes de processos que tiveram no *digital healthcare* e nos princípios do *Lean* as sementes para a reforma dos serviços de saúde para alcançar a **saúde 4.0**.

Para redesenhar os serviços públicos de saúde será necessário introduzir novos espaços que garantam o exercício da mudança cultural gradativa, com valorização das ações enxutas dentro da instituição. É preciso ainda repensar os valores do serviço público de saúde e inserir processos de capacitação e formação de líderes inovadores, trabalho com foco centrado na experiência do cidadão, transformação digital, valorização da melhoria contínua e, principalmente, inserir a participação dos cidadãos na construção e validação de novos serviços.

24. *Big data doesn't matter* – como o *smart data* pode transformar o marketing corporativo

Charles Schweitzer

Em maio de 2003, a *Harvard Business Review* publicou um artigo que viria a ser uma enorme quebra de paradigma. O título: "IT Doesn't Matter" (CARR, 2003). Ele foi escrito por Nicholas Carr, que, devido ao impacto do artigo, teve que amenizar a situação em um novo livro com o título "Does IT Matter?"(2004). Mas o que Carr falava em seu primeiro artigo nunca foi tão atual ou tão preciso. Tecnologia, exceto as proprietárias, viraram *commodities*.

24.1. *Data is the new oil* (dados são o novo petróleo)

Em 2017, a *The Economist* comparou as empresas da nova economia com as petrolíferas. Afinal, no *ranking* das empresas mais valiosas do mundo, apenas seis anos antes, figuravam gigantes como Exxon e Shell e, naquele ano, pela primeira vez, as cinco empresas mais valiosas do mundo eram Apple, Alphabet (Google), Microsoft, Amazon e Facebook.

Esse momento na história talvez tenha sido o ápice do *big data*. Afinal, o preço do armazenamento de dados veio caindo de forma exponencial. Em 1981, uma empresa precisava desembolsar US$ 500 mil por *gigabyte* de armazenamento. Em 2017, o custo havia caído para apenas US$ 0,03. Com essa possibilidade abundante de armazenamento disponível, todas as corporações se lançaram sobre o desejo de coletar todos os dados possíveis, mesmo os mais remotos, para, quem sabe, um dia usar.

Não à toa, surgiu uma contratendência com a mesma velocidade, explicitando a necessidade de controle sobre a captura e o uso desses dados. Nascia então, no final dos anos 2010, as leis de proteção de dados. Mas o mercado, ao seu jeito, continua com a mesma fome de capturar todos os dados possíveis. Surge então o botão de "Ok", ou "Eu aceito", que você se vê obrigado a clicar a cada novo site que acessa, pedindo que aceite os tais *cookies*.

24.2. Dados, então, são realmente o novo petróleo?

Por um momento, vamos considerar que você efetivamente tenha um ativo tão precioso quanto petróleo dentro da sua empresa. É natural que você o proteja e o cerque com todas as medidas possíveis de segurança. Assim como sua casa ou apartamento não podem ser frequentados por todas as pessoas do seu condomínio ou rua, os dados, como petróleo, ficarão restritos a uma pequena parcela de pessoas das empresas. E é justamente aí que ele perde todo o seu valor e todo o potencial de criatividade.

Dan Vesset (2020), da IDC (*International Data Corporation*), foi um dos primeiros a comparar dados com água com coerência. E, isso faz todo sentido:

- ✓ Enquanto a água é abundante, o petróleo é escasso. O mundo vem em processo constante de digitalização e, portanto, os dados estarão cada vez mais ao nosso redor.
- ✓ Enquanto a água é purificada, o petróleo é refinado. Os dados precisam estar sempre limpos para serem usados, e é nisso que as empresas deveriam cada vez mais investir.
- ✓ Enquanto a água é distribuída, o petróleo é centralizado. Água está onde a vida está. Os dados deveriam estar onde os negócios estão.

Portanto, dados devem ser limpos, abundantes e democratizados dentro das empresas. Só assim teremos o real benefício do seu uso.

24.3. *Smart data* > *big data*

Em 2019, logo após a abertura do evento da NRF (*National Retail Federation*), em Nova Iorque, Sucharita Kodali, da Forrester Research, presenteou a todos com dados surpreendentes, expondo que 17% dos americanos não queriam compartilhar mais nenhum dado com empresas. E a explicação para esse fenômeno viria logo a seguir: enquanto 89% dos varejistas americanos acreditam estar oferecendo uma experiência personalizada a seus clientes, apenas 5% dos clientes reconhecem que os varejistas estão preparando uma oferta personalizada (CULLEN, 2019).

E esse não é um privilégio da velha economia ou dos negócios físicos. A conta gratuita do *app* Spotify interrompe suas músicas com um rápido comercial a cada 30 minutos. Embora tudo que eu ouça seja rock, sou sempre bombardeado com a propaganda do último lançamento de sertanejo universitário, cuja chance de eu consumir é zero.

Portanto, mergulhando mais profundamente sobre esses dados, conseguimos claramente entender esse movimento dos consumidores. Estávamos acostumados a preencher e fornecer todos os nossos dados, esperando que as empresas os usassem, mas o uso é tão superficial ou inócuo que passamos a ver tais fichas ou comandos de compartilhamento de dados como verdadeiros desperdícios do nosso tempo.

Afinal, qual corintiano nunca recebeu um anúncio de uma camisa do Palmeiras? Ou qual vegano/vegetariano não recebeu uma promoção de churrascaria?

Portanto, parem de coletar todos os dados. Simplesmente parem. Sigam o princípio de só coletar os dados que irão utilizar, sempre no melhor conceito de "data is the new water".

24.4. *Smart, watered, Lean data*

Vamos agora a um caso de uso real desses conceitos.

A prova de conceito versou sobre as possibilidades de cruzarmos os dados de clientes com o seu próprio histórico de transações, visando encontrar dentro da arborescência de produtos (qual seja, seção/subseção/tipo/subtipo/item), prioritariamente, mas não exaustivamente, a sequência de compras natural e o tempo médio existente entre as sequências.

Para exemplificar: digamos que o cliente A compre o produto X em janeiro e o produto Y em março e o cliente B compre o produto X em fevereiro e o Y abril. Teríamos encontrado a sequência XY e o tempo médio de dois meses.

Tal análise permitiria à empresa inferir que o cliente C que comprou o produto X em março poderá precisar ou desejar o produto Y em maio. Este fato poderia orientar a comunicação digital, tornando-a pessoal e ao mesmo tempo relevante.

Essa estratégia de previsão ou predição da próxima oferta no tempo correto é conhecida no mercado como *next best offer*. Sobre isso, existe vasta bibliografia escrita e alguns *benchmarks* que foram usados como inspiração.

	J	F	M	A	M	J	J	A	S	O	N	D
Cliente 1	1		6				12					
Cliente 2		1	6					12				
Cliente 3			1			6				12		
Cliente 4		1			6			12				
...												
Cliente N				1			?			?		

	Q1	Q2	Q3	Q4
Compra	1			
Oferta 1	6	6		
Oferta 2		12	12	

Figura 24.1. ***Smart, waterd, Lean data.***
Fonte: o autor.

De acordo com a *Bloomberg*, "Facebook entende de personalização. E você?" (VANCE, 2012). O Facebook constrói uma página customizada todas as vezes que você o visita. Ele seleciona todas as ações que os seus amigos fizeram – suas fotos, os amigos deles, as músicas que ouviram, os produtos que curtiram – e determina em dois centésimos de segundo quais itens você mais gostaria de ver e, em que ordem.

Na verdade, a solução *next best offer* está a favor de resolver um problema comum a todos os departamentos de marketing com estratégias digitais. Visitas que crescem ao mesmo tempo em que as vendas caem. Tendências de conversão que apontam para baixo. Taxas de abertura de e-mails altas com baixos cliques.

Seríamos capazes de predizer o que os clientes querem antes mesmo deles saberem? Seríamos capazes de formular a melhor próxima ação? As ofertas poderiam ser mais bem direcionadas e temporizadas para melhorar a aquisição e a conversão de clientes?

Sem dúvida alguma, o pioneiro do mercado a acreditar que sim foi a Amazon, que usou um filtro colaborativo para gerar o famoso "você também pode querer" abaixo de cada página de produto visitado. Mas a Amazon não está mais sozinha nesse mercado e muitas empresas passaram a adotar estratégias semelhantes.

24.5. Schwan Food – *Case* de *next best offer*

A Schwan Food Company é um negócio multibilionário, com 17 mil empregados nos Estados Unidos, e vende comida congelada para todos os tipos de negócios. Algumas das marcas da empresa são: Schwan's, Red Baron, Freschetta, Tony's, Mrs. Smith's, Edwards, Pagoda Express, entre outras.

Em 2012, a maior unidade de negócios da empresa possuía 6 mil colaboradores que entregavam comida congelada para mais de três milhões de pessoas nos Estados Unidos. E, como qualquer grande negócio, a empresa estava com grandes dificuldades para continuar a crescer e manter a sua base de clientes.

Até aquele momento as equipes de vendas e marketing dispunham apenas de relatórios da solução SAP que mostravam o consumo dos seus clientes das últimas seis semanas. Com base nisso, as equipes tentavam obter pedidos recorrentes, ou seja, vendiam o mesmo produto ao mesmo cliente.

Embora trate-se de gênero alimentício que obviamente tem um comportamento de recorrência maior do que no varejo de materiais de construção, acabamento e decoração, o sistema não ajudava a equipe de vendas ou marketing no processo de construção de ofertas de *cross-selling* e *up-selling*.

A Schwan passou a usar uma nova solução ligada ao SAP. O sistema Opera permitiu à empresa encontrar o que eles denominaram de "gêmeos genéricos", ou seja, clientes com padrões semelhantes de comportamento. Esses comportamentos semelhantes auxiliaram a empresa a criar previsões de comportamento futuro e até o cálculo da probabilidade de um cliente responder a uma oferta em particular.

A partir de então, a solução da Schwan passou a gerar dinamicamente mais de 1,2 milhão de recomendações para clientes todos os dias, e essas recomendações estão disponíveis em dispositivos móveis da sua força de vendas. As receitas da empresa cresceram quase 4% por conta da solução.

24.6. Netflix – *Case* de *next best offer*

A ciência por trás da melhor próxima oferta parece muito sofisticada e, portanto, pode parecer demandar muitas horas/homem de análise, aumentando consideravelmente os custos para que haja uma operação como essa. O *case* da Netflix parece mostrar que as horas/homem na verdade podem ser utilizadas apenas para aperfeiçoar o modelo, já que as recomendações da próxima oferta acontecem em tempo real, para todos os clientes, de forma automática.

A Netflix pode ser vista como um modelo disruptivo de uma locadora de filmes, o que de fato ela é, mas, por trás disso, existe o fato de que o negócio é sobre conectar pessoas aos filmes que elas amam. Para ajudar os clientes a completar essa missão, eles desenvolveram um sistema próprio de recomendações chamado "CinematchSM" cujo objetivo é predizer se alguém vai gostar ou não de um filme pelo quanto ele gostou ou não de outros filmes. As recomendações são personalizadas para cada usuário da plataforma.

- ✓ **Exemplo #1 – "Porque você assistiu a Dexter":** mostra uma indicação de um conteúdo sugerido a partir da experiência de outros usuários com perfil semelhante ao seu (sexo, faixa etária etc.) e tema de interesse.
- ✓ **Exemplo #2 – "Pular o Resumo":** ação baseada na experiência dos usuários com a plataforma. Em geral, as séries apresentam um conteúdo de cerca de 30 segundos resumindo o capítulo anterior. A Netflix percebeu que seus usuários tinham o hábito de avançar a introdução e disponibilizou esta ferramenta para todos aqueles que fazem isso.
- ✓ **Exemplo #3 – "O próximo episódio começa em...":** tenta prender a audiência por mais tempo, deixando a programação em modo automático, pulando os trechos finais, sem conteúdo relevante, incluindo os créditos finais quando estes não contêm cenas extras.

24.7. Considerações finais

Em um mundo cada vez mais competitivo e pulverizado, impactar o cliente no momento certo e com ofertas de produtos sincronizados com o seu momento de vida é uma grande oportunidade para satisfazê-lo e fidelizá-lo.

Chegar com o produto certo, para o cliente certo, no momento certo, é uma estratégia matadora para qualquer negócio.

Para fazer bom uso dos dados do seu cliente, você não precisa de todas as informações dele. Colete apenas o que vai usar e faça uso efetivo disso. Os resultados são e serão sempre incríveis.

25. O sucesso do *Lean Digital* na indústria farmacêutica

Samir Karam

Sempre que se discorre sobre *Lean*, a mentalidade tende a ser a de "eliminar desperdício". Porém, como podemos na prática eliminar desperdício em um projeto de software? E, melhor ainda, como podemos de fato medir o valor agregado pela mentalidade *Lean Digital* em um projeto dessa natureza? O relatório do Chaos Report desenvolvido pelo Standish Group (DE LUCA, 2003) já mostrava que 64% das funcionalidades de software tipicamente desenvolvidas eram raramente ou nunca utilizadas. Fato este que claramente indica um grave problema no processo tradicional de desenvolvimento de soluções digitais.

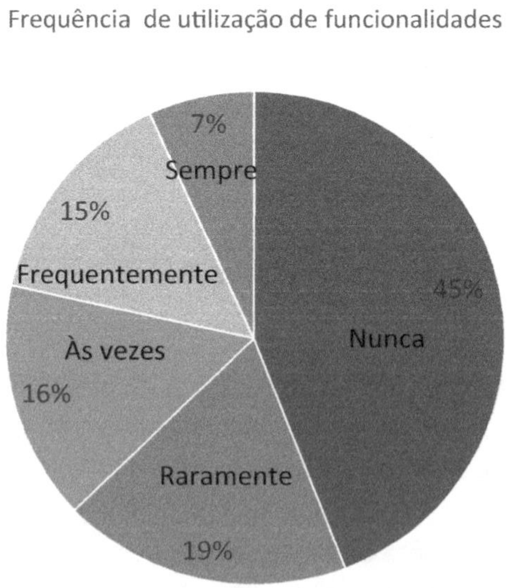

Figura 25.1. *Chaos Report* do Standish Group.
Fonte: adaptado de De Luca (2003).

Como diria Peter Drucker, "certamente não há nada tão inútil quanto fazer com grande eficiência aquilo que nunca deveria ter sido feito". Dessa forma, em qualquer projeto que se inicie dentro da mentalidade *Lean Digital*, nosso objetivo precisa ser, acima de tudo, compreender qual a real necessidade de cada requisito, funcionalidade ou relatório e buscar constantemente definir qual o **produto certo** a ser feito antes de fazer certo qualquer produto.

Foi exatamente isso que aplicamos em um projeto extremamente desafiador conduzido por mim e minha equipe em parceria com uma das maiores indústrias farmacêuticas do Brasil, com presença internacional e que está entre os laboratórios mais prescritos, além de possuir a quarta maior força de vendas do país, totalizando 1.500 representantes realizando mais de 320 mil visitações médicas por mês. Os representantes farmacêuticos são de extrema importância para essa indústria, pois têm a responsabilidade de atualizar os médicos e profissionais da saúde sobre novos produtos e medicamentos e são especialmente qualificados para explicar propriedades, benefícios e contraindicações, sendo necessária uma relação de credibilidade e confiabilidade com o profissional de saúde.

25.1. O problema

Em um mercado extremamente competitivo e cada vez mais complexo, muitas vezes com dezenas de medicamentos disponíveis para um mesmo fim, aliado à presença cada vez mais forte dos medicamentos genéricos, os laboratórios farmacêuticos, entendendo os desafios da indústria 4.0, buscam se diferenciar através de dados e informações cada vez mais precisas e disponíveis em tempo hábil, permitindo um relacionamento mais próximo e personalizado entre os profissionais de saúde e os seus representantes.

Dessa forma, foi iniciado um projeto com o objetivo de desenvolver uma solução que pudesse entregar à equipe de campo, cuja jornada de trabalho é complexa, cheia de desafios e concorrentes, uma plataforma de interação, gestão de conteúdo e relacionamento, personalizável e onicanal, que permitisse ressignificar a relação entre o representante e os profissionais de saúde. Diferentemente das soluções existentes no mercado, o produto deveria oferecer uma visão mais ampla do relacionamento e se beneficiar dos dados para entregar maior previsibilidade.

Utilizando a mentalidade *Lean Digital*, o maior desafio passa a ser entender qual de fato é o MVP (Produto Mínimo Viável) para essa plataforma e evitar ao máximo se enquadrar nas estatísticas apresentadas no início deste capítulo. Não podemos correr o risco de focar no que é **possível** ser feito somente, uma vez que com o avanço da tecnologia as possibilidades passam a ser cada vez mais amplas, mas priorizar o que é realmente **necessário**. Métodos de trabalho tradicionais e ultrapassados, como simplesmente perguntar para os usuários o que eles querem e então escrever uma "lista de requisitos" para o departamento de tecnologia desenvolver, causam não somente um distanciamento da realidade como agregam uma série de ambiguidades e incertezas ao processo, tornando-se quase impossível desenvolver uma solução tão complexa quanto essa sem incorporar uma série de desperdícios, desenvolvendo soluções que não entregam o valor esperado ou funcionalidades que nunca serão de fato utilizadas.

Dessa forma, aplicamos nesse projeto uma abordagem combinada (Figura 25.2), com ferramentas do *Design Thinking*, *Lean Inception* (CAROLI, 2018), *Lean UX*, *Lean Startup* (RIES, 2011) e metodologias ágeis, a fim de, primeiramente, compreendermos qual o real problema que se desejava resolver. Realizamos uma imersão completa no ambiente e nos contextos envolvidos, definindo claramente os principais desafios a serem atacados, para somente então explorar o espaço das soluções utilizando técnicas de criatividade e geração de ideias de forma colaborativa e então escolhendo a partir dos pilares da inovação quais soluções são as mais desejáveis, praticáveis e viáveis, definindo o MVP.

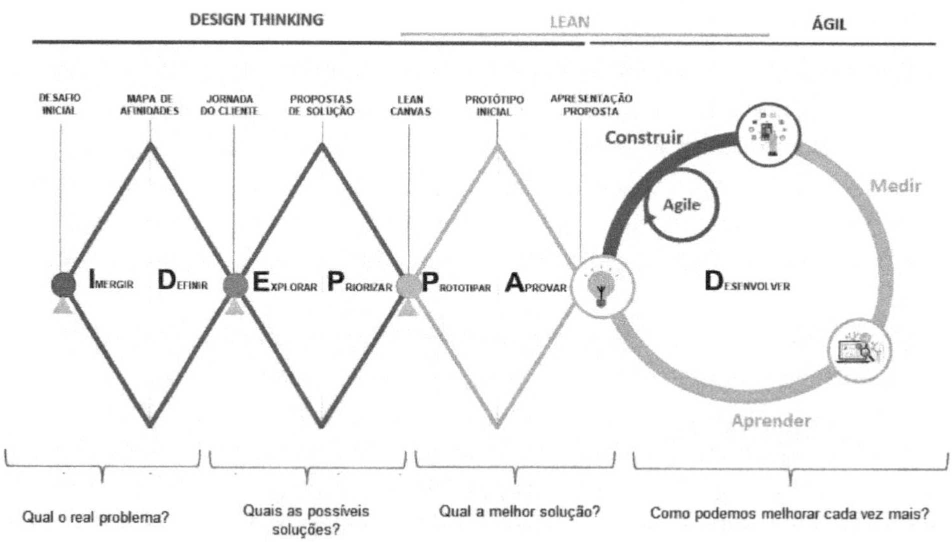

Figura 25.2. Abordagem combinada de *Design Thinking*, *Lean* e ágil.
Fonte: o autor.

Logo na primeira etapa do projeto, acompanhamos os representantes em suas visitas durante alguns dias com o propósito de entender não somente as suas dificuldades, mas também as necessidades e os questionamentos que os próprios profissionais de saúde apresentam no dia a dia. Percebemos que os principais desafios eram elencar os diferenciais da empresa em relação aos concorrentes em cada contexto e acessar dados e informações de forma estruturada e objetiva durante as visitas, tudo isso conciliando as diversas atribuições envolvidas dentro de uma jornada de trabalho extremamente intensa.

Após o período de pesquisa exploratória, realizamos um *Design Sprint* (KNAPP; ZERATSKY; KOWITZ, 2016), com base na metodologia desenvolvida pela Google Ventures, com o propósito de gerar e testar novas ideias em somente cinco dias. O prazo nesse projeto era um fator fundamental, e é exatamente nesses casos que a aplicação de uma metodologia tão intensa e extremamente colaborativa como o *Design Sprint* é a ideal. Fundamental também é a escolha do time do projeto, sendo o mais multidisciplinar possível: tivemos a participação de diversas áreas de negócio da empresa além da equipe de campo, contando com representantes de marketing, produto, treinamento, tecnologia e comercial, respeitando o limite de um time de até oito pessoas, além de um facilitador (eu) e da equipe de *UX Design*. A mentalidade *Lean* se aplica nesse caso ao tempo total do processo, uma vez que dessa forma é possível em uma semana alcançar um resultado tão completo e valioso quanto um mapeamento/desenho de processos que pode levar meses quando realizado de forma extensiva.

Fase	**Atividade**	**Dia 1**	**Dia 2**	**Dia 3**	**Dia 4**	**Dia 5**
Imergir	Reenquadramento					
	Entrevistas					
	Cartões de *insight*					
	Mapa de afinidades					
Definir	Jornada do cliente					
	Visão do produto					
	É x Não é/Faz x Não faz					
	Personas					
	Mapa de empatia					
Explorar	*Crazy 8s*					
	Brainwriting					
	Propostas de solução					
Priorizar	Chapéus de pensamento					
	Pilares inovação					
	Lean Canvas					
Prototipar	*Storyboard*					
	Protótipo em papel					
Aprovar	Apresentação das propostas					
	Validação do usuário					

Figura 25.3. Agenda da *Sprint*.
Fonte: o autor.

No primeiro dia, realizamos entrevistas adicionais com os usuários, mapeamos e documentamos toda a **jornada do representante** de forma colaborativa e a complementamos com os mais diversos pontos de vista do time, gerando ainda mais *insights* e oportunidades a serem trabalhados na próxima etapa do processo.

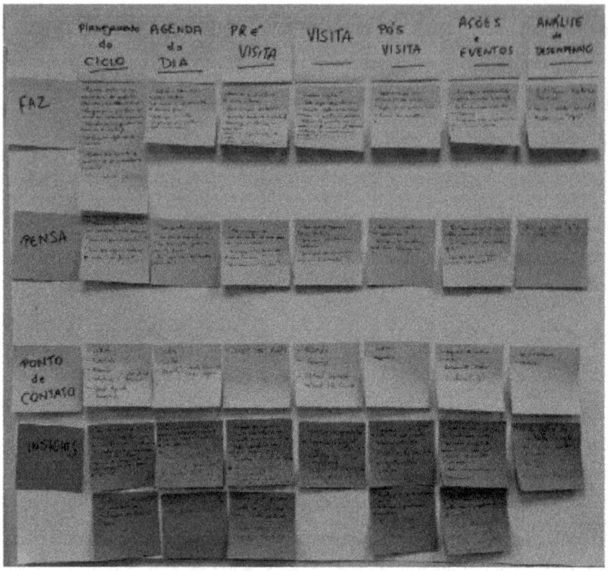

Figura 25.4. Jornada do representante.
Fonte: o autor.

No segundo dia, definimos então a **visão do produto** (CAROLI, 2018), onde se estabeleceram as diretrizes do que de fato a equipe estava buscando. Analisamos quais seriam os benefícios-chave que tornariam o produto algo realmente valioso para a companhia e os diferenciais-chave em relação às demais soluções concorrentes disponíveis no mercado. Nesse momento, extremamente relevante no processo foi a possibilidade de nos colocarmos de fato no lugar do usuário, construindo as **personas** e seu **mapa de empatia**, aumentando radicalmente o nível de conhecimento e propriedade acerca dos desafios do usuário, avaliando seus sentimentos e pensamentos envolvidos em cada decisão.

No terceiro dia foi a vez da criatividade tomar conta da equipe, e para isso utilizamos técnicas para provar que todo mundo pode ser criativo. Alguns ainda acreditam que ideias inovadoras são exclusividade de pessoas dotadas desse dom ou de profissionais de tecnologia e inovação, porém técnicas como o *crazy 8s* e *brainwriting* possibilitam extrair o melhor de cada profissional, independentemente de sua área de atuação ou de sua capacidade de comunicação e articulação, uma vez que evitam o pensamento enviesado (o famoso efeito manada) e permitem que todos apresentem suas ideias inicialmente de forma individual, para somente em seguida entrarmos em uma fase de debate aberto e priorização das soluções. Por fim, escolher e sequenciar as ideias geradas nem sempre é uma tarefa fácil, e para isso utilizamos os pilares da inovação (Figura 25.5) com o objetivo de buscar, dentre todas as funcionalidades e soluções apresentadas pela equipe, aquelas que de fato estão relacionadas a uma dor real do cliente (desejável), as que são tecnicamente possíveis de ser realizadas dentro de um nível de complexidade aceitável (praticável) e as que acima de tudo entregam um real valor de negócio e um retorno real do investimento que está sendo realizado (viável).

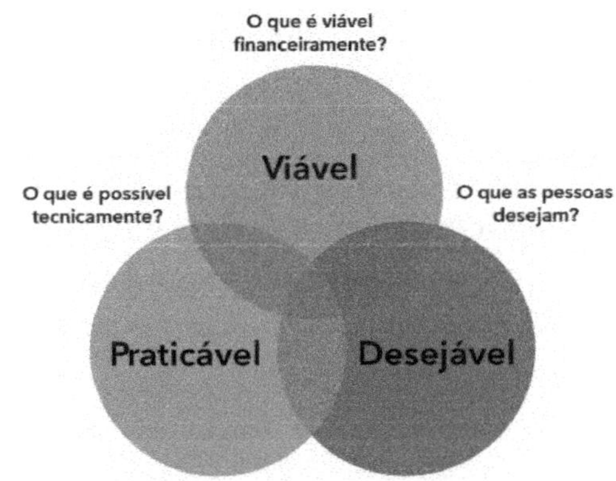

Figura 25.5. Os pilares da inovação.
Fonte: o autor.

Com o levantamento dessas informações, construímos o *Lean Canvas* (MAURYA, s.d.) do produto. Para ser possível de fato construir uma solução *Lean Digital*, é imprescindível definir não somente qual a solução que está sendo apresentada, como também qual sua real proposta de valor, custos e receitas envolvidos e principalmente as métricas-chave que definirão o sucesso do produto. O foco da equipe não deve ser somente entregar novas funcionalidades, mas de fato agregar valor ao usuário e ao cliente final.

No quarto dia, chegou a vez de aplicar a mentalidade *Lean* à experiência do usuário, nesse momento ainda com menos ênfase na identidade visual da plataforma (*User Interface* – UI) e mais foco na experiência em si do que está sendo projetado ao cliente final (*User Experience* – UX). Primeiramente foi construído um *storyboard* de forma totalmente colaborativa, onde as ideias priorizadas foram então transformadas em uma verdadeira história em quadrinhos, dando vida ao projeto através de protótipos em papel da plataforma ainda em baixíssima fidelidade. Com muito mais rapidez e colaboração no processo, o objetivo nesse momento é ter um protótipo para validar internamente e testá-lo com os usuários finais o mais rápido possível – o que, nesse caso, seria já no dia seguinte. Finalmente, no quinto dia, o protótipo foi apresentado e validado com muito entusiasmo pelos próprios representantes como usuários finais, gerando *feedbacks* extremamente valiosos que seriam integrados ao cardápio de ideias ainda antes do início da fase de desenvolvimento, aprimorando os protótipos desenvolvidos até a construção de um protótipo de alta fidelidade, contendo os resultados dos testes de usabilidade realizados e consolidando de forma visual o MVP.

Assim, foi possível dar início ao desenvolvimento da plataforma onicanal composta por um aplicativo a ser utilizado no iPad do representante, garantindo uma experiência fluida e intuitiva no seu dia a dia, e um *website* responsivo para os profissionais de saúde, permitindo um melhor relacionamento nas visitas presenciais e à distância. Seguindo a metodologia ágil de desenvolvimento e os princípios do *Lean Startup*, a solução foi desenvolvida de forma incremental. O público piloto iniciou sua utilização logo que o MVP estava disponível, mesmo antes da plataforma estar concluída em sua totalidade, o que permitiu tanto uma medição do nível de uso de cada funcionalidade quanto à validação da intuitividade da solução de forma geral, incrementando a cada duas semanas novas funcionalidades conforme priorização baseada totalmente na experiência real dos usuários do projeto piloto.

25.2. Quais os resultados?

Os resultados obtidos foram observados logo no lançamento do produto, momento no qual os mais de 1.500 representantes tiveram seu primeiro contato com a plataforma. Eles puderam iniciar sua utilização praticamente sem necessidade de treinamentos adicionais, o que seria inimaginável em projetos anteriores. Devido à extensão da equipe por todo o território nacional, projetos semelhantes acarretavam um alto custo de deslocamento e muitas vezes treinamento *in loco*. No caso desse projeto, a preocupação com a intuitividade e experiência dos usuários desde o primeiro momento permitiu que esse custo, anteriormente na ordem de centenas de milhares de reais, fosse praticamente eliminado.

Além disso, ao avaliar o custo total do projeto utilizando a abordagem *Lean Digital*, este se equipara a somente uma fração do TCO (*Total Cost of Ownership*) das soluções consideradas anteriormente ao projeto. Normalmente, ao se considerar uma aquisição de software de prateleira, existe um custo relativamente alto de implantação e customização da plataforma, além do custo de licença de uso mensal (no caso do modelo SaaS – *Software as a Service*). O que acontece frequentemente nesses casos é que muitas das funcionalidades existentes nos softwares de mercado não são efetivamente utilizadas por todas as empresas, já que cada uma possui seus próprios processos e características individuais, fazendo com que a empresa desembolse um valor referente ao sistema completo, mas só utilize uma fração dele.

Com a utilização de uma abordagem *Lean*, esse fato pôde ser comprovado após as validações contínuas e captura da percepção real de valor dos usuários finais, permitindo à equipe de desenvolvimento focar nas funcionalidades realmente imprescindíveis e valiosas para a empresa. A solução final também aumentou o nível de interação entre os representantes e profissionais de saúde: com dados mais precisos à disposição, a equipe de campo pôde de fato entregar um relacionamento mais próximo e personalizado para o cliente, tendo uma ampla visão de previsibilidade e resultados mais precisos.

26. Simplificação de sistemas de *telecom*

Roberto Fernandes de Oliveira
Gabriel Francisco Pistillo Fernandes

26.1. Contexto histórico

Assim como aconteceu em outras partes do mundo, o mercado de telecomunicações no Brasil passou por uma fase de privatizações nos anos 90, que foi logo seguida por anos de disputa entre pequenos e grandes competidores por um mercado bastante promissor.

Essa promessa brasileira se definia pela escassez de serviço de telecomunicações para boa parte da população, que não contava com serviços de telefonia fixa (somente 15% até 1996) e serviço de internet (somente 50% até 2013) (TELECO, 2022).

Nessa disputa prevaleceram os grandes grupos multinacionais que apresentavam preponderância em rede e usuários, uma vez que adotaram como estratégia investimentos massivos em infraestrutura e compra, parceria e fusão entre empresas. Assim, o setor passou de um monopólio estatal para um oligopólio com um modelo de competição regulado por uma agência do governo, a Anatel.

Como uma das três grandes representantes do setor no Brasil, a filial da maior operadora espanhola de telecomunicações foi uma das que se consolidaram como líder, com distintos serviços de telecomunicações em muitas regiões do país, por vezes superando inclusive a matriz em seus resultados financeiros.

Apesar dos resultados bastante relevantes, o Brasil chega ao ano de 2012 com uma crise importante, baixo crescimento do PIB e um movimento expressivo da matriz espanhola para a transformação digital da empresa. Segundo o então CEO, 2012 era um ano-chave para a transformação do modelo de negócio da empresa.

26.2. Novo desafio

O incentivo da transformação digital chegou em um bom momento, principalmente porque os passos de consolidação, potencializados com o histórico estatal, trouxeram uma complexidade que poderia representar um entrave importante para a escalabilidade da operação brasileira e aplicação de qualquer iniciativa de transformação. Logo, o incentivo era vital para a sobrevivência do negócio.

- ✓ **Cultural e organizacional:** em 2012, a empresa formaliza a aquisição de uma das maiores operadoras móveis no país e adota o seu nome como marca comercial. Chegamos a esse ano com duas empresas em processo de unificação, com uma nova marca e funcionários de distintas origens, uma pluralidade que exigia ações de conscientização e reforço da nova identidade cultural da empresa.
- ✓ **Tecnológica:** os produtos e serviços de origem móvel se mantinham em um ecossistema tecnológico de sistemas e infraestrutura mais modernos em relação à operação fixa, que carregava uma plataforma legada em *mainframe*, já considerada defasada para o setor nessa época. Isso trazia uma percepção de que havia várias organizações em uma só empresa, o que era reforçado pela necessidade de segmentação de áreas para atender às diferentes necessidades tecnológicas e à verticalidade dos sistemas, que atendiam a uma função específica, em vez de atender a uma necessidade da jornada do cliente. Assim, um funcionário de um *call center*, por exemplo, usava de três a cinco sistemas diferentes para completar uma operação e resolver o problema de um cliente que possuía um pacote de dois ou três serviços (telefonia fixa, móvel e TV).

Na tentativa de entender melhor a complexidade de todas as operações, incluindo a brasileira, a matriz criou uma iniciativa para aferir o nível de maturidade digital delas, medindo processos e métricas que, consolidados em um modelo, geravam uma pontuação de maturidade digital em dimensões específicas, muito similares às propostas por Martins *et al.* (2018-2019) a partir de um estudo realizado com 124 empresas de médio e grande porte de distintos setores.

Para entender melhor o resultado, é importante mencionar que, neste estudo, Martins *et al.* (2018-2019) afirmam que as transformações digitais podem ser caracterizadas por acionar ao menos uma de quatro alavancas-chave de valor:

1. Modelos de negócio (novas formas de operar e novos modelos econômicos).
2. Conectividade (engajamento em tempo real).
3. Processos (foco na experiência do cliente, automação e agilidade).
4. *Analytics* (melhor tomada de decisão e cultura de dados).

No entanto, para capturar o valor criado por essas alavancas, é necessário associá-las a um conjunto de melhores práticas de gestão que abrangem quatro dimensões fundamentais: **estratégia, capacidades, organização e cultura**, representadas na Figura 26.1.

Estratégia	Capacidades	Organização	Cultura
Consciência da mudança	Marketing e vendas digitais	Estrutura	Agilidade
Aspiração ambiciosa e de longo prazo	Jornadas do cliente	Colaboração entre negócio e tecnologia	Teste e aprendizado
Vinculada à estratégia do negócio	Dados e *analytics*	Talentos	Experimentação
Centralidade no cliente	Modelos e plataforma tecnológica	Proficiência em *analytics* e digital	Colaboração interna
Oportunidades de crescimento	Foco na geração de valor	Governança e métricas	Orientação externa
Roadmap específico			Mentalidade baseada em dados

Figura 26.1. As quatro dimensões avaliadas das empresas participantes do estudo. Fonte: adaptado de Martins *et al.* (2018-2019).

Ainda segundo o estudo de Martins *et al.* (2018-2019), após a avaliação de 22 práticas de gestão críticas para o sucesso da transformação digital e relacionando-as às quatro dimensões fundamentais mencionadas, temos os resultados ilustrados na Figura 26.2.

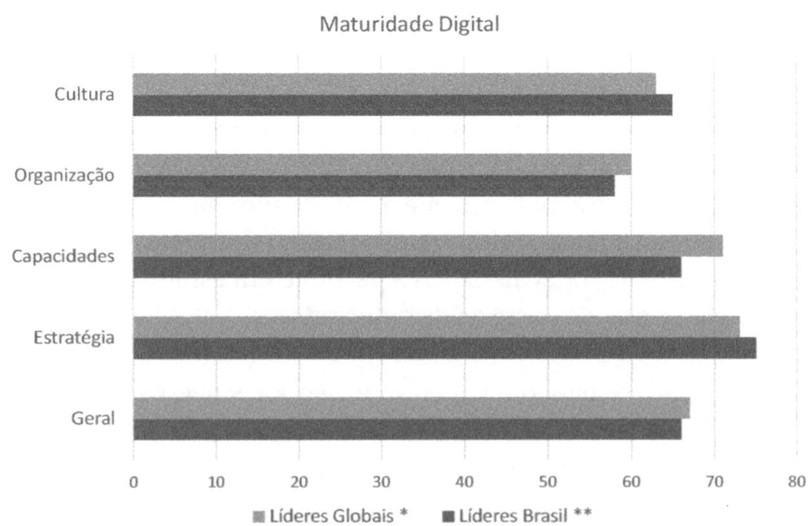

* Média do primeiro quartil das empresas que responderam à pesquisa A&DQ
**Média do primeiro quartil das empresas no Brasil que responderam à pesquisa A&DQ

Figura 26.2. Maturidade digital entre líderes globais e do Brasil (pontuação 0-100). Fonte: adaptado de Martins *et al.* (2018-2019).

Podemos observar que os líderes digitais no Brasil apresentam maturidade digital alinhada à dos líderes globais, porém as dimensões que apresentaram uma diferença negativa em relação aos líderes globais foram a de **capacidades** e **organização**, onde a pontuação dos líderes digitais no Brasil ficou abaixo da pontuação dos líderes globais. Assim como no estudo da consultoria McKinsey, os fatores mencionados seriam críticos para a transformação do grupo de telecomunicações do caso em nível nacional.

Dessa forma, os próximos passos seriam a conscientização do ponto de partida de cada operação e o estabelecimento de planos de ação compatíveis com a realidade local, além da medição periódica dos avanços, uma proposta metodológica de análise global-local e local-global.

Na área de tecnologia da informação (TI), alguns dos processos-chave utilizados para medir a maturidade digital estavam relacionados à capacidade de respaldar os custos de manutenção de TI em inventários digitais, com monitoramento proativo de sistemas e infraestrutura e na relação entre eles, o que, dado o contexto em que a empresa se encontrava, representava um grande desafio, por dois motivos principais:

1. **Falta de controle sobre inventários:** os contratos de manutenção não tinham uma correspondência clara com os inventários de sistemas e equipamentos da empresa. Além disso, havia muitos sistemas e equipamentos que não estavam sendo monitorados pelos sistemas de gestão de ativos, o que nos deixava, em certos casos, "reféns" do que o provedor indicava para contratos de manutenção.
2. **Falta de documentação dos sistemas:** muitos sistemas não tinham documentação e não havia segurança em indicar os processos de negócio que poderiam impactar, o que só aumentava o risco de perda de informações e impossibilitava a visualização clara do cenário atual.

26.3. Oportunidade

Por conta desses desafios, tínhamos em mãos uma grande oportunidade de revisão de ativos, processos e controles para permitir a otimização de recursos, caminho certo para a prática do *Lean Digital*. Para isso era necessário trabalhar em algumas frentes:

- ✓ **Cultural:** estabelecer um plano de formação *Lean* na empresa, com iniciativas de capacitação que envolvessem todos os níveis corporativos e conscientização sobre os problemas encontrados.

- ✓ **Simplificação e melhoria contínua:** determinar um plano de revisão dos processos de gestão para eliminar desperdícios (*muda*) gerenciando as irregularidades (*mura*) e os excessos (*muri*) que potencializavam ou ocultavam o problema encontrado.
- ✓ **Controle e automação:** digitalizar a captura de dados e automatizar os fluxos de informação associados ao inventário para permitir a monitoração proativa de recursos.

Essas frentes foram definidas no planejamento estratégico como pilares que guiaram a classificação das principais iniciativas para a transformação digital. A que mais se destacou com relação aos resultados apresentados na área de TI foi o projeto de simplificação e convergência de sistemas, que impactava e era influenciado pelos três pilares mencionados.

26.4. Projeto de simplificação e convergência de aplicações

Este projeto tratou da simplificação do mapa de aplicações da organização e buscou eficiência econômica e operacional por meio da redução do número de aplicações e sua infraestrutura relacionada. Tinha como áreas envolvidas a Diretoria de Governança e Projetos de Transformação de TI, a Diretoria de Arquitetura Corporativa e a Diretoria de Gestão de Serviços, Configuração e Ativos, que eram equipes habilitadoras nesse processo de transformação de TI.

O seu objetivo principal foi reduzir 25% dos sistemas de 2012 até 2013, almejando a progressão desse trabalho em 2014 e 2015 para atingirmos uma redução de 50% até 2016. Essas metas de racionalização do mapa de sistemas trouxeram oportunidades de ganhos de simplificação e padronização de processos para a empresa, posto que um número reduzido de aplicações impactou positivamente na redução ou otimização dos contratos de manutenção de hardware e software, bem como na simplificação dos processos de atendimento CRM (*Customer Relationship Management*) e faturamento, além de reduzir o número de aplicações para completar um ciclo de atendimento com foco no cliente.

O passo inicial foi o mapeamento das aplicações alvo deste projeto, as quais foram classificadas em:

- ✓ **Sistemas corporativos:** aqueles que possuem controle total da TI, ou seja, que possuem gestão de acessos, gestão de ativos, gestão de mudanças e de configuração, bem como a infraestrutura completa (servidores e *mainframes*, por exemplo) mantida pela equipe.

- ✓ **Sistemas departamentais:** aqueles que possuem controle parcial ou nulo pela TI; por exemplo, sistemas cuja infraestrutura não é mantida pela TI ou sistemas em que não existe qualquer gestão sobre os perfis de acesso de usuários e as mudanças provocadas neles.
- ✓ **Sistemas departamentais internalizados:** aqueles que já foram departamentais, mas possuem controle da TI, como os sistemas corporativos. A grande diferença é que, por mais que a TI tenha efetivado o controle sobre o sistema, muitas vezes não há uma documentação detalhada e/ou possibilidade de promover evoluções no sistema para que o controle da TI seja total.
- ✓ **Ferramentas:** são sistemas utilizados com maior frequência e que não permitem correções ou evoluções constantes, já que possuem uma única funcionalidade bem definida, geralmente suportada por um fornecedor externo. As ferramentas não fizeram parte do escopo do projeto nesse momento.

A classificação dos sistemas foi muito importante e necessária para a desativação em seus diversos tipos e frentes de desligamentos.

26.4.1. Tipos de desativação

Houve três tipos de desativação: partimos da parcial, lógica, para a mais completa, administrativa. O ideal era que todos os sistemas planejados para a desativação seguissem o fluxo completo até a desativação administrativa, com a remoção do registro dos catálogos de aplicações, mas muitos continuavam ativos para consulta de dados históricos por um tempo determinado – e por isso ocorreram também as desativações lógicas, também conhecidas como parciais.

A desativação lógica desabilitava todos os usuários ativos operacionais do sistema, e assim o sistema poderia continuar ativo para consultas, mas não sofreria quaisquer evoluções, já possuindo o desligue físico planejado.

A desativação física ocorria quando a infraestrutura do sistema era desativada ou o sistema era desinstalado, assim o sistema passava a estar de fato fora de operação, sem infraestrutura alocada para sua execução.

A desativação administrativa, por sua vez, ocorria quando o sistema era removido de todos os controles e catálogos oficiais de TI, tais como listas de sistemas e ferramentas.

Para concretizar as desativações administrativas se necessitava somente do acordo das áreas usuárias para prosseguir, mas a maior parte das desativações era lógica e física, pois, para muitos desses casos havia a necessidade de se manter a funcionalidade da aplicação original através de adaptações em outra aplicação já existente ou a criação de uma nova aplicação.

Por isso tivemos algumas frentes para fomentar a descoberta de potenciais desativações e também permitir novas desativações através da convergência com novas aplicações que assumiam uma ou mais funcionalidades das aplicações originais, ou até promover evoluções em aplicações já existentes para absorver as funcionalidades da aplicação a ser desativada.

26.4.2. Frentes de desativação

Para alavancar a desativação de aplicações contávamos com quatro frentes de desligue:

1. **Projetos estruturantes:** através desta frente, se promoveu a convergência das operações fixa e móvel, transformando suas aplicações de mesmo domínio em uma solução única e orientada aos clientes. Assim, aplicações dedicadas ao domínio de relacionamento com clientes (CRM), por exemplo, foram unificadas em uma única aplicação convergente estrutural, permitindo que todas as outras aplicações dedicadas a esse domínio fossem desativadas pelo projeto.
2. **Convergência de aplicações:** nesta frente se promoveu a captura de sinergias pela unificação das operações móvel e fixa por meio da desativação de aplicações com funcionalidades redundantes. Esta frente existia justamente pelos movimentos de fusões e aquisições, já que muitas sinergias surgiram quando as operações (fixa e móvel) se uniram.
3. **Migração de *data centers*:** por meio da revisão de inventário dos *data centers* durante as migrações, foi possível identificar aplicações que não eram mais utilizadas e podiam ser desativadas.
4. **Projeto de departamentais:** este projeto efetivava a transferência do controle de sistemas departamentais para a TI, criando um ambiente robusto e otimizado pela eliminação, consolidação, troca ou transformação das aplicações.

Assim, com essas frentes, se alavancou a descoberta de aplicações para o projeto e foi possível contar com recursos adicionais para efetivar as desativações promovidas por cada frente. De qualquer forma, independentemente da frente, seguia-se um fluxo preestabelecido para a desativação.

26.4.3. Fluxo de desativação

A desativação de uma aplicação era sempre acompanhada por uma proposta de solução para a desativação completa do sistema, que advinha de uma das quatro frentes de desativação mencionadas anteriormente. Sua solução poderia ser proposta tanto pela área usuária da aplicação quanto pelas áreas que constituíam o time de governança do projeto de simplificação, representado principalmente pela área de arquitetura.

Logo, o fluxo de desativação se iniciava quando uma área, interna ou externa ao projeto, propunha e justificava a desativação da aplicação por meio de quatro formas distintas:

- ✓ A aplicação seria substituída em função de um novo projeto.
- ✓ A aplicação seria desativada por não ser mais útil à organização.
- ✓ A aplicação teria sua funcionalidade adaptada em outra, que deveria ser mantida com algum esforço de desenvolvimento.
- ✓ A aplicação seria utilizada somente para consulta e seu histórico migrado para outra aplicação.

Assim, quando se notificava a proposta de desativação, se encaminhava a solicitação aos pontos focais do projeto das áreas de desenvolvimento, produção e sustentação para que procedessem com as desativações lógicas e/ou administrativas.

Caso o sistema contivesse infraestrutura alocada internamente, havia a necessidade de verificar se esta era compartilhada por outra aplicação que não estivesse contemplada no escopo. Caso negativo, era feita a desativação física. Para isso os pontos focais de infraestrutura, produção e suporte levantavam informações e procedimentos de desativação.

Estava então completa a estrutura do projeto para viabilizar as desativações lógica, física e administrativa, e se esperava que toda desativação trouxesse simplificação, ainda que somente no número de aplicações, e isso pudesse resultar em ganhos financeiros. Houve então a necessidade de criar uma frente de captura de ganhos para ampliar o mapeamento de eficiências resultantes do projeto de simplificação de aplicações.

26.4.4. Captura de eficiências

Mesmo objetivando a simplificação do mapa de aplicações, havia também outras simplificações que potencializavam os resultados do projeto.

A desativação lógica permitia diminuir os usuários de determinada aplicação, por vezes resultando na economia de licenças. O próximo passo, nos casos em que não havia necessidade de consulta da base, era a desativação física, onde era possível simplificar os servidores e toda a infraestrutura relacionada, gerando ganhos de eficiência nos custos de manutenção de infraestrutura. Da mesma forma, na desativação administrativa era possível simplificar os catálogos, permitindo maior controle das aplicações necessariamente ativas. Assim se compreende como as desativações, uma vez completas, resultaram em eficiências.

26.4.5. Resultados

Em 2013 a meta era reduzir em 25% o número de aplicações da organização. Com a evolução do planejamento e das desativações, eram promovidas sessões de acompanhamento onde se apresentava a evolução do projeto, como mostra o gráfico da Figura 26.3.

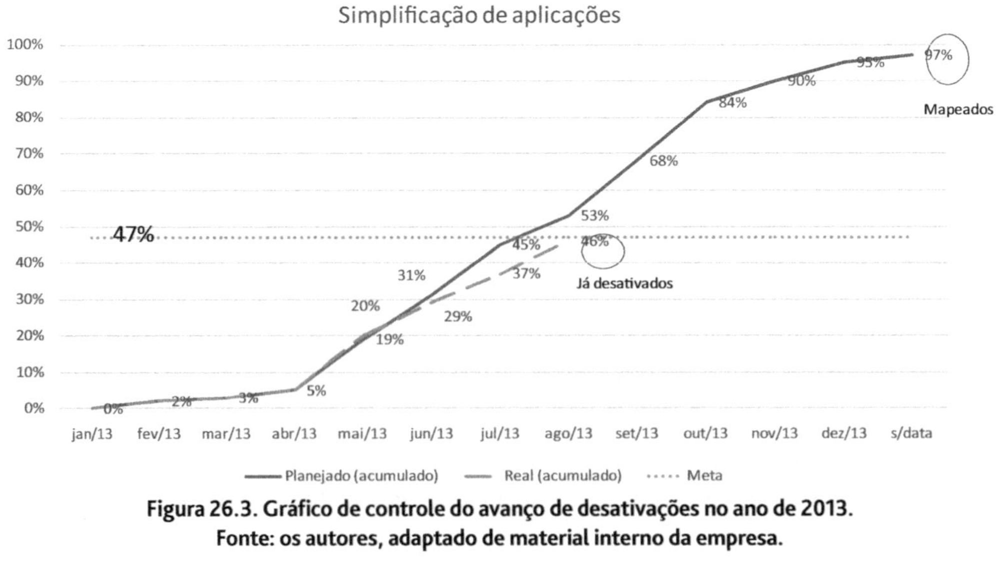

Figura 26.3. Gráfico de controle do avanço de desativações no ano de 2013. Fonte: os autores, adaptado de material interno da empresa.

O início do projeto em 2013 foi lento e gradual, já que ainda se estava construindo o inventário de aplicações para mapear as oportunidades de desligamento. A partir do mês de abril se iniciaram as comunicações para buscar aplicações com desativação potencial nas quatro frentes de desativação. Assim, nos meses subsequentes se ampliou o número de aplicações planejadas e os planos de desativação foram seguidos, atingindo 50% do planejamento da meta em julho de 2013. As desativações continuaram progredindo, mas havia um *gap* de 8% de aplicações que tiveram a desativação descontinuada por apresentarem atrasos da área de desenvolvimento no mês de julho de 2013.

Nesse momento, ocorria uma dependência da evolução do planejamento de novos desligamentos para atingir a meta de 2013 e do esforço das equipes envolvidas para que fosse mantido o cumprimento das desativações já planejadas. Para isso se criou um sistema de *ranking* utilizando-se de conceitos do mundo dos jogos, o *gamification*, para apresentar os planejamentos e as desativações por gerente, criando um ambiente saudavelmente competitivo em que o relatório mensal à diretoria incentivava esforço adicional das equipes para a concretização da meta.

Esse conceito auxiliou no progresso do planejamento. Obteve-se um aumento das aplicações planejadas em mais de 20% a partir de agosto, o que foi crítico até o final do projeto. A figura 26.4 ilustra um dos *dashboards* apresentados, com o *ranking* do progresso percentual de sistemas desativados por gestor de cada área envolvida no projeto, os "donos" das aplicações.

Os gestores eram representados por super-heróis, aqui atribuindo um nome fictício a cada gerente. A cada nova reunião se definia um novo tema. Além de super-heróis, houve, por exemplo, a reunião do *Halloween* e a corrida de Fórmula 1. A dinâmica ajudava a criar expectativa sobre a apresentação de resultados, mantendo assiduidade e participação, além de permitir a conscientização e pressão por resultados de uma forma lúdica.

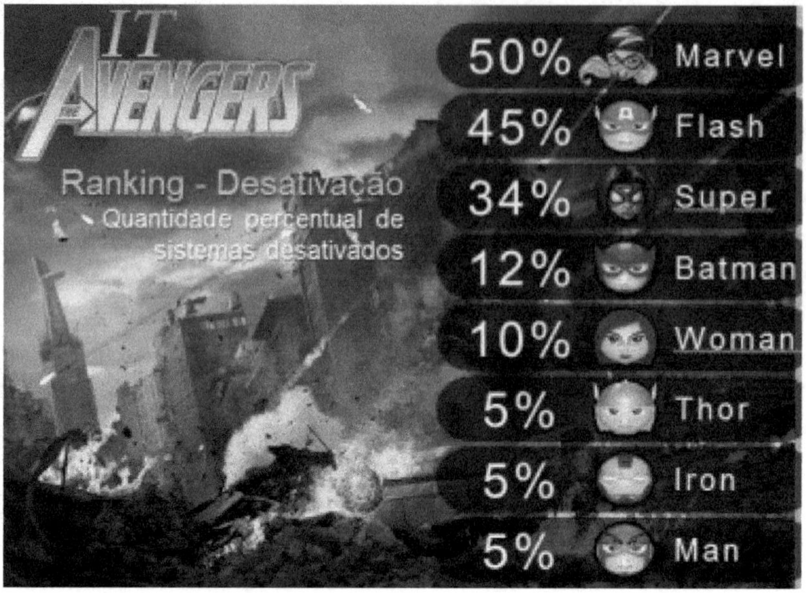

Figura 26.4. *Ranking* de progresso percentual de sistemas desativados.
Fonte: os autores, adaptado de material interno da empresa.

Para mapear o progresso das desativações se utilizavam alguns controles específicos com informações diretas do projeto. Essas informações eram mapeadas no nível de equipe e tinham uma correspondência direta com as ferramentas de gestão de ativos, aplicações e infraestrutura, um ganho não financeiro do projeto que permitiu maior controle e automatização dos processos.

- ✓ **Inventário de aplicações**, para controlar as datas de desativação, informações específicas das aplicações e seus responsáveis.
- ✓ **Inventário de infraestrutura das aplicações com desativação planejada**, para mapear as eficiências decorrentes da desativação da infraestrutura alocada às aplicações.
- ✓ **Inventário de desenvolvimento das aplicações com desativação planejada**, para mapear as eficiências decorrentes da finalização ou redução do escopo dos contratos de manutenção de software, para evoluções e correções nas aplicações.

Ao final de 2015, os resultados apresentados tiveram um impacto bastante positivo na organização: foram mais de 300 aplicações desativadas (lógica, física e administrativamente), com captura de mais de US$ 3.000.000 anuais (referência em dólar de 2015) em economias somente nos contratos de manutenção de hardware (servidores), uma vez que as capturas nos contratos de aplicações não haviam sido completamente auferidas.

Com o impacto do projeto, foram geradas outras iniciativas *Lean Digital*, uma delas focada em calcular o custo de cada aplicação gerenciada por TI, considerando todas as camadas que a suportam (infraestrutura, segurança, licenças), gerando a consciência do impacto financeiro de cada nova aplicação através da exposição dos recursos que consome.

Além dos ganhos financeiros, a iniciativa foi reconhecida pela capacidade de mobilização de oito áreas com mais de 160 colaboradores envolvidos direta ou indiretamente na simplificação e convergência de aplicações, criando um senso de unidade e promovendo um *mindset Lean* focado na criação de uma cultura de eficiência e na melhoria contínua, com aplicação efetiva de ferramentas de controle e automatização de processos-chave para permitir a transformação digital.

27. *Cases* JornadaCast

27.1. *Case* 1 – Implantando *DevOps* em produtos digitais apoiando a cultura *Lean Digital* em diversas organizações

Analia Irigoyen
Edição do podcast: Ibson Cabral

Nome da empresa ou setor	Empresa de consultoria que apoia a implantação de *DevOps* e ágil com foco no atendimento de normas, leis e modelos de referências
Descrição do problema ou oportunidade	Implantação do Azure DevOps, *DevOps* e cultura de agilidade na área de desenvolvimento de diversos setores
Ações realizadas	Implantar *DevOps* com as seguintes tecnologias: AzureDevOps, .Net, Java, *blockchain*, SONAR e gradle
Principais resultados e aprendizados	Muitos resultados foram alcançados e ainda estão sendo potencializados, tais como: maior eficiência e eficácia com a automação do fluxo em um produto inovador, maior qualidade, redução de desperdícios, mais tranquilidade na entrada em produção, menos estresse, conformidade com a SOX e outros modelos, o negócio e a área de infraestrutura cada vez mais perto do time e muito, mas muito aprendizado.
LinkedIn dos responsáveis pelo *case*	<https://www.linkedin.com/in/analiairigoyen/>

Procure no Spotify pelo *podcast* #178 JornadaCast ou acesse: <https://open.spotify.com/episode/0MC1msI7ABNwcIPbTgZETO?si=q-di9_gBR_OPqXKyjvMztQ&nd=1>

27.2. *Case* 2 – *Innovative Workplaces 2022*: seguradoras e o *Lean Digital* – a premiação da MIT Technology Review Brasil para uma seguradora global

Antonio Muniz
André L. Miceli
Alexandre Caramelo Pinto
Edição do podcast: Ibson Cabral

Infobase **André L. Miceli – CEO**	Integradora de tecnologia que atua em diversas indústrias desde 1998, contando com mais de 100 clientes e 400 colaboradores ao redor do mundo. Constrói soluções nas áreas de aplicações, infraestrutura e digital.
MIT Technology Review Brasil **André L. Miceli – CEO**	Fundada no Instituto de Tecnologia de Massachusetts em 1899, a *MIT Technology Review* é uma empresa digital de mídia independente cujas análises, recursos, avaliações, entrevistas e eventos explicam o impacto comercial, social e político das novas tecnologias.
Descrição do problema ou oportunidade	O ***Innovative Workplaces*** é um selo criado pela *MIT Technology Review* conferido às empresas mais inovadoras em seu segmento de atuação. André L. Miceli traz uma dessas organizações do setor de seguros e faz uma análise dos traços comuns entre elas em termos de inovação e de oportunidades do *Lean Digital*. No caso em tela, uma seguradora global com desafios no mercado brasileiro nos ambientes digitais enfrentava um desajuste na expectativa dos clientes, que não compreendiam as vantagens do ágil e híbrido quando abordados diferentes produtos.
Ações realizadas	- Alterações no posicionamento e público-alvo - Criação de torres de construção de soluções - Desenvolvimento de novos produtos digitais com abordagem híbrida (tradicional e ágil)
Principais resultados e aprendizados	A *MIT Technology Review* analisou mais de mil organizações inovadoras sob quatro perspectivas: gestão, produtos/serviços, marketing e processos. Através dessa ótica, foi medida a efetividade de suas ações em relação à inovação. As 20 empresas mais inovadoras do Brasil foram reconhecidas através do selo ***Innovative Workplaces***. A seguradora mencionada anteriormente foi reconhecida com o selo do *MIT Tech Review Brasil* - Testagem de hipóteses com soluções mais ágeis - Desenvolvimento de nova arquitetura e *mindset* ágil para a entrega de soluções em inovação aberta
LinkedIn dos responsáveis pelo *case*	<https://www.linkedin.com/in/muniz-antonio1/> <https://www.linkedin.com/in/profalexandrecaramelo/> <https://www.linkedin.com/in/andrelmiceli/>

Procure no Spotify pelo *podcast* #176 JornadaCast ou acesse: <https://open.spotify.com/episode/6fJECAkP9Eur4fkuaN1jbD?si=dlvYfKoCT1-4FljglHf79g>

27.3. *Case* 3 – *Lean Digital* na segurança da informação de um banco

Gustavo Cocina
Edição do podcast: Ibson Cabral

Nome da empresa ou setor	Empresa do setor financeiro, estruturado como um banco privado.
Descrição do problema ou oportunidade	Sobrecarga e alta imprevisibilidade de demandas no serviço de gestão de acesso da companhia e falta de clareza e processos para testes de vulnerabilidade
Ações realizadas	Envolver pessoas das áreas de segurança e gestão, áreas clientes e consultoria para escutar a voz e engajá-las. Em seguida, mapeamento dos sintomas, desafios e dores com A3, mapas de fluxo e implementação do PDCA
Principais resultados e aprendizados	Diversos resultados foram alcançados, tanto qualitativos – maior colaboração, foco e atenção quanto ao trabalho em equipe entre áreas – quanto quantitativos, tais como: diminuição das vulnerabilidades dos sistemas em 93% e 55% de redução do *lead time*. Além disso, aumentou-se a proximidade entre as áreas, melhorou a confiança nas entregas e a cresceu a flexibilidade nos *deploys* do banco digital.
LinkedIn dos responsáveis pelo *case*	<https://www.linkedin.com/in/gustavo-cocina/>

Procure no Spotify pelo *podcast* #177 JornadaCast ou acesse: <https://open.spotify.com/episode/0lzOTnWdy9GKFKX2rpxHss?si=cDzW84HrSeGlxu70xYq42Q->

Referências

99U. Simon Sinek: If You Don't Understand People, You Don't Understand Business. **YouTube**, 16 nov. 2012. Disponível em: <https://youtu.be/llKvV8_T95M>. Acesso em: 14 dez. 2022.

ACKOFF, R. L. Systems thinking and thinking systems. **System Dynamics Review**, vol. 10, n. 2-3, Summer-Autumn (Fall) 1994, p. 175-188. Disponível em: <http://dx.doi.org/10.1002/sdr.4260100206>. Acesso em: 15 dez. 2022.

ADAPTWORKS. [Webinar] Lean Change Management, com Jason Little – Adaptworks. **YouTube**, 09 maio 2019. Disponível em: <https://www.youtube.com/watch?v=nTxdufXZe0o>. Acesso em: 19 dez. 2022.

AGILE WHEEL. **Scrumban.** Disponível em: <https://agilewheel.com/tag/scrumban>. Acesso em: 19 dez. 2022.

ALBINO, R. **Métricas Ágeis:** obtenha melhores resultados em sua equipe. São Paulo: Casa do Código, 2017.

ANDERSON, D. J. **Kanban:** mudança evolucionária de sucesso para seu negócio de tecnologia. [S.l.]: Blue Hole Press, 2011.

ANDERSON, D. J.; BOZHEVA, T. **Kanban Maturity Model:** evolving fit-for-purpose organizations. [s.l.]: [s.n.], 2018.

ANDERSON, D. J; CARMICHAEL, A. **Essential Kanban Condensed.** [S.l.]: LeanKanban University Press, 2016.

ANDERSON, D. **Kanban:** successful evolutionary change for your technology business. Sequim, WA: Blue Hole Press, 2010.

ANDERSON, D. Kanban: when is it appropriate? **Lean Kanban University**, Oct. 18, 2014. Disponível em: <https://resources.kanban.university/kanban-when-is-it-appropriate-part-1/>. Acesso em: 19 dez. 2022.

ANTUNES, L. **Soft skills:** competências essenciais para os novos tempos. São Paulo: Literare Books International, 2020.

APPELO, J. **Management 3.0:** leading agile developers, developing agile leaders. Upper Saddle River, NJ: Addison-Wesley Professional, 2011.

ARGYRIS, C. Double-Loop Learning, Teaching, and Research. **Academy Of Management Learning & Education**, vol. 1, n. 2, 2002, p. 206-218. Disponível em: <http://dx.doi.org/10.5465/amle.2002.8509400>. Acesso em: 15 dez. 2022.

ASHRAFIAN, A. *et al.* Sketching the Landscape for Lean Digital Transformation. **IFIP International Conference on Advances in Production Management Systems (APMS)**, Austin, TX, Sep. 2019, p. 29-36, 10.1007/978-3-030-30000-5_4. hal-02419191. Disponível em: <https://hal.science/hal-02419191/>. Acesso em: 09 fev. 2023.

BALLÉ, M.; JONES, D.; CHAIZE, J. **A Estratégia Lean:** para criar vantagem competitiva, inovar e produzir com crescimento sustentável. Porto Alegre: Bookman, 2019.

BAUMAN, Z. **Tempos líquidos.** Rio de Janeiro: Zahar, 2007.

Bell, S. C.; ORZEN, M. A. **TI Lean:** capacitando e sustentando sua transformação Lean. São Paulo: Lean Institute Brasil, 2013.

BELL, S. C; ORZEN, M. A. **Lean IT:** enabling and sustaining your lean transformation. Boca Raton, FL: Productivity Press, 2011.

BELL, S. The New Frontier of Lean: The Digital Lean Enterprise. *In*: **Lean IT Summit**, 2017.

BERG, H. *et al.* **Digital waste management.** European Topic Centre on Waste and Materials in a Green Economy, 2020.

BITKOM; VDMA; ZVEI. **Implementation Strategy Industrie 4.0:** report on the results of the Industrie 4.0 Platform. Jan. 2016. Disponível em: <https://www.bitkom.org/sites/default/files/file/import/2016-01-Implementation-Strategy-Industrie40.pdf>. Acesso em: 14 dez. 2022.

BLACK SWAN FARMING. **How to do a *really* basic forecast.** Disponível em: <https://blackswanfarming.com/how-to-do-a-really-basic-forecast/>. Acesso em: 19 dez. 2022.

BLOCKBUSTER poderia ter comprado a Netflix por US$ 50 milhões em 2000, mas achou a empresa cara. **Época Negócios**, 03 out. 2019. Disponível em: <https://epocanegocios.globo.com/Empresa/noticia/2019/10/blockbuster-poderia-ter-comprado-netflix-por-us-50-milhoes-em-2000-mas-achou-empresa-cara.html>. Acesso em: 13 dez. 2022.

BOULTON, C. What is digital transformation? A necessary disruption. **CIO**, June 24, 2021. Disponível em: <https://www.cio.com/article/3211428/what-is-digital-transformation-a-necessary-disruption.html>. Acesso em: 16 dez. 2022.

BRASIL. **10 passos para a transformação digital em estados e municípios.** 23 fev. 2022. Atualizado em: 30 jun. 2022. Disponível em: <https://www.gov.br/governodigital/pt-br/transformacao-digital/10passos/>. Acesso em: 16 dez. 2022.

BRASIL. **Brasil registra recorde em abertura de empresas no 2º quadrimestre.** 05 out. 2021. Atualizado em 31 out. 2022. Disponível em: <https://www.gov.br/pt-br/noticias/financas-impostos-e-gestao-publica/2021/10/brasil-registra-recorde-em-abertura-de-empresas-no-2o-quadrimestre>. Acesso em: 19 dez. 2022.

BRASIL. Lean nas emergências. **Ministério da Saúde**, s.d. Disponível em: <https://www.gov.br/saude/pt-br/assuntos/saude-de-a-a-z/l/lean-nas-emergencias>. Acesso em: 19 dez. 2022.

BRASIL. **Programa de Desenvolvimento de Capacidades para a Transformação Digital.** Conselho Nacional de Arquivos, 28 abr. 2021. Disponível em: <https://www.gov.br/conarq/pt-br/assuntos/eventos-1/programa-de-desenvolvimento-de-capacidades-para-transformacao-digital>. Acesso em: 16 dez. 2022.

BRINKLEY, I. *et al.* **Knowledge workers and knowledge work:** A knowledge economy programme report. Work Foundation, 2009.

BROWN, B. **A coragem para liderar:** trabalho duro, conversas difíceis, corações plenos. 8.ed. Rio de Janeiro: Best Seller, 2020.

BUSLENKO, N. P. The Monte Carlo Method: the method of statistical trials. **International series of monographs in pure and applied mathematics**, vol. 87, Oxford, Pergamon Press, 1966.

BUSSAB, W. de O.; MORETTIN, P. A. **Estatística Básica.** 5.ed. São Paulo: Saraiva, 2003. 507p.

CAGAN, M. **Inspired:** how to create tech products customers love. 2nd.ed. Hoboken, NJ: Wiley, 2017.

CANTANHEDE, M. A. D. **Lean Thinking em Desenvolvimento de Software:** Estudo e Aplicação de Ferramenta para Avaliação do Lean em Software. Dissertação (Mestrado em Tecnologia e Inovação) – Universidade Estadual de Campinas, Faculdade de Tecnologia, Limeira, 2014.

CAROLI, P. **Lean Inception:** Como alinhar pessoas e construir o produto certo. São Paulo: Caroli, 2018.

CARR, N. G. **Does IT matter?:** information technology and the corrosion of competitive advantage. Boston, MA: Harvard Business Review Press, 2004.

CARR, N. G. IT doesn't matter. **Harvard Business Review**, May 2003.

CASAROTTO, C. Hotjar: saiba como utilizar essa ferramenta para otimizar a sua estratégia digital. **Rock content**, 27 mar. 2019. Disponível em: <https://rockcontent.com/br/blog/hotjar/>. Acesso em: 15 dez. 2022.

CASCIO, J. Facing the Age of Chaos. **Medium**, Apr. 29, 2020. Disponível em: <https://medium.com/@cascio/facing-the-age-of-chaos-b00687b1f51d>. Acesso em: 16 dez. 2022.

CAVALCANTE, P. (org.) **Inovação e políticas:** superando o mito da ideia. Brasília: Ipea, 2019. 427p.

CENTRALRBN. Mundo BANI: como pensar em meio ao caos. **Portal RBN,** 16 fev. 2021. Disponível em: <https://portalrbn.com.br/mundo-bani-como-pensar-em-meio-ao-caos/> Acesso em: 19 dez. 2022.

CHEN, D. H. C.; DAHLMAN, C. J. **The knowledge economy, the KAM methodology and World Bank operations.** Washington, DC: World Bank Institute, 2006.

CI&T. **O Lean como vetor da transformação digital com geração de alto valor.** 04 jul. 2019. Disponível em: <https://ciandt.com/br/pt-br/article/o-lean-como-vetor-da-transformacao-digital-com-geracao-de-alto-valor>. Acesso em: 16 dez. 2022.

CIMM. **Definição – o que é Fila de Espera**. Disponível em: <https://www.cimm.com.br/portal/verbetes/exibir/2023-fila-de-espera>. Acesso em: 19 dez. 2022.

CIMM. **Definição – o que é Lote**. Disponível em: <https://www.cimm.com.br/portal/verbetes/exibir/794-lote>. Acesso em: 19 dez. 2022.

CLARK, J.; COHEN, M. The century of complexity. **Beshara Magazine**, n. 6, 2017. Disponível em: <https://besharamagazine.org/science-technology/dr-vasileios-basios-the-century-of-complexity/>. Acesso em: 09 fev. 2023.

COHEN, W. M. **A class with Drucker:** the lost lessons of the world's greatest management teacher. New York, NY: Amacom, 2007.

COHEN, W. M.; LEVINTHAL, D. A. Absorptive capacity: A new perspective on learning and innovation. **Administrative science quarterly** vol. 35, n. 1, Special Issue: Technology, Organizations, and Innovation. (Mar. 1990), p. 128-152.

CONSELHO NACIONAL DE SECRETÁRIOS DE SAÚDE. **A gestão da saúde nos estados:** avaliação e fortalecimento das funções essenciais. Brasília: Organização Pan-Americana da Saúde; CONASS, 2007. 262p.

CROLL, A.; YOSKOVITZ, B. **Lean Analytics:** use data to build a better startup faster. Sebastopol, CA: O'Reilly, 2013.

CULLEN, K. What's driving retailers' investments in 2019. **National Retail Federation**, Apr. 11, 2019. Disponível em: <https://nrf.com/blog/whats-driving-retailers-investments-2019>. Acesso em: 16 dez. 2022.

CUTLER, J. Sticky Love — Choosing Between Physical Boards and Online Tools. **Medium,** Dec. 23, 2015. Disponível em: <https://medium.com/@johnpcutler/sticky-love-choosing-between-physical-boards-and-online-tools-874a457ebc80>. Acesso em: 19 dez. 2022.

DALENOGARE, L. S. *et al*. The expected contribution of Industry 4.0 technologies for industrial performance. **International Journal of Production Economics**, vol. 204,Oct. 2018, p. 383-394.

DANTAS, C. **Lean IT:** Estudo de Lean Thinking na área de Tecnologia da Informação. Dissertação (Tecnologia em Análise e Desenvolvimento de Sistemas) – Universidade Estadual de Campinas, Faculdade de Tecnologia, Limeira, 2016.

DE LUCA, J. Requirements – The Budgeting Syndrome. **Feature Driven Development**, Oct. 28, 2003. Disponível em: <http://www.featuredrivendevelopment.com/node/614>. Acesso em: 09 fev. 2023.

DE MEYER, A.; LOCH, C. H.; PICH, M. T. Managing project uncertainty: From variation to chaos. **MIT Sloan Management Review,** vol. 43, n. 2, 2002, p. 60-67.

DELOITTE. **Digital Government Transformation:** the journey to government's digital transformation. 2020. Disponível em: <https://www2.deloitte.com/si/en/pages/public-sector/articles/digital-government-transformation.html>. Acesso em: 09 fev. 2023.

DESJARDINS, J. How much data is generated each day? **World Economic Forum**, Apr. 17, 2019. Disponível em: <https://www.weforum.org/agenda/2019/04/how-much-data-is-generated-each-day-cf4bddf29f/>, Acesso em: 19 dez. 2022.

DEVMEDIA. **Extreme Programming – Conceitos e Práticas.** Disponível em: <https://www.devmedia.com.br/extreme-programming-conceitos-e-praticas/1498>. Acesso em: 19 dez. 2022.

DISNEY INSTITUTE. **O Jeito Disney de Encantar Clientes**. São Paulo: Saraiva, 2011.

DOERR, J. **Avalie o que importa:** como o Google, Bono Vox e a Fundação Gates sacudiram o mundo com os OKRs. Rio de Janeiro: Alta Books, 2019.

DORE, E. Como funciona a Geolocalização na prática? Para que serve? **Maplink blog**, 26 dez. 2019. Disponível em: <https://maplink.global/blog/como-funciona-geolocalizacao/>. Acesso em: 19 dez. 2022.

DOSHI, H. **Scrum Insights for Practitioners:** The Scrum Guide Companion. [S.l.]: Practiceagile.com, 2016.

DRUCKER, P. Knowledge-worker productivity: The biggest challenge. **California management review**, vol. 41, n. 2, 1999, p. 79-94.

DRUCKER, P. **O melhor de Peter Drucker:** a administração, o homem, a sociedade. São Paulo: Exame; Nobel, 2002.

DWECK, C. S. **Mindset:** a nova psicologia do sucesso. Rio de Janeiro: Objetiva,2017.

EIS, D. Estatística básica nas entregas de projetos agile – Moda, mediana e percentil. **Medium**, 12 mar. 2017. Disponível em: <https://medium.com/gestao-produtos/estatistica-basica-agile-moda-mediana-percentil-5517a5f2dbd2>. Acesso em: 19 dez. 2022.

EMILIANI, B. **Is Lean the same as TPS?** Apr. 03, 2016. Disponível em: <https://bobemiliani.com/is-lean-the-same-as-tps/>. Acesso em: 15 dez. 2022.

EQUIPE TOTVS. Indústria 5.0: Quais são as novidades e impactos? **TOTVS**, 16 jul. 2021. Disponível em: <https://www.totvs.com/blog/gestao-industrial/industria-5-0/>. Acesso em: 15 dez. 2022.

ERICSSON. **The world's first cellular IoT-based smart factory.** 2018. Disponível em: <https://www.ericsson.com/4a3003/assets/local/cases/customer-cases/2018/connected-factory-case-study.pdf>. Acesso em: 14 dez. 2022.

ESCOLA NACIONAL DE EDUCAÇÃO PÚBLICA. **Semana de Inovação 2022.** Disponível em: <https://semanadeinovacao.enap.gov.br/>. Acesso em: 16 dez. 2022.

FERNÁNDEZ, M. **Indústria 4.0:** tecnologias e gestão na transformação digital da indústria [S.l.]: [s.n.], 2020.

FONSECA, P. Complexidade é a ciência do século XXI. Público, 29 out. 2003. Disponível em: <https://www.publico.pt/2003/10/29/jornal/complexidade-e-a-ciencia-do-seculo-xxi-207056>. Acesso em: 19 dez. 2022.

FORRESTER, J. W. **Industrial Dynamics.** Boston, MA: MIT Press, 1961.

FOUR PRINCIPLES. **Lean Digital Transformation is a public sector imperative.** Disponível em: <https://fourprinciples.com/expert-opinion/lean-digital-transformation-is-a-public-sector-imperative/>. Acesso em: 16 dez. 2022.

FOUR PRINCIPLES. **Lean Digital Transformation.** 2018. Disponível em: <https://fourprinciples.com/wp-content/uploads/2018/05/FP_Lean_EN.pdf>. Acesso em: 13 dez. 2022.

FOUR PRINCIPLES. **Lean Government.** 2017. Disponível em: <https://fourprinciples.com/our-expertise/sectors/government/>. Acesso em: 16 dez. 2022.

FOWLER, M. *et al.* **Refactoring:** improving the design of existing code. (The Addison-Wesley object technology series). Reading, MA: Addison-Wesley, 2012.

FRANK, A. G.; DALENOGARE, L. S.; AYALA, N. F. Industry 4.0 technologies: implementation patterns in manufacturing companies. **International Journal of Production Economics**, vol. 210, Apr. 2019, p. 15-26. Disponível em: <https://doi.org/10.1016/j.ijpe.2019.01.004>. Acesso em: 09 fev. 2023.

FRANKENTHAL, R. Entenda a escala Likert e como aplicá-la em sua pesquisa. **Mindminers**, 16 fev. 2022. Disponível em: <https://mindminers.com/blog/entenda-o-que-e-escala-likert/>. Acesso em: 19 dez. 2022.

FREITAS, M. A. S. **Fundamentos do Gerenciamento de Serviços de TI:** preparatório para a certificação ITIL® Foundation Edição 2011. 2.ed. Rio de Janeiro: Brasport, 2013.

FULLERTON, C. *et al.* Lessons learned from pilot site implementation of an ambulatory electronic health record. *In:* Baylor University Medical Center, **Proceedings...** vol. 19, n. 4, 2016, p. 303-310.

GARMS, F. *et al.* Capturing value at scale in discrete manufacturing with Industry 4.0. **McKinsey & Company**, Sep. 13, 2019.

GARTNER. **Gartner Glossary.** Disponível em: <https://www.gartner.com/en/information-technology/glossary/>. Acesso em: 14 dez. 2022.

GEMBA GROUP. **Lean Digital:** tradução do pensamento lean no contexto digital. Disponível em: <https://gembagroup.com.br/2020/12/02/lean-digital-traducao-do-pensamento-lean-no-contexto-digital/>. Acesso em: 13 dez. 2022.

GLAB; EMBRATEL. **Negócios Digitais:** o próximo nível da inteligência. Edição Kindle, 2019.

GUENET, P.; THURLOW, N. Bringing strategy into your digital transformation. **Planet Lean**, Jan. 25, 2021. Disponível em: <https://planet-lean.com/strategy-lean-digital-transformation/>. Acesso em: 16 dez. 2022..

GUIMARÃES, G. Quais são os 8 desperdícios, Como Identificar e Como Eliminar. **Foco na produção,** 10 set. 2019. Disponível em: <https://foconaproducao.com.br/quais-sao-os-8-desperdicios/>. Acesso em: 19 dez. 2022.

HOEFT, S. **Histórias do Meu Sensei:** duas décadas de aprendizado implementando princípios do Sistema Toyota de Produção. Porto Alegre: Bookman, 2013.

HOHMANN, C. Les 7 8 ou 9 types de gaspillages. **HC Online**, v1, fév. 2011.

HONG, P. *et al.* Knowledge sharing in integrated product development. **European Journal of Innovation Management**, vol. 7, n. 2, 2004, p. 102-112.

JONES, D. T.; WOMACK, J. P. **A Mentalidade Enxuta nas Empresas:** elimine o desperdício e crie riqueza. 8.ed. Rio de Janeiro: Campus, 2004.

JONES, D. T.; WOMACK, J. P. Lean Consumption. **Harvard Business Review,** Mar. 2005. Disponível em: <https://hbr.org/2005/03/lean-consumption>. Acesso em: 16 dez. 2022.

JONES, D.; WOMACK, J. Lean thinking: banish waste and create wealth in your corporation. **Journal of the Operational Research Society**, vol. 48, n. 11, 1148-1148, 1997.

KAGERMANN, H.; WAHLSTER, W.; e HELBIG, J. **Recommendations for implementing the strategic initiative Industrie 4.0:** final report of the Industrie 4.0 Working Group. Frankfurt/Main: ACATECH, 2013.

KALBACH, J. **Mapeamento de Experiências.** Rio de Janeiro: Alta Books, 2017.

KASHYAP, S. Lean Production/Lean Manufacturing Systems for Industry 4.0. **Analyse A Meter**, July 2020. Disponível em: <https://analyseameter.com/lean-manufacturing-industry-4-0.html>. Acesso em: 14 dez. 2022.

KESTERSON, R. K. **The Basics of Hoshin Kanri.** Boca Raton, FL: CRC Press, 2017.

KIM, G.; HUMBLE, J.; FORSGREN, N. **Accelerate:** the science of lean software and DevOps – building and scaling high performing technology organizations. Portland: IT Revolution Press, 2018.

KIRKPATRICK, D. Now Every Company Is A Software Company. **Forbes**, Nov. 30, 2011. Disponível em: <https://www.forbes.com/sites/techonomy/2011/11/30/now-every-company-is-a-software-company/?sh=58b12bdf3b18>. Acesso em: 14 dez. 2022.

KNAPP, J.; ZERATSKY, J.; KOWITZ, B. **Sprint:** how to solve big problems and test new ideas in just five days. New York, NY: Simon and Shuster, 2016.

KOCH, A. **Monozukuri Kata.** Disponível em: <http://www.makigami.info/>. Acesso em: 14 dez. 2022.

KOTTER, J. **Liderando mudanças:** transformando empresas com a força das emoções. Rio de Janeiro: Alta Books, 2017.

KROPP, M. *et al*. Teaching and learning agile collaboration. *In*: **2014 IEEE 27th conference on software engineering education and training (CSEE&T)**, 2014, p. 139-148.

KUMAR, M. K. Principles of Lean Thinking, **LinkedIn**, 18 nov. 2015. Disponível em: <https://www.linkedin.com/pulse/principles-lean-thinking-madhan-kumar-k/> Acesso em: 13 dez. 2022.

KÜPPER, D. *et al.* When Lean Meets Industry 4.0: the next level of operational excellence. **BCG**, Dec. 14, 2017. Disponível em: <https://www.bcg.com/en-us/publications/2017/lean-meets-industry-4.0>. Acesso em: 14 dez. 2022.

LAAPER, S.; KIEFER, B. Digital lean manufacturing: Industry 4.0 technologies transform lean processes to advance the enterprise. **Deloitte Insights**, Aug. 21, 2020. Disponível em: <https://www2.deloitte.com/us/en/insights/focus/industry-4-0/digital-lean-manufacturing.html>. Acesso em: 14 dez. 2022.

LANZER, F. **Clima e Cultura Organizacional:** entender, manter e mudar. [S.l.]: Createspace, 2017.

LEAN ENTERPRISE INSTITUTE. **Waste.** Disponível em: <https://www.lean.org/lexicon/waste>. Acesso em: 14 dez. 2022.

LEAN INSTITUTE BRASIL. **Definição e Aplicações.** Disponível em: <https://www.lean.org.br/o-que-e-lean.aspx#:~:text=Lean%20%C3%A9%20uma%20filosofia%20de,melhor%20aproveitar%20o%20potencial%20humano>. Acesso em: 19 dez. 2022.

LEAN IT. **O que é Kaizen?** Disponível em: <https://www.leanti.com.br/conceitos/8/O-que-e-Kaizen.aspx>. Acesso em: 19 dez. 2022.

LEAN NAS EMERGÊNCIAS. **Metodologia Lean.** Disponível em: <https://www.leannasemergencias.com.br/a-comunidade-lean-nas-emergencias/metodologia-lean/>. Acesso em: 19 dez. 2022.

LEMOS, L. Transformação Digital: toda empresa será uma empresa de tech. **MIT Technology Review**, 09 abr. 2021. Disponível em: <https://mittechreview.com.br/transformacao-digital-toda-empresa-sera-uma-empresa-de-tech/>. Acesso em: 13 dez. 2022.

LI, C. *et al.* **The 2020 state of Digital Transformation:** benchmarking digital maturity in the COVID-19 era. Altimeter; Prophet, 2020. Disponível em: <https://www.prophet.com/pdf/the-2020-state-of-digital-transformation/?theme=a1x&?redirectedfrom=gatedpage>. Acesso em: 14 dez. 2022.

LIKER, J. K. **O Modelo Toyota:** 14 princípios de gestão do maior fabricante do mundo. Porto Alegre: Bookman, 2005.

LIKER, J. K.; FRANZ, J. K. **O Modelo Toyota de Melhoria Contínua:** estratégia + experiência operacional = desempenho superior. Porto Alegre: Bookman, 2013.

LIKER, J. K.; ROSS, K. **O Modelo Toyota de Excelência em Serviços:** a transformação lean em organizações de serviço. Porto Alegre: Bookman, 2019.

MANENTI, P. The Digital Factory: Game-Changing Technologies That Will Transform Manufacturing Industry. **Gartner Research**, 29 nov. 2014.

MANIFESTO ÁGIL. **Princípios por trás do Manifesto Ágil.** 2001. Disponível em: <https://agilemanifesto.org/iso/ptbr/principles.html>. Acesso em: 13 dez. 2022.

MARCHAU, V. *et al.* (eds.). **Decision making under deep uncertainty:** from theory to practice. Cham, Switzerland: Springer Nature, 2019.

MARTEMUCCI, A. Why lean marketing is the future. **Planet Lean**, 23 jul. 2020. Disponível em: <https://planet-lean.com/lean-marketing/>. Acesso em: 16 dez. 2022.

MARTINS, H. *et al.* Transformações digitais no Brasil: insights sobre o nível de maturidade digital das empresas no país. **McKinsey & Company**, 2018-2019. Disponível em: <https://www.mckinsey.com/br/our-insights/transformacoes-digitais-no-brasil#>. Acesso em: 16 dez. 2022.

MASSARI, V.; VIDAL, A. **Gestão Ágil de Produtos com Agile Think Business Framework:** guia para certificação EXIN Agile Scrum Product Owner. Rio de Janeiro: Brasport, 2018.

MATT, C.; HESS, T.; BENLIAN, A. Digital Transformation Strategies. **Business & Information Systems Engineering**, vol. 57, n. 5, 2015, p. 339-343.

MAURYA, A. **The Lean Canvas.** Disponível em: <https://www.businessmodelcompetition.com/ash-maurya--lean-canvas.html>. Acesso em: 10 fev. 2023.

MAYR, A. *et al.* Lean 4.0 – A conceptual conjunction of lean management and Industry 4.0. **Procedia CIRP**, vol. 72, 2018, p. 622-628.

MCLUHAN, M. **The Gutenberg Galaxy:** the making of typographic man. Toronto, Canada: University of Toronto Press, 1962, p. 293.

MEADOWS, D. H. Leverage Points: Places to Intervene in a System. **Academy for Systems Change**, s.d. Disponível em: <http://donellameadows.org/archives/leverage-points-places-to-intervene-in-a-system>. Acesso em: 15 dez. 2022

MEADOWS, D. H. **Thinking in Systems:** a primer. Vermont: Chelsea Green Publishing, 2008. Editado por Diana Wright.

MEADOWS, D. H.; RANDERS, J.; MEADOWS, D. L. **The limits to growth:** the 30-year update. [s.l.]: Earthscan, 2010.

MEDINA, R. Por que o pensamento lean é o motor de uma transformação digital. **Lean Institute Brasil**, 17 abr. 2018. Disponível em: <https://www.lean.org.br/artigos/560/por-que-o-pensamento-lean-e-o-motor-de-uma-transformacao-digital.aspx>. Acesso em: 19 dez. 2022.

MENDES, G. Kaizen, Kaikaku, Kakushin e a melhoria contínua. **FM2S**, 14 maio 2020. Disponível em: <https://www.fm2s.com.br/kaizen-kaikaku-kakushin/>. Acesso em: 19 dez. 2022.

MICROSOFT. **What is cloud computing?** Disponível em: <https://azure.microsoft.com/en-us/overview/what-is-cloud-computing/>. Acesso em: 14 dez. 2022.

MONDEN, Y. **Sistema Toyota de Produção.** 4.ed. Porto Alegre: Bookman, 2015.

MONTINI, P.; COSTA, I. **Proposta de um Framework para inclusão de práticas da Filosofia Lean associada à abordagem ágil em diferentes times de TI considerando a cultura organizacional da empresa.** São Paulo: Dialética, 2022.

MUNIZ, A. *et al.* **Jornada Ágil de Liderança:** entenda como desenvolver times protagonistas para resultados inovadores e sustentáveis no mundo digital. Rio de Janeiro: Brasport, 2020.

MUNIZ, A. *et al.* **Jornada DevOps:** unindo cultura ágil, Lean e tecnologia para entrega de software de qualidade. Rio de Janeiro: Brasport, 2019.

MUNIZ, A. *et al.* **Jornada RH Ágil:** entenda como a agilidade e as Relações Humanizadas colaboram para construir times protagonistas e resultados de valor. Rio de Janeiro: Brasport, 2021.

MUNIZ, A; IRIGOYEN, A. **Jornada Ágil e Digital.** Rio de Janeiro: Brasport, 2019.

MUÑOZ, F. *et al.* Las funciones esenciales de la salud pública: un tema emergente en las reformas del sector de la salud. **Rev Panam Salud Publica/Pan Am J Public Health**, vol. 8, n. 1/2, 2000.

NARJEET. Digital Transformation Framework: A graphic guide to understand Digital Transformation Framework. **Lean Apps**, Sep. 14, 2017. Disponível em: <https://www.theleanapps.com/digital-transformation-framework/>. Acesso em: 16 dez. 2022.

NONAKA, I.; TAKEUCHI, H. The knowledge-creating company. **Harvard Business Review**, vol. 85, n. 7/8, 2007, p. 162.

NUNES, A.; GON, C.; CYRILLO, M. **Faster, Faster:** the dawn of Lean Digital. CI&T, 2020.

OECD. **OECD Public Governance Policy Papers:** six dimensions of a digital government. OECD Publishing, Oct. 07, 2020. Disponível em: <https://www.oecd.org/governance/the-oecd-digital-government-policy-framework-f64fed2a-en.htm>. Acesso em: 16 dez. 2022.

OHNO, T. **O Sistema Toyota de Produção:** além da produção em larga escala. Porto Alegre: Bookman, 1997.

OLIVEIRA, E. H. **Lean Construction:** the takt principle. Mogi das Cruzes, 2020

OLIVEIRA, R. A. As 8 faces da gestão de fluxo. **Aspercom,** 04 maio 2020. Disponível em: <https://aspercom.com.br/2020/05/04/as-8-faces-da-gestao-de-fluxo/>. Acesso em: 13 dez. 2022.

OLSEN, D. **The Lean Product Playbook:** how to innovate with minimum viable products and rapid customer feedback. Hoboken, NJ: John Wiley & Sons, 2015.

OPUS SOFTWARE. **Micro Serviços: Qual a diferença para a Arquitetura Monolítica?** 17 mar. 2021. Disponível em: <https://www.opus-software.com.br/micro-servicos-arquietura-monolitica/>. Acesso em: 16 dez. 2022.

ORELLANA, S. Digitalizing collaboration. **Research-Technology Management**, vol. 60, n. 5, 2017, p. 12-14.

PATIL, DJ. MASON, H. **Data Driven:** creating a data culture. Sebastopol, CA: O'Reilly. 2015.

PERRI, M. **Escaping the Build Trap:** how effective product management creates. Sebastopol, CA: O'Reilly, 2018.

PICCHI, F. A. "Ciclo rápido" de aprendizado é um dos segredos da boa gestão da estratégia. **Lean Institute Brasil**, 01 set. 2021. Disponível em: <https://www.lean.org.br/artigos/2317/%E2%80%9Cciclo-rapido%E2%80%9D-de-aprendizado-e-um-dos-segredos-da-boa-gestao-da-estrategia.aspx>. Acesso em: 19 dez. 2022.

PICCHI, F. A. Para eliminar desperdícios, é preciso enxergá-los primeiro. **Lean Institute Brasil,** 09 out. 2019. Disponível em: <https://www.lean.org.br/artigos/1198/para-eliminar-desperdicios-e-preciso-enxerga-los-primeiro.aspx>. Acesso em: 19 dez. 2022.

PICCHI, F. A.; THOMPSON, C. Conquiste resultados mais efetivos com a jornada lean digital. **Lean Institute Brasil,** 11 jul. 2019. Disponível em: <https://www.lean.org.br/artigos/1188/conquiste-resultados-mais-efetivos-com-a-jornada-lean-digital.aspx>. Acesso em: 13 dez. 2022.

PICCHI, F. Entenda a diferença entre "lean coaching" e "coaching tradicional". **Core'B,** 22 mar. 2019. Disponível em: <https://www.core-b.com.br/entenda-a-diferenca-entre-lean-coaching-e-coaching-tradicional/>. Acesso em: 16 dez. 2022.

PICCHI, F. Trajetória da gestão lean é marcada por "três movimentos". **Época Negócios,** 25 out. 2018. Disponível em: <https://epocanegocios.globo.com/colunas/Enxuga-Ai/noticia/2018/10/trajetoria-da-gestao-lean-e-marcada-por-tres-movimentos.html>. Acesso em: 13 dez. 2022.

PINE II, J.; GILMORE, J. H. Welcome to the Experience Economy. **Harvard Business Review,** July-Aug. 1998. Disponível em: <https://hbr.org/1998/07/welcome-to-the-experience-economy> Acesso em: 19 dez. 2022.

PITEIRA, M.; COSTA, C. J. Gamification: Conceptual framework to online courses of learning computer programming. *In*: **2017 12th Iberian Conference on Information Systems and Technologies (CISTI)**, 2017, p. 1-7.

PLANET LEAN. **Lean Digital.** 2020. Disponível em: <https://planet-lean.com/focus/lean-digital/>. Acesso em: 13 dez. 2022.

PLESSIS, P. du; GRUTTER, A. Indústria 4.0 ou Lean 4.0? **Lean Institute Brasil**, 22 jul. 2019. Disponível em: <https://www.lean.org.br/artigos/622/industria-40-ou-lean-40.aspx>. Acesso em: 14 dez. 2022.

POPPENDIECK, M.; POPPENDIECK, T. **Implementando o Desenvolvimento Lean de Software:** do conceito ao dinheiro. Porto Alegre: Bookman, 2011.

POPPENDIECK, M.; POPPENDIECK, T. **Implementing Lean Software Development**: from concept to cash. Boston, MA: Addison-Wesley Professional, 2006.

POPPENDIECK, M.; POPPENDIECK, T. **Lean Software Development:** an agile toolkit. Boston, MA: Addison-Wesley Professional, 2003.

POSITIVO TECNOLOGIA. Lean Digital Transformation: conheça mais sobre o método. **Panorama Positivo**, 30 maio 2018. Disponível em: <https://www.meupositivo.com.br/panoramapositivo/lean-digital-transformation/>. Acesso em: 16 dez. 2022.

POWERS, W. T. Feedback: beyond behaviorism: stimulus-response laws are wholly predictable within a control-system model of behavioral organization. **Science**, vol. 179, n. 4071, Jan. 26, 1973, p. 351-356. Disponível em: <http://dx.doi.org/10.1126/science.179.4071.351>. Acesso em: 15 dez. 2022.

PRIOLO, R. What is hoshin kanri? **Planet Lean**, Dec. 19, 2019. Disponível em: <https://planet-lean.com/what-is-hoshin-kanri>. Acesso em: 19 dez. 2022.

PWC. **O impacto da cultura organizacional no futuro dos negócios:** pesquisa de cultura organizacional 2019. PWC, 2019. Disponível em: <https://www.pwc.com.br/pt/estudos/preocupacoes-ceos/mais-temas/2019/pesquisa-cultura-organizacional-19.pdf>. Acesso em: 14 dez. 2022.

QUANTO tempo um funcionário permanece nas 10 maiores empresas de tecnologia. **Época Negócios**, 31 jan. 2018. Disponível em: <https://epocanegocios.globo.com/Carreira/noticia/2018/01/quanto-tempo-um-funcionario-permanece-nas-10-maiores-empresas-de-tecnologia.html>. Acesso em: 16 dez. 2022.

RAO, V. S. **Lean Digital Thinking:** Digitalizing businesses in a new world order. New Delhi: Bloomsbury, 2021.

REALI, L. Indústria 4.0 em conexão com a Lean Manufacturing. **Indústria 4.0**, 12 out. 2020. Disponível em: <https://www.industria40.ind.br/artigo/20452-industria-40-em-conexao-com-a-lean-manufacturing>. Acesso em: 19 dez. 2022.

REDAÇÃO. 5 exemplos de casos de uso da Internet das Coisas Industrial (IIoT). **Próximo nível,** 23 fev. 2021. Disponível em: <https://proximonivel.embratel.com.br/5-exemplos-de-casos-de-uso-da-internet-das-coisas-industrial-iiot/>. Acesso em: 15 dez. 2022.

REDAÇÃO. Lean digital é a melhor forma de conduzir a transformação da TI, dizem especialistas. **IT Forum**, 31 ago. 2017. Disponível em: <https://computerworld.com.br/inovacao/lean-digital-e-melhor-forma-de-conduzir-transformacao-da-ti-dizem-especialistas/>. Acesso em: 16 dez. 2022.

RÊGO, B. L. **Simplificando a Governança de Dados.** Rio de Janeiro: Brasport, 2020.

REICHHELD, F. F. The One Number You Need to Grow. **Harvard Business Review**, Dec. 2003. Disponível em: <https://hbr.org/2003/12/the-one-number-you-need-to-grow>. Acesso em: 19 dez. 2022.

REINERTSEN, D. **The Principles of Product Development Flow:** second generation lean product development. Redondo Beach, CA: Celeritas Publishing, 2009.

RESULTADOS DIGITAIS. **O que é teste A/B, o que você pode testar e como começar a fazer.** Out. 2012, atualizado em jun. 2020. Disponível em: <https://resultadosdigitais.com.br/blog/o-que-e-teste-ab/>. Acesso em: 19 dez. 2022.

RIBEIRO, R. E. M.; ABREU, C. R. S. de. **Inovação em sistemas de produção na era da Indústria 4.0**. Teresina: Kindle Direct Publishing, 2020.

RIES, E. **A startup enxuta:** como os empreendedores atuais utilizam a inovação contínua para criar empresas extremamente bem-sucedidas. São Paulo: LeYa, 2011.

RIGBY, D.; ELK, S.; BEREZ, S. **Ágil do jeito certo:** transformação sem caos. São Paulo: Benvirá, 2020.

RITCHIE, H.; ROSER, M. Technology Adoption. **Our World in Data**, 2017. Disponível em: <https://ourworldindata.org/technology-adoption>. Acesso em: 14 dez. 2022.

RODRIGUES, L. O que é STATIK? Dicas para começar a aplicar o método Kanban! **Knowledge21**, 20 jul. 2020. Disponível em: <https://knowledge21.com.br/blog/o-que-e-statik-dicas-aplicar-kanban/>. Acesso em: 19 dez. 2022.

ROGERS, D. L. **Transformação digital**: repensando o seu negócio para a era digital. Trad. Afonso Celso da Cunha Serra. Belo Horizonte: Autêntica Business, 2017.

ROMERO, D. *et al.* Digital Lean CyberPhysical Production Systems: The Emergence of Digital Lean Manufacturing and The Significance of Digital Waste. *In*: Advances in Production Management Systems. **Proceedings of IFIP WG 5.7 International Conference**, APMS 2018, Seoul, Korea, Aug. 26–30, 2018.

ROTHER, M. **Toyota Kata:** gerenciando pessoas para melhoria, adaptabilidade e resultados excepcionais. Porto Alegre: Bookman, 2010.

ROTHER, M.; SHOOK, J. **Learning to see:** value stream mapping to add value and eliminate muda. Cambridge, MA: Lean Enterprise Institute, 2003.

RUMSEY, D. J. **Estatística para leigos.** 2.ed. Rio de Janeiro: Alta Books, 2019.

SALIM, I; MALONE, M. S.; VAN GEEST, Y. **Organizações Exponenciais.** Rio de Janeiro: Alta Books, 2018.

SANDERS, I. **What Is Complexity?** Washington, DC: Washington Center for Complexity & Public Policy, 2003. Disponível em: <http://www.complexsys.org/downloads/whatiscomplexity.pdf> Acesso em: 19 dez. 2022.

SANTOS, V. M. Big Data e Lean Seis Sigma combinam em projetos? **FM2S**, 14 ago. 2017. Disponível em: <https://www.fm2s.com.br/big-data-e-lean-seis-sigma/>. Acesso em: 19 dez. 2022.

SARDAR, Z. Welcome to postnormal times. **Futures**, vol. 42, n. 5, June 2010, p. 435-444. Disponível em: <https://ziauddinsardar.com/articles/welcome-postnormal-times>. Acesso em: 13 dez. 2022.

SCALED AGILE. **Value Streams.** June 30, 2020. Disponível em: <https://www.scaledagileframework.com/value-streams/> Acesso em: 19 dez. 2022.

SCHREIBER, B.; ROMANUS, W.; LEE, Y. Why integrating lean principles into digital transformation can be effective. **Consultancy.uk**, May 01, 2018. Disponível em: <https://www.consultancy.uk/news/16905/integrating-lean-principles-into-digital-transformation-can-be-highly-effective>. Acesso em: 15 dez. 2022.

SCHWAB, K. **A quarta revolução industrial.** São Paulo: Edipro, 2016.

SCHWABER, K.; SUTHERLAND, J. **O Guia do Scrum:** o guia definitivo para o Scrum: as regras do jogo. Nov. 2020.

SCLIAR, M. História do Conceito de Saúde. **PHYSIS: Rev. Saúde Coletiva**, Rio de Janeiro, vol. 17, n. 1, 2007, p.29-41. Disponível em: <https://www.scielo.br/pdf/physis/v17n1/v17n1a03.pdf>. Acesso em: 16 dez. 2022.

SENGE, P. **A quinta disciplina:** arte e prática da organização que aprende. 38.ed. Rio de Janeiro: Best Seller, 2013.

SENGE, P. M. **A quinta disciplina:** caderno de campo – estratégias e ferramentas para construir uma organização que aprende. Rio de Janeiro: Qualitymark, 1999.

SHINGO, S. **Study of "Toyota" Production System from an Industrial Engineering Viewpoint.** Cambridge, MA: Productivity Press, 1981.

SHOOK, J. **Gerenciando para o Aprendizado:** usando o processo de gestão A3 para resolver problemas, promover alinhamento, orientar e liderar. São Paulo: Lean Institute Brasil, 2008.

SHOOK, J. **Managing to Learn:** using the A3 management process to solve problems, gain agreement, mentor and lead. [S.l.]: Lean Enterprises Inst Inc., 2008.

SILVA, S. F.; AGOSTINHO, O. L. Toyota: um modelo inovador de gerenciar conhecimento e equipes. *In*: **IV Simpósio Internacional de Ciências Integradas da Universidade de Ribeirão Preto**, 2007. Disponível em: <https://www.unaerp.br/documentos/1019-toyota-um-modelo-inovador/file>. Acesso em: 15 dez. 2022.

SILVEIRA, A. M. **Governança Corporativa:** o essencial para líderes. 2.ed. São Paulo: Virtuous Company, 2020.

SINGER, K. Learn to see the green waste hidden in digital technology. **Planet Lean**, Sep. 6, 2017. Disponível em: <https://planet-lean.com/digital-technology-environmental-waste>. Acesso em: 14 dez. 2022.

SKINNER Box: Experiment & Theory. **Study.com**, Jan. 04, 2016. Disponível em: <https://study.com/academy/lesson/skinner-box-experiment-theory-quiz.html>. Acesso em: 14 dez. 2022.

SMALLEY, A. Abordando a solução de problemas de forma mais eficaz. **Lean Institute Brasil**, 12 jun. 2019. Disponível em: <https://www.lean.org.br/artigos/616/abordando-a-solucao-de-problemas-de-forma-mais-eficaz.aspx>. Acesso em: 19 dez. 2022.

SNOWDEN, D. J. **Cynefin:** weaving sense-making into the fabric of our world. [S.l.]: Cognitive Edge, 2020.

SNOWDEN, D. J.; BOONE, M.E. A leader's framework for decision making. **Harvard Business Review**, nov. 2007.

STADNICKA, D.; DEIF, A. A gamification approach application to facilitate lean manufacturing knowledge acquisition. **Management and Production Engineering Review**, vol. 10, 2019.

STEINMAN, D. **Customer Success:** como as empresas inovadoras descobriram que a melhor forma de aumentar a receita é garantir o sucesso dos clientes. São Paulo: Autêntica Business, 2017.

STERMAN, J. D. **Business Dynamics:** systems thinking and modeling for a complex world. Boston, MA: McGraw-Hill, 2000.

SUTHERLAND, L.; JANENE-NELSON, K. **Work Together Anywhere:** a handbook on working remotely – successfully – for individuals, teams, and managers. Hoboken, NJ: Wiley, 2020.

TALEB, N. N. **Antifrágil:** coisas que se beneficiam com o caos. Rio de Janeiro: Objetiva, 2020.

TAPPING, D.; SHUKER, T. **Lean Office:** gerenciamento do fluxo de valor. Curitiba: Hemus, 2010. 176p.

TEECE, D. J. Business Models, Business Strategy and Innovation. **Long Range Planning**, vol. 43, 2010, p. 172-194.

TELECO. **Market Share das Operadoras de SCM.** 2022. Disponível em: <https://www.teleco.com.br/blarga.asp>. Acesso em: 16 dez. 2022.

TERRA, J. C. **Produtividade do trabalhador do conhecimento:** desafios, oportunidades e novas habilidades. Apresentação SUCESU/CE pela TerraForum Consultores. 2005. 45p.

THE WORLD'S most valuable resource is no longer oil, but data. **The Economist**, May 06, 2017. Disponível em: <https://www.economist.com/leaders/2017/05/06/the-worlds-most-valuable-resource-is-no-longer-oil-but-data>. Acesso em: 16 dez. 2022.

THIENGO, L. Você sabe o que é Lean Digital Transformation? **LinkedIn**, 27 mar. 2018. Disponível em: <https://www.linkedin.com/pulse/voc%C3%AA-sabe-o-que-%C3%A9-lean-digital-transformation-l%C3%ADndice-thiengo/>. Acesso em: 16 dez. 2022.

THOMPSON, C. *et al.* Lean e Ágil potencializam "o que" e "como" fazer. **Planet Lean**, 19 ago. 2021. Disponível em: <https://www.lean.org.br/artigos/2313/lean-e-agil-potencializam-"o-que"-e-"como"-fazer.aspx>. Acesso em: 16 dez. 2022.

TORRES, T. **Continuous Discovery Habits:** discover products that create customer value and business value. Bend, OR: Product Talk, 2021.

TORRES, T. The evolution of Modern Product Discovery. **Product Talk**, Feb. 08, 2017. Disponível em: <https://www.producttalk.org/2017/02/evolution-product-discovery/>. Acesso em: 14 dez. 2022.

UNIFACISA. Por que a tecnologia no mercado de trabalho está em ascensão? **UniFacisa Centro Universitário**, 07 abr. 2021. Disponível em: <https://blog.unifacisa.edu.br/por-que-a-tecnologia-no-mercado-de-trabalho-esta-em-ascensao>. Acesso em: 19 dez. 2022.

VANCE, A. Facebook: the making of 1 billion users. **Bloomberg**, Oct. 04, 2012. Disponível em: <https://www.bloomberg.com/news/articles/2012-10-04/facebook-the-making-of-1-billion-users#xj4y7vzkg>. Acesso em: 09 fev. 2023.

VERBLE, D. **Transformação Lean:** onde o RH se encaixa? 2012. Disponível em: <https://www.lean.org.br/comunidade/artigos/pdf/artigo_204.pdf>. Acesso em: 16 dez. 2022.

VESSET, D. **Data as the new Water:** the importance of investing in data and analytics pipelines. IDC; Qlik, June 2020. Disponível em: <https://www.qlik.com/us/-/media/files/resource-library/global-us/register/whitepapers/wp-the-importance-of-investing-in-data-and-analytics-pipelines-en.pdf>. Acesso em: 09 fev. 2023.

VIEIRA FILHO, G. **Gestão da Qualidade Total**: uma abordagem prática. Campinas: Alinea, 2014.

WAGNER, K. C. FOCUS PDCA: a process improvement (PI) tool for libraries. **Journal of Hospital Librarianship**, vol. 2, n. 2, Oct. 11, 2008. Disponível em: <https://www.tandfonline.com/doi/abs/10.1300/J186v02n02_09?journalCode=whos20>. Acesso em: 14 dez. 2022.

WAGNER, T.; HERMANN, C.; THIEDE, S. Industry 4.0 Impacts on Lean Production Systems. **Procedia CIRP**, vol. 63, 2017, p. 125–131.

WANG, C. L; AHMED, P. K. Dynamic capabilities: A review and research agenda. **International Journal of Management Reviews**, vol. 9, n. 1, Mar. 2007, p. 31-51.

WEILL, P.; WOERNER, S. L. **What's Your Digital Business Model?:** six questions to help you build the next-generation enterprise. Boston, MA: Harvard Business Review Press, 2019.

WESTERMAN, G.; BONNET, D.; MCAFEE, A. **Liderando na Era Digital.** São Paulo: M.Books, 2016.

WOMACK, J. **Caminhadas pelo Gemba.** São Paulo: Lean Institute Brasil, 2016.

WOMACK, J. Jim Womack on creating the social basis for Lean management. **Planet Lean**, July 26, 2017. Disponível em: <https://planet-lean.com/basis-for-lean-jim-womack/>. Acesso em: 15 dez. 2022.

XIA, F. *et al*. Editorial: Internet of Things. **International Journal of Communicating Systems**, vol. 25, 2012, p. 1101-1102.

YOUSEFI, B. H.; MIRKHEZRI, H. Lean Gamification Canvas: A New Tool for Innovative Gamification Design Process. *In*: **2020 International Serious Games Symposium (ISGS)**, IEEE, 2020, p. 1-9.

Dedicatória e agradecimentos

Dedico mais um livro colaborativo aos amores da minha vida: meus filhos Lucas e Luisa e minha esposa Keila. Agradeço a Deus essa nova conquista e parabenizo o amigo Caco em sua maestria na liderança do time, os organizadores Analia, Fábio, Guto e todos os coautores pela dedicação e excelência que resultaram nesta obra incrível. Agradeço meus familiares e amigos da SulAmérica, Jornada Colaborativa e AdaptNow pelas oportunidades de aprendizado e aos milhares de alunos, leitores e participantes das minhas palestras pela grande receptividade e troca de experiências que me tornam uma pessoa melhor a cada dia. Agradecimento especial para a super Analia, de quem sou grande fã e que pratica a colaboração na essência desde o primeiro livro, "Jornada DevOps".
Antonio Muniz
Fundador da Jornada Colaborativa e JornadaCast

Dedico este livro aos meus amores, Patricia e Bento, com quem, junto com todas as conquistas, divido meus sonhos, minhas imperfeições e sobretudo a minha vontade de compartilhar conhecimento de forma a impactar positivamente as pessoas ao meu redor. Em qualquer esfera de atuação, quer seja profissional ou pessoal, penso que ao adicionar amor naquilo que fazemos tudo fica, em certa medida, muito mais valioso. Foi o que senti em cada interação que tive com cada autor e curador desta obra. Agradeço a honra do convite me que me foi feito pela gentil e competente amiga, Analia Irigoyen, a quem admiro demais. Agradeço às muitas horas de cooperação e aprendizado com Felipe Oliveira, Rafael Capra, Guilherme Vilanova e Carlos Baldissera. Orgulhoso demais desse time que colocou corpo, alma e amor em cada palavra!!
Alexandre Caramelo Pinto
Organizador e coautor da Jornada Lean Digital

Este livro é especial por diversos motivos: conheci o Felipe Oliveira, que aprendi a admirar e de quem me tornei fã (que parceria tivemos neste livro: mil vezes obrigada :-)). Aumentei ainda mais a minha admiração pelo Alexandre Caramelo, pelo conhecimento e comprometimento, meu mentor na FGV; tive o prazer de dividir a curadoria com o incansável Ricardo Cantuária (sempre a postos para ajudar e colaborar); muitas discussões filosóficas e construtivas com o Carlos Baldissera (generoso ao compartilhar seu conhecimento, que é imenso); discussões cheias de conhecimento do Rafael Capra e Guilherme Villanova (papai do ano :-); coautores maravilhosos com quem aprendi muito mesmo. À minha família: Carolina e Daniela, vocês são meu orgulho, minhas filhas tão amadas! Digo e repito: "nós mulheres podemos ser o que quisermos"; por isso dedico este livro a vocês. Aos meus sócios e melhores amigos David Zanetti (que é ainda meu marido e companheiro de vida) e Mariano Montoni (além de melhor amigo, é uma fonte de inspiração), à minha mãe Liliana (*in memoriam*), ao meu pai Ricardo, aos meus irmãos Gabriela, Ricardo e Diego, à minha amiga-irmã Roberta, ao meu amigo BFF Fernando Bichara, aos meus sobrinhos Rafaela, Bernardo e Mariana, e às minhas afilhadas, Raquel e Alice, os maiores presentes de Deus na minha vida.
Analia Irigoyen
Organizadora e coautora da Jornada Lean Digital

Quero começar agradecendo a Deus por todas as bênçãos e orientações em minha vida, sem as quais este livro não teria sido possível. Agradeço à minha esposa, Gislaine, pelo amor, apoio e incentivo incondicional que ela me deu ao longo desta jornada. Ela é a minha fonte de força e inspiração. Gostaria de agradecer ao Lean Institute Brasil (LIB) pelo conhecimento, treinamento e projetos valiosos que me permitiram compartilhar as minhas ideias e *insights* neste livro. Agradeço aos colegas e à equipe do LIB por sua colaboração e dedicação constante. Finalmente, agradeço a todos os leitores por sua atenção e interesse neste livro. Espero que possa ajudá-los a alcançar suas metas e a ter sucesso em sua jornada de transformação *lean digital*.
Carlos Baldissera
Organizador e coautor da Jornada Lean Digital

Dedico este livro, primeiramente, à minha esposa Vanessa Rocha, que foi a minha luz e o meu suporte durante toda essa jornada. Agradeço imensamente o apoio de todas as pessoas que participaram, se esforçaram e deram seu suor, tempo e paciência para fazer deste livro uma obra concreta. Com eles, poderemos fazer o *Lean Digital* uma realidade nas empresas.
Felipe Oliveira
Organizador e coautor da Jornada Lean Digital

Gratidão é a palavra certa. Gratidão por participar da Jornada Colaborativa, essa incrível iniciativa que tem levado tanto conhecimento relevante à sociedade, às empresas e, finalmente, às pessoas! Gratidão pelo apoio do Antonio Muniz e da equipe de curadoria. Em especial, parabenizo Analia Irigoyen e Felipe Oliveira pelo trabalho meticuloso de reestruturação dos capítulos, uma evolução necessária para que o livro pudesse atingir seu propósito inicial. Agradeço também a todos os coautores que contribuíram de forma decisiva para entregarmos um livro com conteúdo tão qualificado e relevante para aplicação na gestão de pessoas, processos e negócios em geral. Dedico este livro aos meus amados filhos Gabriel, Rafael e Mariana. Que seja um exemplo de que, com propósito, conhecimento, colaboração e dedicação, eles poderão alcançar seus sonhos.
Ricardo Dias de Cantuária Farias
Organizador e coautor da Jornada Lean Digital

Sobre os organizadores e autores

	Alexandre Caramelo Pinto LinkedIn: <https://www.linkedin.com/in/profalexandrecaramelo/>
	Amanza S. Minozzi LinkedIn: <https://www.linkedin.com/in/amanda-minozzi-b6a40257/>
	Analia Irigoyen LinkedIn: <https://www.linkedin.com/in/analiairigoyen/>
	André L. Miceli LinkedIn: <https://www.linkedin.com/in/andrelmiceli/>

	Andrea Uchoa LinkedIn: <https://www.linkedin.com/in/andrea-uchoa-12743816/>
	Antonio Muniz LinkedIn: <https://www.linkedin.com/in/muniz-antonio1/>
	Bárbara Geovanini LinkedIn: <https://www.linkedin.com/in/barbara-geovanini-9873a2/>
	Bruno Ribeiro LinkedIn: <https://www.linkedin.com/in/brunobribeiro/>
	Carlos Baldissera LinkedIn: <https://www.linkedin.com/in/carlosbaldissera/>

	Charles Schweitzer LinkedIn: <https://www.linkedin.com/in/charles-schweitzer/>
	Edneuci Denise Audacio LinkedIn: <https://www.linkedin.com/in/denise-audacio-80456133/>
	Edson Antonio de Lima LinkedIn: <https://www.linkedin.com/in/edsonalima/>
	Eduardo Brasil LinkedIn: <https://www.linkedin.com/in/eduardo-brasil/>
	Fábio Portela LinkedIn: <https://www.linkedin.com/in/fabio-portela/>

	Felipe Oliveira LinkedIn: <https://www.linkedin.com/in/felipeecoliveira/>
	Francisco Sobral Linkedin: <https://www.linkedin.com/in/francisco-sobral-b93b2727/>
	Gabriel Francisco Pistillo Fernandes LinkedIn: <https://www.linkedin.com/in/gabrielf/>
	Gabriel Vaz LinkedIn: <https://www.linkedin.com/in/g-vaz/>
	Gilberto Strafacci Neto LinkedIn: <https://www.linkedin.com/in/gilbertostrafacci/>
	Gustavo Cocina LinkedIn: <https://www.linkedin.com/in/gustavo-cocina/>

	Ieda Sayuri Shoi Sales LinkedIn: <https://www.linkedin.com/in/ieda-sayuri-shoji-sales-pmp-47b8882/>
	Jailton Junior Ferreira Ribeiro LinkedIn: <https://www.linkedin.com/in/jjuniorfr/>
	Jeanne Oliveira LinkedIn: <https://www.linkedin.com/in/jeanne-oliveira-agilista/>
	Jéssica Ferrari LinkedIn: <https://www.linkedin.com/in/jessica7ferrari/>
	João Emmanuel Anacleto Pessoa LinkedIn: <https://www.linkedin.com/in/joaoemmanuel/>

	Maite Lorente LinkedIn: <https://www.linkedin.com/in/maite-lorente-86301231/>
	Margareth Carneiro LinkedIn: <https://www.linkedin.com/in/margarethcarneiro/>
	Monique Padilha LinkedIn: <https://www.linkedin.com/in/moniquepadilha/>
	Rafael Ferreira Bittencourt LinkedIn: <https://www.linkedin.com/in/rafaelfbittencourt/>
	Ricardo Dias de Cantuária Farias LinkedIn: <https://www.linkedin.com/in/ricardocantuaria/>

	Roberto Bieites Dawes LinkedIn: https://www.linkedin.com/in/rbdawes/>
	Roberto Fernandes de Oliveira LinkedIn: <https://www.linkedin.com/in/robertofo/>
	Rodrigo Zambon LinkedIn: <https://www.linkedin.com/in/rzambon/>
	Samir Karam LinkedIn: <https://www.linkedin.com/in/skaram/>
	Sarah Lopes LinkedIn: <https://www.linkedin.com/in/sarahlopesbsilva/>